上海高校马克思主义理论高峰学科建设项目资助

上海大学马克思主义中国化研究丛书

时代精神的中国表达

孙伟平 著

中国社会科学出版社

图书在版编目（CIP）数据

时代精神的中国表达 / 孙伟平著. —北京：中国社会科学出版社，2022.2
（上海大学马克思主义中国化研究丛书）
ISBN 978-7-5203-7473-6

Ⅰ. ①时… Ⅱ. ①孙… Ⅲ. ①马克思主义—发展—研究—中国 Ⅳ. ①D61

中国版本图书馆 CIP 数据核字（2020）第 221882 号

出 版 人	赵剑英
责任编辑	喻　苗
责任校对	胡新芳
责任印制	王　超

出　　版	中国社会科学出版社
社　　址	北京鼓楼西大街甲 158 号
邮　　编	100720
网　　址	http://www.csspw.cn
发 行 部	010-84083685
门 市 部	010-84029450
经　　销	新华书店及其他书店
印　　刷	北京君升印刷有限公司
装　　订	廊坊市广阳区广增装订厂
版　　次	2022 年 2 月第 1 版
印　　次	2022 年 2 月第 1 次印刷
开　　本	710×1000　1/16
印　　张	15.5
插　　页	2
字　　数	235 千字
定　　价	89.00 元

凡购买中国社会科学出版社图书，如有质量问题请与本社营销中心联系调换
电话：010-84083683
版权所有　侵权必究

《上海大学马克思主义中国化研究丛书》
编委会

主　任　孙伟平

副主任　王天恩　闫坤如　邱仁富(执行)

委　员(按姓氏笔划为序)

段　勇　王天恩　王国建　孙伟平　闫坤如

邱仁富　陈新汉　刘绍学　焦成换　高立伟

张高峰　陶　倩　欧阳光明　夏国军　程　娜

刘靖北　刘小涛　忻　平　尹　岩　宁莉娜

总　序

　　中国共产党建党已逾100周年，这也是马克思主义"中国化"、"化中国"的100年。100年来，中国共产党始终坚持马克思主义基本原理与中国革命、建设、改革的具体实践相结合，形成了一系列与时俱进的理论创新成果，深刻回答了什么是社会主义、怎样建设社会主义，建设什么样的党、怎样建设党，实现怎么样的发展、怎样发展，新时代坚持和发展什么样的中国特色社会主义、怎样坚持和发展中国特色社会主义等一系列重大课题；并带领中国人民从"站起来"走向"富起来"、"强起来"，为解决人类共同问题提供了"中国智慧"和"中国方案"。迈入全球化、信息化、智能化时代，面对新的时代背景、新的实践基础和新的人民诉求，进一步梳理马克思主义中国化的进程和成果，深化马克思主义中国化研究，仍然是摆在我们面前的时代课题。

　　上海大学是一所具有"红色基因"的高等学府。1922年10月23日，国共两党合作创办了上海大学，成为中国共产党传播马克思主义、培养革命干部的重要舞台。瞿秋白、邓中夏、蔡和森等一大批早期共产党人曾任职上海大学，积极宣传、传播马克思主义，推动了马克思主义中国化的历史进程。今天的上海大学秉承老上海大学的红色传统，一直将马克思主义中国化、培养新时代的马克思主义者视为自己的神圣使命。上海大学马克思主义学院在此方面，自然更是肩负使命、责无旁贷。2015年，上海大学马克思主义学院获批上海市马克思主义理论学科发展同城平台、上海高校"马克思主义理论高原学科"，2016

年获批上海市示范马克思主义学院，2018 年获批上海高校"马克思主义理论高峰学科"和马克思主义理论研究智库，2019 年获批上海市习近平新时代中国特色社会主义思想研究基地和上海市高水平地方高校重点创新团队。以上述平台为依托，学院组织力量，积极开展 20 世纪 20 年代上海大学马克思主义中国化的文献整理和研究，开展马克思主义中国化的历史、理论和实践研究，为推动马克思主义中国化贡献"上大力量"。

在多年的研究过程中，上海大学马克思主义学院在马克思主义中国化方面，逐渐形成了智能时代的马克思主义、马克思主义价值思想中国化、思想政治教育课改革与创新等特色研究方向，逐渐形成了与当年的红色传统遥相呼应的"上大特色"。特别是以上海高校马克思主义理论高峰学科建设为依托，正在努力探索马克思主义中国化的当代学术形态，并以之为特色灌注到学生培养的全过程，培育立场坚定、业务过硬、勇于担当的"时代新人"。

策划、出版这套《上海大学马克思主义中国化研究丛书》，正是上海大学马克思主义学院不忘初心，传承红色基因，推进当代马克思主义中国化的重要举措。我们衷心地希望，能够以更加开阔的胸怀，凝聚更多的力量参与这项工作，推出一系列重要成果，培育一大批时代英才，在今日的上海大学续写马克思主义中国化的新篇章。

孙伟平　邱仁富

2020 年 10 月 1 日

目　　录

导言 …………………………………………………………………（1）

上　编
马克思主义中国化的理论与方法

第一章　马克思主义中国化：问题与进路 ……………………（5）
　一　什么是马克思主义中国化 ……………………………（5）
　二　马克思主义中国化的合法性 …………………………（9）
　三　马克思主义中国化的基本方略 ………………………（13）

第二章　精华与糟粕：传统不是"烂苹果" ……………………（19）
　一　传统是什么 ……………………………………………（19）
　二　对待文化传统的三种态度 ……………………………（24）
　三　从实体性的理解走向价值性的理解 …………………（26）

第三章　如何对待西方价值观："对着干"与
　　　　"创造性转化" …………………………………（33）
　一　西方资本主义价值观是人类文明发展的成果 ………（33）

二　资本主义价值观与社会主义价值观的本质区别 …………（36）
　　三　以开放的态度学习和借鉴西方资本主义价值观 …………（41）

第四章　中国化的路径选择："结合论"与"创建论" …………（44）
　　一　"结合论"的历史进程与侧重点 …………………………（44）
　　二　"结合论"的局限性与面临的新挑战 ……………………（46）
　　三　立足中国社会"向前看"的"创建论" ……………………（58）

中　编
中国道路的创造性探索

第五章　毛泽东：调查研究与反对本本主义 ………………（67）
　　一　为什么要反对本本主义 …………………………………（68）
　　二　怎样反对本本主义 ………………………………………（73）
　　三　反对本本主义的跨时空价值 ……………………………（79）

第六章　毛泽东：价值评价的立场与方法 …………………（84）
　　一　毛泽东的《湖南农民运动考察报告》 ……………………（84）
　　二　如何评价湖南农民运动 …………………………………（87）
　　三　"好得很"还是"糟得很"的评价标准 ……………………（89）
　　四　"好得很"还是"糟得很"自有"公论" ……………………（92）
　　五　实践是检验"好"抑或"糟"的最终标准 …………………（95）

第七章　邓小平：实践思维与社会主义的本质 ……………（99）
　　一　用实践思维重新认识社会主义 ………………………（100）
　　二　用主体性思维重新认识社会主义 ……………………（104）

三　用辩证思维重新认识社会主义 …………………………… (107)

第八章　习近平：新时代的"中国方案" …………………… (111)
　一　社会主义核心价值观是全国人民共同认同的价值观
　　　"最大公约数" ……………………………………………… (111)
　二　人类共同价值是世界人民共同认同的价值观 ……………… (119)
　三　社会主义核心价值观与人类共同价值的辩证关系 ……… (123)
　四　习近平新时代中国特色社会主义价值思想的
　　　地位和意义 ………………………………………………… (126)

下　编
马克思主义中国化的核心价值理念

第九章　富强：比资本主义更快地发展社会生产力 ………… (133)
　一　"富强"为什么是中国的核心价值观 ……………………… (133)
　二　如何准确理解"富强"的含义 ……………………………… (138)
　三　实现富强之路 ……………………………………………… (140)

第十章　民主：跳出"兴亡周期律"的新路 ………………… (145)
　一　如何正确理解"民主" ……………………………………… (145)
　二　全面理解民主的价值 ……………………………………… (153)
　三　民主价值观的实现路径 …………………………………… (157)

第十一章　公正：社会主义社会的本质要求 ………………… (162)
　一　准确把握"公正"的丰富内涵 ……………………………… (162)
　二　公正与社会主义的本质 …………………………………… (166)

三　公正的实现是一个历史过程 …………………………………（169）

第十二章　为人民服务：共产党人唯一的宗旨 ………………（174）
　　一　"为人民服务"价值观的历史发展 ……………………………（174）
　　二　"为人民服务"价值观的基本内涵 ……………………………（196）
　　三　"为人民服务"价值观与社会主义的本质特征 ………………（202）
　　四　与时俱进的"为人民服务"价值要求 …………………………（207）
　　五　"为人民服务"价值观的理论与现实意义 ……………………（212）

附录　生态文明：以人为本的可持续发展观 …………………（218）
　　一　扬弃偏执的发展观和发展模式 ………………………………（218）
　　二　以人为本是生态文明建设的核心 ……………………………（222）
　　三　可持续发展是生态文明建设的要义 …………………………（226）

主要参考文献 ………………………………………………………（231）

后记 …………………………………………………………………（238）

导　言

马克思主义作为一种"改变世界"的批判和革命的学说，作为被压迫者鞭挞现实、追求解放的思想武器，是在中国救亡图存、寻求解放、追求现代化的过程中传入中国的。这种西方土壤中产生的"异质性思想"一经传入，"马克思主义中国化"就不仅成为一种学术旨趣或文化策略，而且成为与改造中国的现实实践内在相关的理论选择。

从理论上看，马克思主义中国化是一个极具挑战性、既没有先例、也没有定论的重大问题。什么是"马克思主义中国化"？西方产生的马克思主义为什么能够中国化？如何才能真正实现中国化？如何判定中国化的成败？这些都是人们长期争论不休的话题。而在马克思主义中国化的过程中，应该如何对待中国的文化传统？如何对待西方资本主义的物质、精神文化成果？应该选择什么样的中国化路径和方法？也都存在着大量针锋相对的意见。

从历史上看，马克思主义一传入中国，为中国共产党人所接受，就经历了波澜壮阔的曲曲折折的中国化历程。无论是以毛泽东为代表的共产党人对社会主义革命道路的探索，还是以邓小平为代表的共产党人关于社会主义建设实践的摸索，都是既艰辛又曲折的。在马克思主义中国化这个史无前例的历史探索过程中，既有许多深刻的教训，更积累了大量宝贵的经验。例如，坚持人民主体、群众路线、统一战线，坚持调查研究、实事求是、反对教条主义，坚持辩证思维、具体问题具体分析，坚持实践思维、将"是什么"与"怎么做"相统一，都是弥足珍贵、必须弘扬的历史遗产。

今天，我们已经迈入了新时代。新的时代背景、新的实践基础、新的国际环境、新的群众诉求、新的人民期待……要求我们批判性地反思马克思主义与现时代的关系，在中国与时俱进地发展马克思主义，使之无愧于现时代"时代精神的精华"，表现出面向时代、面向世界、面向中国实践的适应性和生命力。这正如恩格斯所指出的："每一个时代的理论思维，包括我们这个时代的理论思维，都是一种历史的产物，它在不同的时代具有完全不同的形式，同时具有完全不同的内容。"[①] 而习近平新时代中国特色社会主义思想，正是在新时代创新、发展马克思主义的产物，是马克思主义中国化的最新理论成果。

本书的研究和写作并不追求历史线索的完整、面面俱到的周详，甚至不那么理会叙述逻辑上的严密和自洽，而是立足中国社会主义革命、建设和改革的历史进程，以价值维度为中心，对马克思主义中国化的若干重大问题进行比较具体的梳理、比较深入的分析、比较新颖的探索。上篇主要阐述马克思主义中国化的必要性与可能性，探索马克思主义中国化的路径与方法；中篇结合中国革命、改革和建设的历程，着重分析几个导引中国化走向深入的关键问题；下篇则面向未来，提出和讨论了若干指引中国化前进的核心价值理念——富强、民主、公正以及为人民服务。本书的真正意图，旨在破除各种"马教条""洋教条"和"土教条"，提出并阐明一种以当代中国人民为主体，以"向前看"的"重在建设"为取向，以中国特色社会主义实践为理论基础和判决标准的"创建论"。这种"创建论"是新时代发展马克思主义的理论和实践尝试，是时代精神在当代中国的与时俱进的具体表达，体现了中国人民独立自尊的品格和高度自觉的主体意识，以及敢于探索和勇于实践的创造精神。自然，这种以不断变革、发展着的中国特色社会主义实践为基础，创造新的"中国特色、中国风格、中国气派的马克思主义"的历史过程，同时也是中国特色社会主义事业不断推向前进、中华民族在世界上和平崛起的过程。

---

① 《马克思恩格斯选集》第3卷，人民出版社2012年版，第873页。

上 编
马克思主义中国化的理论与方法

第 一 章
马克思主义中国化：问题与进路

面向新时代，从马克思主义的本真精神出发，立足中国特色社会主义实践，总结、提炼能够指导当代中国实践的中国化的马克思主义，是目前理论与现实面临的重大问题。基于此，一些中国学者重新提出了"马克思主义中国化"的口号，希望面向中国文化传统和现实生活实践，以一种新的理论姿态构建"中国特色、中国风格、中国气派的马克思主义"。笔者认为，这是一种正确的学术探索方向，也是中国马克思主义理论工作者的神圣使命。当然，这项工作面临着巨大的理论困难，实际探索中还存在若干观念和方法上的误区。对此，笔者将在评析、借鉴国内近些年来理论探索的基础上，扼要阐述笔者的看法。

一 什么是马克思主义中国化

事实上，早在1938年10月中国共产党六届六中全会上，毛泽东就强调了马克思主义的民族性问题，明确提出了"马克思主义中国化"的要求："马克思主义必须和我国的具体特点相结合并通过一定的民族形式才能实现。……使马克思主义在中国具体化，使之在其每一表现中带着必须有的中国的特性，即是说，按照中国的特点去应用它，成为全党亟待了解并亟须解决的问题，洋八股必须废止，空洞抽象的调头必须少唱，教条主义必须休息，而代之以新鲜活泼的、为中国老百姓所喜闻乐见的中国作风和中国气派。"① 虽然后来顾及与共产国际的关系，为了避免"民族主义"的嫌疑，曾经一度避免涉及"马克思主义中国化"，但中国革命和建设的成功经验与失败教训都说明了中国化是唯一的可能路径。

拨乱反正、改革开放以来，遵循解放思想、实事求是的思想路线，把马克思主义与中国具体实际相结合、实现马克思主义中国化的呼声渐成主流。特别是"苏东剧变"后，世界形势发生了重大变化，作为世界仅存的社会主义大国，中国肩负着维护和发展马克思主义的历史使命。在探索过程中，中国重新提出了"马克思主义中国化"的问题，既表明了坚定共产主义信仰、推进中国特色社会主义事业的决心，也表达了对苏联模式（包括斯大林哲学教科书体系）的反思与批判，表达了推进马克思主义本土化、民族化的愿望。

今天，我们之所以重提"马克思主义中国化"，除了过去强调的"只有马克思主义才能救中国"、只有马克思主义与中国具体实际相结合才能解决我国面临的问题之外，更重要的还在于改革开放以来，中国社会主义实践发生了巨大变化，出现了许多新情况、新问题。100多年前的马克思主义经典没有为我们面临的理论和现实问题提供现成的答案，关于经典的直接的哪怕是创造性的运用也难以适用于诸如混合所有制、市场经济、"一国两制"等新情况。即是说，这些全新的问题要求我们立足中国实际，创造出马克思主义中国化的新理论、新形态，从而给问题以当代中国式的解答。有学者指出，20世纪90年代以后，从计划经济走向全面市场经济是中国社会从经济到政治、意识形态发生的一场深刻而全面的变革。这场变革猛烈地冲击着人们原来的观念、意识和心理，打断了原有的历史进程，迫使人们反思自己经历过的和现实存在的一切。人们意识到，中国的现代化仅有生产方式的变革是不够的，还必须建立与生产方式相适应的经济体制和政治体制。为此，人们开始重新思考支配中国现

---

① 《毛泽东选集》第2卷，人民出版社1991年版，第534页。

代化运动的理念。① 这时，马克思主义的中国化与中国现代化进程的内在联系日益凸显出来，马克思主义中国化作为一个理论问题被提出来了。这是说，时代的发展和中国不断发展着的具体国情呼唤中国化的马克思主义。

那么，究竟如何看待"马克思主义中国化"？或者说，"马克思主义中国化"的内涵究竟指什么呢？

有些学者认为，马克思主义中国化就是马克思主义与中国传统文化的优秀成果相结合，批判地继承历史文化遗产。另一些学者认为，马克思主义中国化是马克思主义与中国革命和建设的实践相结合。多数学者则更为"全面"，认为马克思主义中国化既要与中国革命和建设的实践相结合，又要与中国传统文化的优秀成果相结合。以马克思主义哲学的中国化为例：有学者指出，只有与中国传统哲学相结合才能实现马克思主义哲学的中国化。所谓马克思主义哲学中国化，就是把马克思主义哲学的普遍真理和中国的具体实际相结合，这个"实际"也包括中国传统哲学和传统文化在内。在邓小平看来，毛泽东"最伟大的功绩"就在于"把马列主义的原理同中国革命的实际结合起来"，这其中也把哲学看成中国革命实际的一个方面。马克思主义哲学与中国实际相结合，就使这种哲学在内容和形式上都要发生变化，它的内容被大大地充实和丰富了，在表现形式上也带有必须有的中国特性、中国作风和中国气派。② 还有学者区分了马克思主义哲学中国化的"一般含义"和"特殊含义"，认为这两种含义的相同点是马克思主义普遍原理要与中国具体实际相结合，使之发生带有中国特点的变化，创造出在内容上、形式上具有中国特色的马克思主义。除此以外，马克思主义哲学中国化包含有具体化、民族化、通俗化的特殊含义。所谓具体化，就是对马克思主义普遍原理与中国革命和建设的经

---

① 何萍：《马克思主义哲学中国化研究的问题与视野》，《安徽大学学报》2005 年第 1 期。

② 李昕昌：《马克思主义哲学中国化要正确对待中国传统哲学》，《黑龙江政法管理干部学院学报》2003 年第 5 期。

验进行哲学概括，把马克思主义哲学具体化为具有中国特色的辩证唯物论和历史唯物论，化为实事求是、独立自主、群众路线等指导中国革命和建设的思想路线、工作路线、思想方法和工作方法。所谓民族化，就是运用马克思主义哲学的立场、观点、方法批判继承中国的优秀传统文化和哲学遗产，总结现代中国人民奋斗的经验，赋予马克思主义哲学以中国作风、中国气派。所谓通俗化，就是用通俗易懂的语言文字、人民群众喜闻乐见的形式表达马克思主义哲学的范畴、原理，让哲学从哲学家的课堂上和书本里解放出来，成为群众手里的尖锐武器，实现哲学认识世界、改造世界的功能。①

笔者认为，上述观点大致都是正确的，但是从现时代的视野来看，则尚不到位。马克思主义中国化诚然必须与中国具体实际相结合，与中国文化传统相结合，与中国社会主义革命和建设实践相结合，甚至如何深度、有机结合都不过分，都值得鼓励和期待。然而，且不说马克思主义与中国具体实际的机械的"结合"、简单的相加，并不等于"马克思主义中国化"②；即使是马克思主义与中国具体实际的"深度、有机结合"，也只是用马克思主义"化"中国，只是漫长的马克思主义中国化的一个历史进程，而不等同于马克思主义中国化新形态的创立。换言之，新形态的创立不仅仅只是结合的问题，仅仅结合是不够的。仅仅结合还是"两张皮"，而没有形成"一体"。真正的"马克思主义中国化"，关键在于立足现时代，通过"化"的创造性过程，包括"深度、有机结合"的过程，在中国丰富和发展马克思主义，在内容和形式上创造出一个马克思主义中国化的新形态。

具体说来，在这里，"化"的方向不是"走向马克思……"，而是"从马克思走向……"；不是中国理论的马克思主义化，不是用马克思主义评判中国传统思想，而是马克思主义本真内涵与精神实质的中国化，赋予其中国本土文化的内涵与特征。"化"的内容和使命在于，

---

① 雍涛：《关于马克思主义哲学中国化的几个问题》，《重庆邮电学院学报》（社会科学版）2004年第3期。

② 王锐生：《马克思主义中国化的两个哲学追问》，《新视野》2005年第5期。

立足中国文化传统,特别是中国特色社会主义实践,通过深入到中华民族救亡图存、争取解放以及建设现代化的历史进程,分析和研究中国特色社会主义实践中形成的思想观念、价值取向、思维方式以及精神风韵,使之从实践形态上升到理论形态,创造出"中国特色、中国风格、中国气派的马克思主义"新形态。

二 马克思主义中国化的合法性

如同所有的重要命题一样,"马克思主义中国化"的思路自提出以来,一直面临着多方面的质疑和争议。争论的焦点集中在马克思主义与中国文化传统,特别是马克思主义哲学与中国传统哲学的关系上。我们不妨以马克思主义哲学与中国传统哲学的关系为例加以分析。

有些学者依据西方哲学范式认为,中国根本就没有哲学,中国哲学传统更是无从谈起。马克思主义哲学与中国哲学传统相结合的理性对接点压根儿就不存在,更不要指望能"化"出什么结果来。还有学者虽然承认中国有自己独特的哲学传统,但认为这一哲学传统早已在"五四运动""打倒孔家店"的呐喊声中被打断了脊梁,出现了哲学传统的断裂。马克思主义哲学来到中国,已成为无根的浮萍,不可能实现中国化。

另一些学者认为,中国哲学是一个有机整体,它的哲学观点包容在其各种思想中,且只有在一个思想体系中进行整体性理解时,才能开显出它的原有价值。因此,中国哲学不可能脱离产生它的原初语境与具体实践,而抽象出一个所谓的哲学传统并与马克思主义哲学相融合。中国只有具体的哲学观点,没有学科建制的哲学,马克思主义哲学中国化只能是一句空话。

还有学者认为,哲学与民族文化传统不可分离,特别是与语言习惯和思维方式不可分离。具有不同质的文化传统的民族,语言和思维方式的差异往往极大,在哲学的一些关键概念上几乎没有可通约性,甚至找不到对等的语词来翻译这些概念。勉强进行翻译,本民族的读者也必定会按本民族对这个语词的习惯用法来理解，结果往往歪曲这些外来概念的原意。因此，看起来好像是某某哲学某国化了，其实往往是某某哲学被某国误解了。

应该说，上述质疑和争议并非空穴来风，全无道理。其一，任何真正的哲学总是与相应文化传统的民族、宗教和人民相联系，具有民族性、宗教性、阶级性等主体性，具有文化传统的"活"的语言特点、思维方式和文化价值观；其二，按照西方哲学（马克思主义哲学也产生于西方、属于西方哲学）范式，中国哲学是不是哲学确实存在争议，"中国哲学的合法性"是近年争论颇为热烈的一个问题；其三，马克思主义哲学作为从西方引进的思想，与中国文化传统（包括哲学传统、语言和思维方式、文化价值观）确实具有一定的异质性，自传入以来确实没有与中国哲学传统真正对接上。此外，在更宏观的层面上，马克思主义与中国具体实际之间还存在经济、政治、社会、文化发展阶段上的明显差异与矛盾，中国革命时期的"农村包围城市"等反向应用就是证明。

因此，对"马克思主义哲学中国化"持肯定态度者，虽然可以以马克思主义已经与中国具体实际相结合这一"事实"来回应，但在理论上仍然必须直面这些"合法性质疑"，回答马克思主义哲学中国化"何以必要"以及"如何可能"的问题。对此，笔者认为值得强调以下几点。

首先，虽然马克思主义哲学不是自然科学，不具有超主体的普遍性，但马克思主义哲学作为"时代精神的精华"，作为世界无产阶级争取解放的学说，又具有普遍性或普适性。这是马克思主义哲学中国化的基本前提。正如有学者指出的，马克思主义哲学虽然产生于西方，但它是整个人类哲学智慧的结晶，是一种世界哲学，是全世界的共同财富。[1] 对于这种世界性哲学，从整个人类文明发展的过程来理解它尤为重要。同时，作为在宏大的世界历史背景中和宽广的历史文化基

---

[1] 陶德麟：《马克思主义哲学中国化研究的方法论问题》，《学术月刊》2003年第11期。

础上产生的"世界哲学",马克思主义哲学必然要超越欧洲境界,在文明世界的一切语言中都找到代表,在不同的民族那里都能够生根发芽,开花结果,成为其民族文化的一部分。① 还有学者进一步指出,一种理论、学说,特别是哲学,之所以能够在不同国度、民族之间传播开来,不仅为其所在国家的人民所接受、为本民族所认同,而且也能为他国人民所接受、为其他民族所认同,其根本原因在于人类具有一种总体精神。只要一种理论、学说反映和体现了这一精神,它就能为许许多多国家的人民和世界其他民族所接受和认同。而马克思主义哲学正是以揭示人类总体精神的发生、发展为依归的,因此它必然获得声名远播的权力。②

其次,马克思主义哲学不是绝对的西方个性化学说,它与中国文化传统、中国哲学传统在一定程度上具有相似性、相通性、互补性。有学者从可通约性和不可通约性出发,认为任何哲学系统都具有"可解析性"和"可重构性",观念要素之间具有"可离散性"和"可相容性"。中国哲学所包含的观念要素,有些不能脱离原初语境而存在,有些则可以经过改造而融入别的哲学系统,经过互渗、互动、整合与升华而产生新的哲学体系。一般地,哲学传统间的融合,越是在深层越具有内在一致性,其公度性越大,其对流、互补和融聚的可能性越强。从整体角度看,中国哲学传统中的"朴素的辩证唯物主义"体系与科学形态的马克思的辩证唯物主义体系,具有学理上的相融性、相通性,这是马克思主义哲学中国化最方便、最快捷的思想桥梁。③ 有学者指出,马克思主义在很大程度上是与中国社会与文化结构及传统相契合的,如从文化信仰层面看,马克思主义无神论的信仰体验方式与具有无神论或多神论精神文化传统的中国儒家思想之间发生了一种"视界融合";从社会结构层面看,马克思主义较易于解释中国社会内

---

① 杨耕:《论马克思主义哲学的中国化》,《北京大学学报》1998 年第 3 期。
② 皮家胜:《马克思主义哲学中国化何以可能》,《武汉大学学报》2005 年第 3 期。
③ 朱荣英:《略论马克思主义哲学中国化的理性依据与现实基础》,《忻州师范学院学报》2003 年第 10 期。

部的阶级和阶层分化,并与中国传统的道德资源沟通。① 还有学者指出,马克思主义和中国文化、哲学都关注人的现实的生活世界,都关注对近代以来资本主义世界的反思与批判,马克思主义作为现代哲学和文化形态、中国传统文化和哲学作为前近代哲学和文化形态,都是近代哲学和文化形态的对立物,因而它们之间存在某种相似相通之处,尽管这些相似相通之处所属的哲学和文化形态并不相同。② 有学者进一步指出,自马克思主义哲学传入中国始,二者事实上就建立起了关系结构,并伴随中国经济、政治、思想文化的变迁,适应不同时代、阶段的革命、建设和发展的需要,分别形成了疏离(五四时期、"文革"时期)、结合(1927—1949年战争时期、80年代初至90年代末)到建设(当前)等几种关系形态。③

再次,所谓马克思主义哲学中国化,如前所述,是指在中国丰富和发展马克思主义哲学,创造出"中国特色、中国风格、中国气派的马克思主义哲学"新形态。严格地说,中国有没有可与之对接的哲学和哲学传统,与这种新形态的创造虽然具有一定关联,如是否可以提供相应的哲学资源,是否具有相应的哲学范畴,是否具有相谐的"哲学形式",这都将影响到新形态的建构和追求。但是,即使认定中国没有类似西方的哲学和哲学传统,也不能据此否认马克思主义哲学中国化新形态创造的可能性。毕竟,马克思主义哲学中国化不是简单地用马克思主义改造中国哲学,也不是用中国哲学改造马克思主义哲学,而是要在中国文化传统、中国特色社会主义的实践经验的基础上,进行全新的理论创造。

最后,更重要的是,马克思主义哲学具有实践品格,它源自实践,且须随着实践的发展而发展。马克思主义哲学中国化作为立足中国哲学传统,把握和总结中国特色社会主义实践的历史进程和基本规律,分析和研究中国特色社会主义实践中形成的哲学观念、哲学思想、哲

---

① 邹诗鹏:《马克思主义中国化与中国现代性的建构》,《中国社会科学》2005年第1期。
② 何萍、李维武:《马克思主义中国化探论》,人民出版社2002年版,第37—38页。
③ 贾红莲:《哲学创新:可通约的与不可通约的》,《东岳论丛》2004年第6期。

学思维方式的一种客观要求和理性自觉,也具有与时俱进的实践品格。自从马克思主义切合中国救亡图存的需要传入中国以来,由于马克思主义对中国革命和建设的指导现实地存在,由于中国特色社会主义实践已经历史地现实地展开,特别是中国革命和建设并非完全是"摸着石头过河""跟着感觉走",而是有领导有理论有导向的一场现实运动,并且创造了许多解决中国实际问题的新模式、新方法,如国内外学者已经在频繁讨论的"中国模式"或"北京共识",即实际上已经存在一个马克思主义哲学中国化的实践版本,因而新形态构建的任务主要在于对之加以总结、归纳、提炼、升华,创造性地形成一个哲学"理论版本"。因此,如果说理论来源于实践,实践可以通过总结、归纳、提炼、升华而为理论,那么,以不断取得成功的中国特色社会主义实践为基础,构建马克思主义哲学中国化新形态就是完全可能的,并且具有理论合法性。

实际上,不仅马克思主义哲学的中国化是完全可能的,而且马克思主义的全部理论都应该中国化。马克思主义中国化既是马克思主义扎根中国、发挥其现实作用的必由之路;同时,中国特色社会主义实践的经验教训,也强调马克思主义必须与中国具体实际相结合,"走自己的路",创造性地解决自身的实际问题。可见,通过马克思主义与中国具体实际相结合,从马克思主义"化"中国到中国化,将马克思主义自觉发展到中国化的新理论形态,不仅具有可能性,而且具有必要性和紧迫性。

三 马克思主义中国化的基本方略

应该承认,以变革中的中国特色社会主义实践为基础,创造新的"中国特色、中国风格、中国气派的马克思主义"新形态是一项艰巨的任务,存在不少困难。首先,从具体实践到抽象理论的跨越、提升往往艰难而又曲折。"这项研究不单单是一项文本梳理的案头上的工作,不是靠摘引书本上的词句抽象地演绎出体系,而是要深入到中国发展的历史的起点,理论地反思中国人民在现代化进程中所从事的最基本的实践活动,分析和研究实践中所提出的重大问题以及在解决这些问题中所形成的哲学观念。"① 其次,马克思主义中国化的实践基础尚未夯实,尚不充分。没有先例的中国特色社会主义实践仍然处于创造甚至摸索过程之中,是一种正在生成中的动态实践活动。实践中的不确定、不成熟、不定型,以及实践中可能出现的曲折、反复,必然会干扰、影响理论层面的总结、概括与提升。再次,"结合"或创新的主体素质与能力如何,是否具有将马克思主义本土化、民族化的信仰与意愿,是否能够为之而斗争,也是一个问题。② 毕竟,马克思主义与中国文化具有不同的话语系统、不同的思维方式、不同的文化价值观,具有某种异质性,不可能简单地进行对接、通约,相互之间的对话、沟通存在困难,将之中国化不是一件容易的事。最后,这项研究还需要克服"如何把实质和形式有机地结合起来"的困难。"实质"是指理论的特殊性,是能够真实反映"中国特色"的概念和原理;"形式"则是指理论的普遍性,即表达"中国特色"的概念和语词应达到马克思主义理论学科的层次或符合学科的规范。达到这种"带有中国特色的普遍""具体的共相"并不容易,需要艰苦的理论创造。也正因为如此,目前"有关中国特色社会主义哲学研究的文章和论著虽然不少,但有哲学的形式而无哲学的实质的现象大量存在,真正有哲学实质的精品之作尚属凤毛麟角"③。

当然,也应该看到,从毛泽东思想、邓小平理论、"三个代表"重要思想、以人为本的科学发展观到习近平新时代中国特色社会主义思想,包括学术界在 20 世纪上半叶、改革开放以来的相关探索,无论是马克思主义中国化的实践版本还是理论版本,都取得了积极的进展。但是,距离目标的实现仍然任重道远。或许,进一步的构建方法与途径可以从如下方面进行探索。

---

① 李景源:《论建构中国特色社会主义哲学原理》,《光明日报》2004 年 9 月 16 日。
② 王锐生:《在"结合"视野下的马克思主义中国化》,《哲学研究》2006 年第 2 期。
③ 李景源:《论建构中国特色社会主义哲学原理》,《光明日报》2004 年 9 月 16 日。

第一，拓展视域，将马克思主义中国化研究的世界视野和中国视野结合起来。近年来，马克思主义中国化研究中存在的突出问题，在于缺乏一种更为广阔、更加融通的视域，往往局限于马克思主义史的视域内进行考察，仅仅基于认识论的范畴和方法研究马克思主义与中国具体实际相结合的问题。而实际上，马克思主义中国化关涉更为宏观的视域，"马克思主义中国化始终与世界的现代化运动相联系，是世界现代化的一部分，因此，马克思主义中国化除了马克思主义与中国革命实践相结合之外，还包括西方现代化运动与中国现代化选择的关系、马克思主义与中国文化传统的关系、马克思主义与中国思想世界诸思潮的关系等多层面的问题"①。因此，要有广阔的视野和时代的前沿意识，进行综合的、多学科的、多方面的思考与探究。既要把中国的马克思主义放到世界马克思主义发展的图景中加以探讨，揭示马克思主义为中国人民理解和接受、实现本土化的过程，揭示中国马克思主义的独特形态及其特征，又要把中国马克思主义放到思潮起伏、百家争鸣的 20 世纪中国思想的背景中，通过考察它与中国其他社会思潮之间的激荡、论争、互动、交流与融合，多层面地展开中国马克思主义的理论内容。②

第二，正确处理"实践版本"和"理论版本"、现实性和学术性的关系。一方面，"实践版本"是"理论版本"赖以形成的基础。要坚持"从实践出发解释观念、而不是从观念出发解释实践的历史唯物主义原则"③，即立足中国文化传统，依据中国特色社会主义建设实践形成的"中国经验"和"北京共识"，自觉地把马克思主义的精神实质转变为研究范式，提炼出具有中国特色的理论和方法，逻辑地构成马克思主义中国化新形态的理论版本。在这一过程中，要坚持以中国社会改造和现代化建设的问题域为主导内容。马克思主义中国化的新形态不可能局限于既有的经典而产生，更不可能靠改良传统教科书体

---

① 何萍、李维武：《马克思主义中国化探论》，人民出版社 2002 年版，前言第 3 页。
② 何萍：《马克思主义哲学中国化研究的问题与视野》，《安徽大学学报》2005 年第 1 期。
③ 李景源：《论建构中国特色社会主义哲学原理》，《光明日报》2004 年 9 月 16 日。

系而产生,只有立足于解决现时代中国革命和建设的问题才能孕育形成。过去毛泽东、邓小平都是在解决中国实际问题时推进了马克思主义,今天我们也只有立足于中国特色社会主义实践,以实践过程中出现的问题为核心,才可能从中发掘出重大的问题及其解决的核心理念。另一方面,"实践版本"和"理论版本"又是共生的、相互推进的:"实践版本"所体现的实践纲领、策略等虽然具有政治的权威性,但仍然需要在理论上对其科学性、合理性、合法性等进行反思和批判,使其具有学术的权威性。在这里,必须坚持"真理面前人人平等"的原则,允许不同学术观点之间的争论,防止对学术争论的政治上的不当干预。这样,在科学、合理的"理论版本"的观照和指导之下,"实践版本"才能真正形成和不断完善。①

第三,积极开展跨学科研究,通过中、西、马之间的对话,寻求一切可能的学术资源和思想智慧。马克思主义中国化不仅是马克思主义的发展问题,也是中国思想理论的现代化问题,它不仅是马克思主义专业学者的任务,也是其他学科的共同使命。要创造马克思主义中国化的现代形态,必须始终保持开放的胸襟,广泛吸收和借鉴人类思想文化发展中的一切优秀成果。一方面,要古今贯通、史论并进,破除传统与现代简单对峙的观念,自觉开发和借鉴中国传统文化的精神资源,深入把握其具有原创性的思想智慧,以之作为理论创新的思想资料。在这里,对相对落后的中国传统文化进行创造性阐释、改造和重建是基础,特别要警惕中国传统文化消极因素的渗入和污染,防止把那些落后、腐朽的东西误认为中国化的成果。另一方面,要会通中西、综合创新。"只有在与西方哲学、包括西方马克思主义哲学的深层对话和理解中,才能深刻理解马克思实现的哲学变革以及马克思主义哲学的当代性,从中获得建构中国特色社会主义哲学理论的重要思想资源。"②

---

① 陈晏清、杨谦:《马克思主义哲学中国化的实践版本和理论版本》,《哲学研究》2006 年第 2 期。

② 李景源:《论建构中国特色社会主义哲学原理》,《光明日报》2004 年 9 月 16 日。

第四，在研究方法上，一切从中国的实际情况出发，坚持实事求是、具体问题具体分析的原则。① 实事求是既是科学研究从感性具体到思维抽象的方法，也是保证思维一般上升到思维具体的科学方法，还是全面的历史的方法（立足具体的时间、条件和历史过程研究问题，从中引出其固有的而不是臆造的规律性的方法），因而是把马克思主义中国化、具体化的根本保证。坚持实事求是的研究方法，一方面，要处理好实事求是方法与解释学方法的关系。坚持实事求是、以研究中国实际问题为中心，不是不要本本，也不是否定解释学的方法，关键在于仅有本本是不够的，还要将本本与实际创造性地结合起来，加以合乎时代特征的解释。另一方面，要克服教条主义、公式主义的倾向，反对把马克思主义当作抽象不变的公式生搬硬套，通过"原理+例子"的做法进行简单应用，而应该通过调查研究，依据实际情况，创造性地加以运用。

第五，重视马克思主义中国化形态的叙述方式和论证方式的研究，特别是在理论范畴、语言的选择与创造上下功夫。一方面，马克思主义产生于无产阶级通过阶级斗争争取解放的伟大事业中，具有鲜明的阶级性和革命气息，而中国目前处于社会主义和平建设时期，因而要将过去以革命为主旨的话语系统转变为以建设为主旨的话语系统；另一方面，要旗帜鲜明地让马克思主义"说汉语"，选择和创造出既具有中国特色、又具有相应学科水准的概念和范畴系统，以符合中国文化传统或中国百姓喜闻乐见的语言方式加以表达，展开论证。

第六，还应该指出，由于中国特色社会主义实践是一个漫长曲折的过程，由于马克思主义与中国传统文化的关系需要调适，由于相关理论创新面临种种现实困难，这决定了马克思主义中国化、创造"中国特色、中国风格、中国气派的马克思主义"新形态不可能一蹴而就，而必然是一个逐渐生成的历史过程，一个实践版本与理论版本相

---

① 姚润皋、高烈：《毛泽东"结合"思想研究》，《湖南科技大学学报》2005年第5期。

互校正和完善的过程。任何急功近利、试图毕其功于一役的想法和做法，既不可能，也不可取。当然，任何不思进取、无所作为的态度和做法更要不得、更不可取。

第 二 章
精华与糟粕：传统不是"烂苹果"

马克思主义中国化意味着马克思主义必须"走进"中国这一文明古国，必然与中国的文化传统产生密切的联系，必须与中国的文化传统进行必要的交往互动。结合中国优秀的文化传统"化中国"，是马克思主义中国化的必由之路。这正如习近平所指出的："不忘历史才能开辟未来，善于继承才能善于创新。优秀传统文化是一个国家、一个民族传承和发展的根本，如果丢掉了，就割断了精神命脉。"① "历史和现实表明，一个抛弃了或者背叛了自己历史文化的民族，不仅不可能发展起来，而且很可能上演一场历史悲剧。"② 但是，如何看待传统，形成关于传统的客观认识和恰当评价；如何对待传统，实现创造性转化和创新性发展；是马克思主义中国化的重大课题和必要环节。因此，对中华民族的文化传统进行深刻反思，从最深处探究它的长短、优劣、精华和糟粕，形成对于它的全面的、客观的评价，是马克思主义中国化必须做的一项功课。

一 传统是什么

"传统"是人们广泛使用的概念，但传统是什么，人们的理解却

---

① 《习近平谈治国理政》第2卷，外文出版社2017年版，第313页。
② 同上书，第339页。

大不相同。例如，有人认为，传统就是"过去（最好是古代）就有的"东西，"弘扬传统"就是要怀旧、复古；也有人把传统仅仅当成是某些不变的外在形式，特别是日常生活中某些器物的形式，比如长袍、对襟衣服、太师椅、大屋檐等是中国的传统，他们认为，必须要保持这些形式，才能保持传统；与上述相反，有些人则完全把传统等同于"陈旧、落后"，认为传统永远与保守、顽固联系在一起，而与进步、现代化互不相容，因此总是对传统嗤之以鼻；等等。

所有这些看法都与传统的本来意义大相径庭。"传统"的含义，通常是指在人们生活中形成和世代相传的思想、道德、习俗等文化内容和形式。对它的具体表现虽然可以从许多方面去理解，但有一点却是各种理解中都不应该偏离的，这就是：传统是把人的过去和现在联系、连接起来的那些社会因素和方式。换句话说，传统本身是指一种联系——"过去"与"现在"之间的联系。按照这一规定，不论任何东西，它要代表传统，就一定具备以下两个特征：（1）它是在过去或历史上产生或形成的、经历了一定的延续和积累过程的东西；（2）对于人们现实的生活说来，它是流传至今或仍存在于现今的东西。也就是说，传统是指走到"现在"的"过去"，是"过去"在"现今"的存在和显现，而不是单指过去曾有的东西。

从学理上看，文化传统包括三个条件：第一，每一个传统和传统的事物，都是在或迟或早的历史上形成的；第二，它们继续存在和体现于当下人们的生活之中；第三，因而它反映和记载了人们某一方面生活发展的历史连续性和内在逻辑。

根据对"传统"的科学理解，我们可以进一步得出以下几点结论。

首先，传统是必然的社会条件，人们不可能脱离传统、从零开始生活。马克思指出："人们自己创造自己的历史，但是他们并不是随心所欲地创造，并不是在他们自己选定的条件下创造，而是在直接碰到的、既定的、从过去承继下来的条件下创造。"[①] 对于文化来说，这

---

① 《马克思恩格斯选集》第 1 卷，人民出版社 2012 年版，第 669 页。

一道理尤其适用。因为文化本身就是人的生存发展方式的显现，它决不可能是个人的、偶然的现象，而只能是一定社会生活的历史产物。对于后来的人们，既有的文化不仅成为他们生存的环境条件、发展的前提和基础，而且赋予了他们生命本身的社会含义，决定了他们全部生活的起点，也影响着他们思想感情的特征。前一代人的创造和进化成果，技术、经济、价值观到语言文字、思维方式一直到遗传基因，都有形无形地进入后人的气质、品格和生存方式中去，深入人们的灵魂深处，成为他们思维习惯、价值观念和行为习惯，成为他们做人做事的方式。可以说，任何人本身都是一定文化传统的产物和体现。

所以，人们不可能没有传统，问题只是谁的、什么样的传统。比如中国历史上激烈的反传统主义者，却从来都与传统保守主义者一样，身上带有（甚至有时比后者更深的）传统烙印。他们往往是以最具传统特色的方式去反对传统。与之相反，那些并非站在中国文化传统立场上的外国观察者，当与自己利益不相冲突时，却常常表现得对中国的传统文化有更多的宽容、理解甚至欣赏。这恰好说明，传统本身也是多面的。传统主义和反传统主义常常是同一传统硬币的两面。生活在一定文化环境中的人，即传统的主体之人，无论其对本民族的传统是爱是恨、态度如何，因为他正是在这一传统的母体中发育的，所以都并非是或者很难能够外在于、超越于传统的人。而真正与某一传统相外在、相背离的，只能是与它本不相干、对它来说属于"非传统"或其他传统体系的人。

其次，传统本身并不是先天注定、一成不变的，而是在实践中不断形成和发展着的。文化实际上就是一种不断改变着自身的东西。譬如说到中国的文化，其实它也在不断变化：春秋时期，赵武灵王"胡服骑射"改变了服装，是一大变；秦始皇统一中国，书同文，车同轨，是又一大变；汉代"罢黜百家，独尊儒术"又是一变；魏晋玄学兴起，调和儒道，是一大变；佛教传入中国后，形成儒、道、佛相互融合的信仰特征，又是一大变……直到鸦片战争，西方文明打入中国；后来用马克思主义指导拯救中国，建设社会主义……整个一部中国历史，可以说就是一部变革以求图强，不变则落后挨打的历史。中华民族历经艰难险阻而不衰败，自身之"变"是其中的主线。应该说，能够并且善于学习、汲取一切有益的东西，不断地改变自己以适应世界的发展，"海纳百川，有容乃大"，这本身也是中华文化的一个优良传统。所以，把传统当成静止的、定型的、亘古不变的简单模式，是完全不符合事实的。

文化传统这种在运动中不断展开、不断变易的特性，说明文化是活生生的，是有生命的。正如斯宾格勒所说的，文化不是既有的文明成果形式，就是说，不是那种僵死的东西，不是文物的堆积，它是活生生的历史本身。文化的生命从哪里来？它只能来自社会历史的实践，来自人们世世代代的生活、劳作、创造。每一代人的生活和实践赋予文化以生命。有生活，有实践，有创造和劳动着的人们，文化也就有了生命，就能健康地、生机勃勃地发展。这种发展就是通过传统的不断延续和更新来实现的。

再次，观察传统，要以"现在"为坐标，而不是以过去为标准；观察我们自己的传统，要从我们自己的现实出发，而不是从古人出发。要了解中国人的传统，就要认识现在的中国人，从现在追溯过去，而不是脱离现实，只知一味地（事实上是按照主观愿望而有选择地）回顾过去。单纯用"过去"来解释传统，那么"弘扬传统"就会同复古和保守联系在一起。不仅如此，这种理解方式还必然会遇到一个难题："过去"到什么时候？从何时开始有的东西，才有资格称为传统？譬如京剧，如今被公认为中国传统艺术的奇葩。但京剧的形成迄今不过200多年，那么200多年以前它算什么？如果当年徽班进京时，人们以"不合传统"拒之，我们还会有今天这个"国粹精华"吗？

可见，传统是以"现在"为准，向"过去"回溯所发现的联系，或者是由当时人们所创造，然后延续一段时间以后，在后人"当下"的生活中体现出来的东西。因此，"古已有之"的东西，未必皆成为传统；古未有过的东西，也未必不能进入传统。说到底，在生活中已经死去的、已经没有生命力的、在历史上湮灭了的东西，并不属于现实的传统;只有在现实中仍然活着并起着作用的既往存在,才是真正现实的而不虚幻的传统。认识任何一种传统时,都不应该忘记这一点。

以这样的眼光看来,当代中国的文化传统,并不仅仅是古代文化的单线遗传,它实际上是由至少三个部分构成的:(1)中华民族故往的文化传统。中国有数千年的文明史,如汉字至少可以上溯到甲骨文,社会的宗法特性(血缘家族文化)甚至可以上溯到史前时代。可以说,中华文化是活文化中保留传统最悠久、在世界历史上唯一不曾中断过的、最完整的文化。在中国范围内,她以华夏文化为主体,融合了大量的少数民族的文化,包括早期所谓东夷西羌南蛮北狄,后来的匈奴、鲜卑、蒙古、满、藏、朝鲜、维吾尔等民族的文化;在世界范围内,中国古代文化还吸收了一些其他民族的文化,其中最重要的是中亚、西域和印度的文化。(2)鸦片战争以来借鉴、吸收的近代西方文化传统。西学东渐以来,中华文化在"保种图存"中吸收西方文化,特别是吸收了发展于西方的科学技术及其精神,使之成为当代中华文化的一部分。(3)新兴的社会主义文化传统。这是指马克思主义传入中国以来,与中国传统文化结合,并在社会主义革命和建设实践中形成的新的文化传统。等等。从这些文化传统的汇合中,显示出当代中国文化是一个动态的、开放的整体,它具有极其丰富的内涵和强大的生命力。

最后,在如何对待传统的问题上,要充分理解和尊重当代人的权力和责任。根据以上的分析,我们应该破除对"传统文化"的狭隘化、表面化、神秘化的理解,增加一点重视现实,注重实际,尊重群众,依靠科学,面向未来的意识。就是说,在如何对待传统的问题上,也要解放思想,破除迷信。例如,我们看到:爱讲传统,并经常以过去为标本来说明传统,这本身似乎也是中国文化的一个重要传统,迄今仍在保持。从孔子倡导"法先王""克己复礼"和"信而好古"起,我们民族的一些人,主要是上层精英,就有一种习惯和风气,每当重要的历史关头,就要大力回顾过去,追求先人,喜欢走"托古喻今""借古证今"的文化路线。其中包括一些激进的改革者,历来也喜欢从归咎和责备前人入手。这种无论肯定还是否定，都重在责求"过去"，却常常忽视"当今"和"未来"的做法，属于一种"逆时序的思维方式"，它实际上是落后的和有害的。对于这种"传统"，我们就不应该无条件地保留。

总之，文化就是生活，文化就是创造。"传统"从过去而来，但并不等于"过去"；传统存在于现在，人们的传统就在于人们的现实。文化怎么样，传统向何处去？归根结底是指人怎么样，人要向何处去？以认真负责的态度谈论传统，就不应该忘记作为主体的人，不应该忘记人们自己现实的权力和责任。这样才更有利于增强我们对自己民族文化和传统的自信，形成健全的意识。

走进新时代，我们应该意识到我们对于自己的传统文化有充分的责任和权力，不仅要继承，而且要进一步创造和发展它。在马克思主义中国化过程中，建设走向新时代的、有中国特色的社会主义新文化，就是要从我们自己的现实出发，"向前看"，在改造和发展实际生活本身的同时，探索和建立促进社会全面发展的新思想、新道德和新习俗。

二　对待文化传统的三种态度

检讨历史与现实，不难发现，对待一个民族自己的文化传统，通常有以下三种不同的态度。

第一种是单纯赞扬和讴歌优点，取全面肯定的文化保守主义态度，其表现主要是"天朝大国"的文化优越感、排外主义和故步自封心理。如中华五千年的文明在某些人那里滋长出的"中央之国""唯我独尊""天下第一"的心态，表现出一种"无知的傲慢"，满足于一种"话语的占领"，以为世界上一切好的东西，都是中国"古已有之"的，如早就"发明"了足球，早就有了电子计算机（算盘），早就产生了职业道德，早就提出了系统论……所以，现在和今后所需要的一切，都已在过去齐备，"无出其右者"，只需向"古"搜索寻取即可。在康有为的"孔子改制立教"说中，在梁启超从"公羊三世"说中发科学、民主之微的思想中,在黄遵宪"泰西之学,其源流皆生于墨子"之中,都看得到这种心态的反映。迷信祖宗和盲目自大的心理,意味着自我封闭,盲目排外,墨守成规,故步自封,甚至"尊祖法宗","向后看齐",复古倒退。近代以来,虽然国运不济,落后挨打,屡遭劫难,而复古守旧之声,却仍不绝于耳:"中国之病,固在不能更新,尤在不能守旧",因此正确的选择只能是:"宜考旧,勿厌旧;宜知新,勿骛新。"[1] 可见这种保守主义是何等根深蒂固!

第二种是完全暴露弱点和缺陷,持全面否定的历史虚无主义态度。如对中国自己的传统文化彻底失望、彻底否定的"全盘西化"论。"全盘西化"论产生于鸦片战争特别是五四运动以后。在落后被动挨打,痛感传统文化的落伍,并进一步提出"打倒孔家店"、倡导"民主""科学"与现代文明的同时,有些人将西方文化视为唯一先进的文化,视为中国现代化的唯一榜样,从而采取了一种极端肯定(西方)的方式。其代表人物是胡适和陈序经,尽管他们的观点并不完全一致。例如,胡适认为,中西文化的"折中""调和",或者所谓"中国本位""中学为体,西学为用",都是空谈;中国文化没有任何别的路可走,只有努力全盘接受西方"新世界的文明"。陈序经则更激烈地宣称,"百分之一百的全盘西化",不仅是完全可能的,而且是中国文化的一条更为完善、更少危险的出路。虽然胡适等人或许言者有心,是以一种"矫枉过正"的过激方式提出这种意见,但是,由于这种论调在事实上得到了近代以来西方所取得的显赫成就的支持,因而就具有很大的诱惑力,成为一些人心目中的真实导向。

从文化保守主义到文化虚无主义,从否定自己过去的一切到肯定崇拜别人的一切,这种发展和转变有一定的必然性,它们"两极相通",是同一种思维方式的后果,即以脱离了文化的历史主体性为前提,孤立、片面、静止地看待文化的价值。以为文化和传统不是主体自身生存发展的方式本身,而是可以随意弃取的外部对象和工具,结

---

[1] 薛福成:《庸庵海外文编》卷三,《考旧知新说》,光绪二十一年刊本,第25页。

果必然相信可以通过保守原有的文化不变而维持自身的发展,或者相反,可以通过抛弃而不是改造自己的文化而使自己得到发展。这两个极端之间的共同点,都是主张人们可以并且应该割断自己的历史,放弃自身固有的文化权力和责任。

因此,在我们追寻现代化的过程中,第一种态度虽具有切中时弊、惊世骇俗、寓爱于恨、怒其不争等警醒国人的作用,但明显地失之于偏颇;第二种态度虽以"浓厚的民族感情""维护民族神圣与尊严"自诩,却有盲目乐观、骄傲自大、封闭因循、迂腐顽固之嫌。于是,在批判这两种态度的过程中,产生了第三种态度,即综合分析文化传统的优点和缺陷,持"取其精华,去其糟粕"的现实主义态度:一方面,对于传统文化中的"精华",或者"合理的""正确的""进步的"东西,加以继承和发扬;另一方面,对于"糟粕",或者"不合理的""错误的""落后的"东西,则加以批判和舍弃。

三　从实体性的理解走向价值性的理解

在文化保守主义、历史虚无主义和"取其精华,去其糟粕"的现实主义之间,毫无疑问,只有第三种态度才是"既全面又切实""既稳妥又积极"的。这是人们广泛的"共识",几乎令人无可非议。

然而,一进入操作层面,人们就会发现,"取其精华,去其糟粕"并非易事,甚至因"剪不断,理还乱"而无从下手。问题往往出在现实操作的过程中:对于具体的文化"精华"和"糟粕",究竟如何划分、如何鉴别、如何把握?这里不仅仅有操作的方法问题,还有更深刻的理论观点和思想方法问题。问题的关键是要对"批判地继承"有一个科学的、深入的理解和阐释。

我们知道,任何民族文化的传统都是在历史中形成的一个丰富的、有机的整体,是作为一个整体而在历史与现实中发挥作用的。所谓"精华"和"糟粕",实际上有两种不同的含义、两种不同的理解:一种是实体性的,另一种是价值性的。

实体性的含义，是把"精华"和"糟粕"当作是传统文化中固有的存在，是各种文化现象本身固有的性质，认为其中有一些东西本身就是好的，是"精华"；另一些东西本身就是不好的，是"糟粕"；精华就是精华，糟粕就是糟粕，只要它们存在，就是从来如此，不会改变；我们的工作，就是要把它们逐一找出来，将"精华"好好保持，将"糟粕"彻底剔除。

价值性的含义，是把"精华"和"糟粕"看作已有文化现象在现实条件下的意义和作用，即以我们现在的生存发展为标准，去看过去留下来的东西是好是坏；这里暗含的一个前提是，不认为那些现象的好坏意义是从来如此、固定不变的，而是承认好坏本质上都因人、因时、因地而易；因此，我们的工作就是要客观地看待过去的东西，而重点是从人和社会的现实发展出发，对它们加以选择和改造。①

这两种不同的含义和理解之间，表现出哲学思维方式上的深刻的差别。前一种理解比较简单直观，因此在人们的看法中比较常见，代表了一种传统的思考方式，但它存在着很大的疑点和误区。从理论上说，后一种理解比较符合实际，比较深入和合理。

实体性理解的最大误区，是容易将"存在"和"意义"（价值）混淆或等同起来，导致以孤立的、片面的、静止的观点看待历史文化现象的存在，以简单、抽象、凝固的态度对待它们的价值，从而简单机械地理解和执行"取其精华，去其糟粕"。

例如，为了实行"取其精华，去其糟粕"，人们很容易产生的第一个想法，就是要给全部传统文化来一个"二分"：先弄清楚它们哪一个是"精华"，哪一个是"糟粕"，开列出清单来，然后照单清理，一劳永逸。多少年来，一直有人在做这样的尝试，试图开出一个客观、准确、全面的"清单"来。然而，这种努力却从未获得成功。这是为

---

① 参见李德顺《价值论：一种主体性研究》，中国人民大学出版社1987年版，第144—160页。

什么呢？——原因当然很多，但归根结底是因为，脱离了人和社会的具体发展，想就每一种文化现象本身去判断它的绝对价值，确定它是永恒的"精华"或"糟粕"，这种思路本身是不能成立的。

例如，胡适当年曾抨击过中国传统中所独有的某些"宝贝"：骈文、八股文、小脚、太监、姨太太、贞节牌坊，以及五代同堂的大家庭、地狱活现的监狱、动辄廷杖板子夹棍侍候的法庭，等等。这些残酷地限制人的自由、扼杀人性的东西，毫无疑问是应该划入"糟粕"之列、坚决予以清除的。对此大家已经没有异议。但这只是近代以来的结论。相反，它们既然曾被当作"宝贝"，就意味着曾被视作"精华"。这说明，它们是一种封建主义制度、一段历史过程的必然产物。离开了这段历史和历史的发展，我们就无法说明这种（从"精华"到"糟粕"的）转变。

无论怎么说，在社会已经发展的情况下，对于骈文、八股文、小脚、太监这一类显而易见的事情，还是比较容易做出判断的。而对于一些比较深层的东西，如纲常礼教、忠君思想、抑利扬义、无为而治、忍让顺从，等等，在过去就确曾是封建主义文化的"精华"，没有它们就没有封建文化，就没有那一段历史；而在今天，不同人在不同场合对它们也有不同的评价，认为它们究竟属于"精华"还是"糟粕"，要看怎样理解和发挥。这说明，它们的价值具有两面或多面性。离开了现实的具体条件和对象，就无法做出判断。

典型的，众所周知，历史上秦始皇统治期间修筑的万里长城，如今堪称人类历史上最令人叹服的奇迹之一。这一人间最浩大的工程，当年却曾被作为"暴政"的一个体现，后来也一度显示出"两面性"：既是抵御外来侵略的坚固屏障，也是人为与外部断绝商品贸易和文化交往的心理防线。

文化是历史的投影。一个事物、一种文化现象的发生和存在，都是一定历史过程的产物，都有它的原因和条件，因此也有其确定的本质；但它对于社会发展的意义即价值如何，是起正面作用抑或负面作用，却不是单一的、固定不变的，而是常常具有两面或多面性、可变性。在历史上形成的文化传统，它的每一方面内容、每一个特征，在现实中都可能表现出这种两面性。那种所谓精华部分发挥积极作用、糟粕部分产生消极作用的说法，只能是简单化的想象。实际上，在传统文化发生作用的时候，无论是精华部分，还是糟粕部分，都不是只向一方面产生作用，而是如同一柄双刃剑一样，在不同的历史条件下、对于不同的主体有其正的和负的两个方面和两个方向。这要视文化主体的具体发展情境而定，视文化主体的具体需要、结构、素质和能力而定。因此，只能通过依据现实、对照社会发展的要求来具体地分析，不能简单地一概而论。

机械理解的"取其精华，去其糟粕"，是以对文化现象的简单"二分"为基础的，它完全忽视了传统文化作为一个"有机系统"的客观事实。它希望如同对待一个烂掉一块的苹果一样，对祖宗留下来的文化传统来个简单的"二分"："去"掉烂掉的一半，"取"其好的一半。可问题的关键是，纷繁复杂、盘根错节的文化传统，并不像也不可能像一个已经成熟了的、最终定型了的、从树上摘下来的苹果，而是一个复杂的动态的"活"的生命系统，一条波澜壮阔的历史长河，它有自己的机理结构，它在不断地生长着、变化着，它处于一个不能随意割断的过程中。这使"烂苹果"之类比喻完全没有意义。因为，如果它真的烂了一部分，那么，这烂掉的一部分和所谓好的部分也往往是交错、渗透在一起的，无法分开；如果它真的烂了一部分的话，那么，另一部分恐怕也同样已经烂了，或者与之相适应了；如果切除它那烂了的一部分的话，另一部分大约也很难原样保留和维持。这就是为什么人们总想像处理烂苹果一样将传统文化"取其精华，去其糟粕"，而实际上却总也处理不清楚的原因。——因为，不从系统整体和根本上看问题，只想就一个个具体现象分别做处理，是不可能分得清楚、处理得干净的。

事实上，所谓"精华"和"糟粕"的简单划分，总是离不开以现实主体为根据的选择和塑造。所以，那种将传统文化简单化的倾向，通常也和对待传统文化的实用主义态度相联系：打着"取其精华，去其糟粕"的旗号，对前人的文化遗产随意解释，各取所需，为己所用，却根本不管它们在历史上和现实中的具体情况。例如，这些年来，总有人喜欢在编选"传统精华"上做文章。他们从古代文献典籍、"先贤"语录中，草草搜罗出一些自己喜欢的话语、案例，将其汇集成文成书，然后便大加鼓吹，名曰几千年中华文化的"精华"等，似乎已经开出了至少是一部分的"清单"，可供"弘扬优秀传统"之用……实际上，他们既未联系历史现实做深入的考察批判，也未对自己"选择"的思路做深刻的反思和改进，这样做的效果，只能是为了满足一时的需要而"造造声势"罢了。这样的闹剧在历史上重演过许多次，却从来未能也不可能真正解决如何"取其精华，去其糟粕"和"弘扬优秀传统文化"的问题。

这是对精华和糟粕作单纯实体性理解所必然面对的困境，古今依然。

而按照价值性的理解方式，"精华"和"糟粕"不是指传统文化的任何对象本身，而是指它们对于人和社会发展的现实意义。具体地说，对于历史上发生、形成的文化现象、传统，主要不是去看它们"是什么"，而是重点思考"我们怎样对待"。

——历史上发生形成的文化现象、传统，是已经存在的客观现实。它们都是一定历史过程的产物，都有它的原因和条件，因此也都有自己发生、发展、消亡的逻辑。对待"存在"的事物，首先要按照存在的逻辑，理解它们的历史地位和历史过程性质，不把它们看作是一成不变的。对它们的历史意义，也要放在这个历史过程中去把握，弄清楚它们在什么情况下是必然的或偶然的，在什么情况下是有益的或有害的，在什么范围和程度上是精华或糟粕，等等，用历史本身说明它们在历史上的价值，说明它们为何产生、为何消失。在这一点上，绝对不应该仅以我们今天的好恶为标准，用今天的想象和愿望代替过去的事实。

——要把重点放在我们自己的今天、现实及其发展要求上，对于"过去已有的"东西，无论它们在过去曾起过怎样的作用，是不是精华，都要以有利于我们今天的发展，有利于社会的继续进步为标准，去重新加以分析、研究、判断和选择实施。就是说，过去的东西对于今天来说，是精华还是糟粕，要看我们是否需要、是否能够正确地对待它们。所谓"正确对待"，就是要符合今天的历史要求，适合于我们的能力和条件，有利于国家民族自身的健康发展。这是我们对待自己传统文化应有的权力和责任。

——"取其精华，去其糟粕"和"弘扬中华文化优秀传统"的关键与核心，是立足于当代中国人的自我认识、自我发展。当代中国人是全部中华传统文化的载体和主体，对待传统文化的批判继承，离不开中国人的自我改造。只有面对当代和未来的世界，认清自己的位置和使命，同时清醒地了解自己身上的长处和短处、优势和劣势，并在今后的发展中自强不息，扬长避短，扬长补短，不断前进，才是真正的（不是口头上的）"弘扬"和批判地继承，才能充分体现传统文化的现代化。所以，当代中国人如何搞好自我认识、自我发展，是全部问题的关键，也是最重要、最困难的环节。在这个问题上，最有害的莫过于把传统文化置于现实之外的"过去"，把它仅仅当成是一个任我们反复观赏、把玩或组合的对象，而不是我们自身的素质、心理和行为的出发点。这将导致另一种无形的"玩物丧志"——沉迷于对传统的空泛感觉，只知一味地欣赏、把玩，或者挑剔、抱怨不休，却忘记了自己真正的权力和责任。如果事情果真如处理一个"烂苹果"那样简单的话，那么中国文化的现代化，马克思主义的中国化，中国社会从传统到现代之路，也将变得非常简单而轻松了。

总之，在马克思主义中国化过程中，如何对传统文化"取其精华，去其糟粕"的问题，实质上不是一个如何对待外部现成对象的问题，而是我们国家、民族自身如何"从我出发"，对待自己的历史、现状和未来命运的问题。[①] 我们从历史走来，因而绝不可能脱离

---

① 参见李德顺、孙伟平、孙美堂《家园——文化建设论纲》，黑龙江教育出版社2000年版，第242页。

自己的传统。这正如马克思所说的:"一切已死的先辈们的传统,像梦魇一样纠缠着活人的头脑。"① 不管人们喜欢不喜欢,愿意不愿意承认,人们总是生活在既定的文化传统之中,必须在已有的传统的基础上进行创造。我们向未来走去,所以绝不应该停留于过去的传统,沉迷在传统文化之中而不能自拔。以科学的方法认识传统文化,绝不是一件简单、轻松的事,而必须有自尊、自信、自强的精神,有清醒、科学、客观的态度。我们既要对自己的历史负责,有自尊自爱自立的意识,敢于肯定和弘扬自己传统中一切优秀、美好的东西;又要对自己的未来负责,有自我否定、自我批评和自我超越的精神,敢于否定和抛弃自己传统中一切落后、丑恶的东西。我们应该在立足过去和现在、走向未来的过程中,"去其糟粕",改造一切阻碍我国现代化的东西;同时,重拾、确立中华民族的优秀文化传统,"取其精华",在现代化过程中加以改造、创新,从而在创造性的建设中,开创马克思主义中国化之路,开创中华民族光辉灿烂的未来。

---

① 《马克思恩格斯选集》第 1 卷,人民出版社 2012 年版,第 669 页。

第三章
如何对待西方价值观:"对着干"与"创造性转化"

自近代西学东渐,特别是改革开放以来,西方价值观对古老的中国产生了广泛而深刻的影响。由于西方资本主义近代以来的快速发展,特别是由于西方的侵略扩张政策和野蛮的殖民手段,西方价值观渗透到世界的各个角落,并以其"软实力"全方位挤压其他文化的生存空间。在西方列强对中国入侵、"半殖民"的过程中,这导致中国出现了空前的民族危机和文化危机,导致资本主义价值观在一定程度上渗透、"占领"了中国社会。当然,近代以来维新变法、洋务运动之类自救举措,中国民族资本主义的发展和资本主义民主革命,以及改革开放和社会主义市场经济建设,本身也要求在一定程度上与西方接触和"接轨",学习和接受资本主义的政治理念、科学技术、管理理念和文化价值观。因此,在马克思主义中国化过程中,在建设社会主义核心价值观的过程中,我们有必要对西方资本主义价值观进行系统的梳理和分析,并反思和调适我们的态度和做法,从而更好地"取其精华","洋为中用"。

一 西方资本主义价值观是人类文明发展的成果

西方世界是资本主义的发源地,也是资本主义发展比较成熟、发达的地区。也正因为如此,今天我们常常指称的西方价值观,往往指的就是近代西方资本主义兴起和发展过程中形成的资本主义价值观。

资本主义价值观是资产阶级思想家在反对封建专制统治、进行资本主义民主革命的过程中提出和逐步形成的。它的内容丰富而复杂，不同的资本主义国家的表述和理解往往存在一定的差异，并且，它一直处于丰富和发展的过程中。它的纲领性内容或标志性口号，是早期西欧资本主义提出的"自由、平等、博爱"，以及今天以美国为首的西方国家倡导的"自由、民主、人权"。在全球化时代，"自由、民主、人权"已经被吹嘘为所谓"放之四海而皆准"的"普世价值"。

作为对封建主义价值观的彻底否定，资本主义价值观在人类历史上曾经发挥过解放思想、冲破禁锢、启蒙群众、鼓舞斗志、引领革命的巨大作用。与实行宗法等级制度、推崇权力权威的封建主义价值观相比较，资本主义价值观无疑具有先进性和合理性。就资本主义价值观的反封建、反专制而言，它的产生是一个毋庸置疑的历史进步；同时，从人类社会历史发展的角度而论，它也是人类文明特别是精神文化发展的重要成果。

如何理性而高效地对待资本主义及其发展成果，包括在文化价值观方面取得的成果，社会主义中国是曾经走过弯路、交过学费的。极左年代信奉的那些僵化的观念、二分对立的思维方式，如"宁要社会主义的草，不要资本主义的苗""凡是敌人赞成的我们就要反对，凡是敌人反对的我们就要赞成"，曾经导致我们做了很多傻事，制度了许多偏执的政策，付出了沉痛的代价。一味地说"不"，不加分析地"对着干"，实质上是一种既不自信也不合理的做法。这种做法对敌人不一定会造成什么实质性损失，但是给我们自己造成的困扰和损失却是比较确定的。因此，在改革开放、思想解放的今天，我们应该切实吸取过去的教训，而绝不能意气用事，单纯用意识形态的视角和观点简单化地对待西方资本主义价值观。

早在100多年前，马克思恩格斯在《共产党宣言》中就曾经指出过一个基本的事实,即"资产阶级在历史上曾经起过非常革命的作用"①。资产阶级用资本、机器、市场和价格低廉的商品冲破了封建制度的樊篱,他们不断地对生产工具、生产关系乃至全部社会关系进行革命,用自由、平等、博爱、民主、人权等价值观取代了封建社会的价值观。"资产阶级在它的不到一百年的阶级统治中所创造的生产力,比过去一切世代创造的全部生产力还要多,还要大。"②"资产阶级,由于一切生产工具的迅速改进,由于交通的极其便利,把一切民族甚至最野蛮的民族都卷到文明中来了。"③"民族的片面性和局限性日益成为不可能,于是由许多种民族的和地方的文学形成了一种世界的文学。"④"一句话,它按照自己的面貌为自己创造出一个世界。"⑤ 如果对此视而不见,那么我们就难以解释也无法说明,资本主义革命为何能够以摧枯拉朽之势摧毁顽固的封建统治,当代资本主义为什么仍然没有"死亡",甚至在某些方面仍表现出一定的适应性和生命力。马克思恩格斯看待资本主义的视角、态度和方法,值得我们进行对比性反思和遵循。

具体而论,资本主义价值观与过去的封建主义价值观相比较,实际上具有明显的先进性和必然性。例如,"自由"相对于不自主的"依附"或"附属","平等"相对于森严的"等级","民主"相对于霸道的"专制","人权"相对于高高在上的"皇权"或"特权"……都具有明显的毋庸置疑的优越性。至于对个人权利的尊重,对利润和效益的追求、对全球市场的开拓、对世界秩序的构建等,都有力地促进了生产力的发展,促进了世界的"整合"甚至社会的进步。如果不承认资本主义取得的这些进步,那么,我们就很难解释,今天资本主义为何仍然"活得不错",所谓的"普世价值"为何能够在世界上取

---

① 《马克思恩格斯选集》第 1 卷,人民出版社 2012 年版,第 402 页。
② 同上书,第 405 页。
③ 同上书,第 404 页。
④ 同上。
⑤ 同上。

得如此咄咄逼人的影响力,以"自由、民主、人权"为核心的"价值观外交""价值观结盟",为何能够在世界上横行霸道,令尚处于发展中的社会主义中国感受到巨大的"被妖魔化""被骂"的压力。

当然,肯定西方资本主义价值观是人类文明发展的重要成果,在历史上具有一定的先进性和合理性,并不等于简单接受、认同"自由、民主、人权"等所谓"普世价值",更不等于认可资本主义相对于社会主义的"优越性",认可资本主义将战胜社会主义。实际上,"资本主义无论如何不能摆脱百万富翁的超级利润,不能摆脱剥削和掠夺,不能摆脱经济危机,不能形成共同的理想和道德,不能避免各种极端严重的犯罪、堕落、绝望"①。而且,资本主义声称的"普世价值"并不"普适",无论在理论上还是在实践中,它都存在着实质性的、难以克服的困难和局限性②;而建立在其基础之上的资本主义,因为其内在的不可克服的矛盾,也必将退出历史舞台,从而为更高级的社会形态——共产主义(社会主义)所取代。

二 资本主义价值观与社会主义价值观的本质区别

对资本主义价值观与社会主义价值观做一个基本的比较,有利于我们弄清它们之间的本质区别,从而更加坚定中国特色社会主义的价值信念、信仰和理想,坚定走中国特色社会主义道路的信心;同时,也有利于我们以理性、宽容的心态和求真、务实的态度对待不同的价值观,"尊重差异,包容多样",激活各种社会、文化因素,同心协力地建设中国特色社会主义核心价值观。——当然,这一类的比较通常都是非常困难的,而且往往是一件"吃力不讨好"的事情。但是,我们不能因为困难而退缩,也不能因为工作量过大而逃避。至少,我们可以删繁就简,主要就它们之间的本质区别进行扼要的分析。

---

① 《邓小平文选》第 2 卷,人民出版社 1994 年版,第 167 页。
② 参见孙伟平《论普遍价值面临的理论和实践困境》,《学术研究》2011 年第 7 期。

一般而言，资本主义价值观与社会主义价值观之间的本质区别，可以这样扼要地加以说明。

资本主义是建立在生产资料私有制基础之上的，整个社会是由资本（包括物质资本、货币资本和信息资本等）所主导的，通行的不过是"资本的逻辑"。从表面上看，资本主义社会人人"生而平等"，都享有"普遍"的"自由、民主、人权"；但实际上，由于这一切建立在生产资料私有制之上，实行的只是"资本的逻辑"，通行的只是"资本的特权"，而广大工人几乎一无所有，只有出卖自己的劳动力的自由，因而在资本主义社会里，实质上只有富人、资本家才享有真正的"自由、民主、人权"。

特别值得指出的是，在资本主义社会里，资本具有逐利的本性，而且无比贪婪。马克思在《资本论》中曾经引用过这样的话："资本害怕没有利润或利润太少，就象自然界害怕真空一样。一旦有适当的利润，资本就胆大起来。如果有10%的利润，它就保证到处被使用；有20%的利润，它就活跃起来；有50%的利润，它就铤而走险；为了100%的利润，它就敢践踏一切人间法律；有300%的利润，它就敢犯任何罪行，甚至冒绞首的危险。"[①] 赚钱的行为在"资本的逻辑"运行中日渐疯狂，而且本身逐渐演变成了目的本身。越是成熟、发达的资本主义，越是堕入其中而无法自拔。维尔纳·桑巴特指出："贪婪在任何别的地方都没有像在美国那样显而易见；获利的欲望、为了赚钱而赚钱，这两者也从来没有像在美国那样彻底地贯穿于一切经济活动的全过程，并且是一切经济活动的最终目的。生命中的每一分钟都充满着这个冲动，只有死亡才能停止对利润无止境的渴望。"[②]

资本主义价值观日益明显地体现出"钱本位"，即以金钱（资本）作为衡量一切价值的最高尺度。资本主义在破坏封建社会"田园诗般"的人际关系、"温情脉脉"的家庭关系、宗法等级制等的同时，

---

① 《马克思恩格斯全集》第23卷，人民出版社1972年版，第829页。
② ［德］维尔纳·桑巴特：《为什么美国没有社会主义》，赖海榕译，社会科学文献出版社2014年版，第3—4页。

"使人和人之间除了赤裸裸的利害关系,除了冷酷无情的'现金交易',就再也没有任何别的联系了。它把宗教虔诚、骑士热忱、小市民伤感这些情感的神圣发作,淹没在利己主义打算的冰水之中。它把人的尊严变成了交换价值,用**一种没有良心的贸易自由代替了无数特许的和自力挣得的自由**"①。在资本主义"钱本位"社会中,金钱所具有的令人扭曲的魔力,让人不能不对它"刮目相看",甚至顶礼膜拜。"每个个人行使支配别人的活动或支配社会财富的权力,就在于他是**交换价值或货币**的所有者。他在衣袋里装着自己的社会权力和自己同社会的联系。"②

在资本主义体制下,私有财产神圣不可侵犯,"金钱"(以资本、工厂、机器等为表现形式)具有决定一切的力量。一切似乎都可以换算成金钱,一切似乎都可以进行金钱交易。有钱就有一切,丧失钱财就丧失一切。赚钱是最大的成功和欢乐,赔钱是最大的痛苦和失落。资本家的一切活动都是为了赚钱,为了钱,可以出卖一切,包括人格、良心和灵魂;为了钱,可以不择手段,包括坑蒙拐骗、巧取豪夺。这导致了金钱"本位价值"地位的确立③,导致了"一切向钱看""金钱拜物教"的普遍盛行,导致了"人生价值要以'含金量'来衡量""有钱能使鬼推磨""有钱就是英雄""有奶便是娘"等观念渗透到社会生活的各个领域和角落。

受制于生产资料私有制、资本的贪婪和资本的逻辑,资本主义存在一系列内在矛盾和根本性局限,特别是无法解决日趋尖锐的劳资矛

---

① 《马克思恩格斯选集》第1卷,人民出版社2012年版,第403页。
② 《马克思恩格斯全集》第46卷上册,人民出版社1979年版,第103页。
③ "钱本位"价值取向的流行,本质上是由于商品交换关系的存在,特别是商品交换关系中私有财产权的存在。因为在商品交换关系中,私人占有的财产或金钱意味着财富,意味着购买力,意味着对社会资源的支配权。当然,一般意义上的商品交换关系的存在,私有财产权的存在,还不必然地意味着"钱本位",不意味着建立"钱本位"制度。因为,在历史上,"钱本位"自有商品交换关系以来,一直以某种方式、在某种程度上存在,但是,在以保护私有财产为金科玉律的资本主义社会制度建立之前,却并未成为社会主导的普遍流行的道德价值观。追究"钱本位"确立并发展到极端的根源,还在于制度化的以私有财产权为基础的资本主义。

盾和社会冲突。例如，它根本不可能给予广大劳动人民以真正的自由、民主和人权，根本不可能彻底消灭贫困，不可避免地会导致愈演愈烈、无法解决的两极分化。于是，我们不难看到，哪怕是在高度发达、拥有"成熟民主和法治"的资本主义国家里，仍然一边是高楼大厦、灯红酒绿、歌舞升平、穷奢极欲、腐化堕落；一边则是成片的"贫民窟"，大量无家可归的流浪者，以及庞大的受社会排斥的失业大军……过去资本主义往往通过向外扩张、殖民等转嫁矛盾，但随着第三世界的觉醒和独立，这越来越难以得逞，因而其国内矛盾和冲突便更加难以解决。由此也可以说，资本主义社会不过是"有产者的乐园"，甚至是"富人的天堂，穷人的地狱"。

社会主义是在"否定"资本主义的基础上建立的，是以生产资料公有制为主体、广大劳动人民当家做主的社会形态。在社会主义社会，广大劳动者是国家和社会的主人，是自主、平等的社会公民。私有制作为社会基础被消灭了，剥削阶级作为阶级被消灭了，人作为"人"而站立起来了，人与人之间的关系不再是"敌对关系"。在全体社会成员依照社会分工参加劳动的前提下，整个社会实行"按劳分配"，"多劳多得"，理论上不允许剥削和压迫现象出现，即不允许一部分人无偿占有另一部分人的劳动，不允许一部分人凌驾于另一部分人之上。

从逻辑上说，与资本主义推崇资本不同，社会主义特别重视广大劳动人民的"劳动"。有人甚至认为，"劳动"是社会主义社会的本位价值。例如，马克思就曾经指出，在共产主义社会，劳动是人们自主自觉的活动，它将成为人们生活的"第一需要"。而且，"劳动"在相当程度上是判断一个人的价值的标准。一个人有没有价值、有什么样的价值，关键要看他的劳动态度和劳动能力如何，要看他为社会、为国家、为人类提供了什么劳动成果，在物质生产和精神生产领域做出了什么样的贡献。因此，"劳动光荣"，是社会主义的响亮口号；"工作着是美丽的"，是广大劳动人民的切身感受。

当然，社会主义的本质是历史的、动态发展的，它只有在社会主义实践中才能呈现出来；社会主义的本位价值是什么，还需要进一步进行提炼和论证，需要在实践中进一步确立。这正如马克思恩格斯指出的："共产主义对我们来说不是应当确立的**状况**，不是现实应当与之相适应的**理想**。我们所称为共产主义的是那种消灭现存状况的**现实的运动**。"① 共产主义是历史的、发展的社会建构，在不同的社会历史发展时期有着不同的内涵，有着不同的本质呈现。例如，从价值目标来说，在试图推翻资本主义制度的革命时期，它重在破坏一个旧世界，通过实行无产阶级专政，消灭剥削，消灭压迫，实现无产阶级的解放，建立和巩固无产阶级的政权；而在革命胜利后，它重在建设，试图通过持续的努力，建设一个更加公正、合理的社会，消灭包括无产阶级自己在内的一切阶级，实现全人类的彻底解放，实现个人与社会的自由全面发展。

在当前社会主义初级阶段，应该说，社会主义建设任重而道远；囿于初级阶段的基本国情，社会主义核心价值观的建设还必须比较灵活、务实。这里的关键在于，要加快发展中国特色社会主义，令社会主义更加成功，体现出比资本主义更大的优越性；要让社会更加公正，令全体劳动人民真正得到实惠，生活得更加幸福。因此，邓小平在提出社会主义的本质——"社会主义的本质，是解放生产力，发展生产力，消灭剥削，消除两极分化，最终达到共同富裕"②——的同时，又提出了著名的"猫论"和"三个有利于"标准（"判断的标准，应该主要看是否有利于发展社会主义社会的生产力，是否有利于增强社会主义国家的综合国力，是否有利于提高人民的生活水平"③），以便适应时代的发展和中国的实际情况，放开手段，求真务实地推动中国特色社会主义建设。

在社会主义和社会主义核心价值观建设中，必须坚定一个信念：社会主义优越于资本主义，资本主义必然灭亡、社会主义必然胜利。因为，社会主义能够促进生产力更快地发展，能够提供比资本主义更

---

① 《马克思恩格斯选集》第 1 卷，人民出版社 2012 年版，第 166 页。
② 《邓小平文选》第 3 卷，人民出版社 1993 年版，第 373 页。
③ 同上书，第 372 页。

高的劳动生产率，实现物质文明和精神文明建设的同步发展；能够为全体社会成员提供公平的发展环境和全面发展的条件，消灭剥削，消灭压迫，消除两极分化，实现人与社会的自由全面发展。中国人民100多年来的历史经验证明，"只有社会主义才能救中国"，也"只有中国特色社会主义才能发展中国"。我们也相信，通过选择正确的路线、方针、政策，通过广大人民群众的勤奋劳动，中国特色社会主义必将全方位地体现出相较于资本主义的优越性，社会主义核心价值观也将在与资本主义价值观的较量中取得最终的胜利。

三 以开放的态度学习和借鉴西方资本主义价值观

在全球化、信息化、智能化时代，在日益频繁的中西文化交往过程中，社会主义价值观与资本主义价值观之间既有冲突，也有联系，更在不断地进行交流和互动。① 在这个交往互动过程中，如何理性地正确对待西方资本主义价值观，是社会主义中国面临的一个突出课题。

如前所述，资本主义所创造的积极成果，包括它的某些合理的价值观，是全人类共同的财富，具有一定的普遍性或世界历史意义。对此，社会主义作为更高级、优越于资本主义的社会形态，必须有更高的视野和更宽阔的胸襟，大胆地引进、学习和吸收资本主义价值观的合理内核。马克思恩格斯指出："**共产主义是私有财产即人的自我异化**的积极的扬弃，因而是通过人并且为了人而对人的本质的真正**占有**；因此，它是人向自身、向**社会的**（即人的）人的复归，这种复归是完全的、自觉的而且保存了以往发展的全部财富的。"② 邓小平更是明确地指出："社会主义要赢得与资本主义相比较的优势，就必须大胆吸

---

① 当然，由于中西经济、政治、军事和文化发展的不平衡，这种交往互动不是完全对等的，总体的进程是西方价值观对中国的渗透和冲击更大。当然，正在崛起的中国也正在通过各种方式，如创办"孔子学院"、启动中华经典外译工程、联合国外媒介出版作品等，实施文化价值观"走出去"战略，对西方世界施加应有的、当然也日益强烈的影响。

② 《马克思恩格斯全集》第42卷，人民出版社1979年版，第120页。

收和借鉴人类社会创造的一切文明成果，吸收和借鉴当今世界各国包括资本主义发达国家的一切反映现代社会化生产规律的先进经营方式、管理办法。"① 如果固守"左"的立场，固守单纯的"对着干"的思维方式和行为方式，不愿、不敢或不肯大胆吸收和借鉴，那么，就不仅是作茧自缚，白白放弃应该加以利用的文化价值资源，而且是对人类文明发展的"大不敬"，是对广大劳动者的劳动创造的"大不敬"，甚至"犯罪"！

还应该看到，资本主义作为目前世界上尚被许多国家采行的社会制度，资本主义价值观作为目前资本主义国家普遍奉行的价值观体系，在现阶段仍然具有一定的现实基础和普遍性意义。这些观念中的某些方面不仅同资本主义的上层建筑特别是意识形态相联系，而且同一般市场经济和现代化大生产相联系，甚至不得不与广大劳动人民的利益和诉求相联系。当代中国由于正处于社会主义初级阶段，正在进行社会主义市场经济建设，因而社会主义价值观建设绝对不能完全无视、完全回避或完全否定西方资本主义价值观，甚至人为地简单地"对着干"。在目前社会主义核心价值观建设中，西方资本主义价值观既是参照，也是资源，至少对当代中国特色社会主义核心价值观建设具有强大的影响，可以依据时代的新发展、社会的新趋势和人民的新诉求，经过批判性"扬弃"、创造性转化，勇敢地"拿来"而"为我所用"，千方百计地丰富和发展我们自己。如果人为地简单地"对着干"，甚至"在泼脏洗澡水的同时，将小孩也泼掉"，那么必然会给中国特色社会主义建设造成不应有的损失。

当然，同时我们也应该看到，西方资本主义价值观具有鲜明的阶级性和意识形态色彩，具有严重的历史局限性，我们绝不能采行"全盘西化"方略，简单地照抄照搬，不加分析地全面移植。特别应该注意的是，资本主义价值观传入中国后，特别是改革开放以来，它已在现实社会生活中持续"发酵"，产生了相当广泛、相当严重的负面影

---

① 《邓小平文选》第3卷，人民出版社1993年版，第373页。

响,如损人利己、损公肥私的极端个人主义,唯利是图、"有奶就是娘"的拜金主义,奢侈腐化、自甘堕落的享乐主义,坑蒙拐骗、假冒伪劣商品的泛滥,为了达到目的而不择手段,无所不用其极,等等。而且,在中国,封建主义价值观和资本主义价值观常常相互纠缠,相互利用,其集中表现是以"权""钱"交易为特征的各种腐败现象。因此,坚持开放国策,学习和借鉴资本主义价值观是有原则的,也是有前提的:只有在社会主义经济基础和社会主义制度之上,"以我为主",在中国特色社会主义实践中,"洋为中用",才能克服封建主义价值观和资本主义价值观的实质性缺陷,也才能呈现出中国特色社会主义价值观的合理性和历史进步性,推动中国特色社会主义不断取得实质性进步。

综而观之,社会发展的总趋势是,资本主义价值观必将被更合理、更先进的社会主义价值观所取代。但是,这种取代绝不是人为地割裂、掘一道鸿沟,不是没有"肯定"的单纯的"否定"。实际上,社会主义是资本主义之后、比资本主义更高级的社会形态,是对资本主义的"扬弃";同样,社会主义价值观是在"否定"资本主义价值观的基础上建立起来的,是对资本主义价值观的"扬弃"。社会主义价值观内在地包含资本主义价值观中合理的东西,又坚决地克服了资本主义价值观中的错误和局限性。例如,它吸取了资本主义价值观中重视个人利益、重视功利、重视个性发展、重视人的自由和尊严、重视个人创造、重视人权,以及开放、竞争、效率、创新等观念,并在社会主义制度的基础上进行了新的融合和"再创造"。事物的发展经过否定和否定之否定即"扬弃"过程,既批判又吸收,既克服又保留,从而使社会主义价值观的内容更加丰富、完善,发展到了一个更高的历史阶段。也就是说,社会主义价值观"扬弃"资本主义价值观,并经自我提升和创造之后,已经是表征社会主义的"精神自我",是社会主义制度的"灵魂",是比资本主义价值观更合理、更先进、更有生命活力的文化价值观。

第 四 章
中国化的路径选择:"结合论"与"创建论"

"马克思主义中国化"的大方向确定了,但这项工作面临着巨大的理论困难,实际探索中也存在大量误区。究竟应该如何实现"马克思主义中国化",或者说,通过什么路径、方式实现"马克思主义中国化",是一个需要认真、细致考虑的大问题。

一 "结合论"的历史进程与侧重点

自马克思主义来到中国,开始马克思主义中国化的历程,至今已经100多年了。而源自西方的马克思主义之所以能够在中国大地扎根、开花、结果,是因为它契合了近现代中国历史的迫切需要,即实现民族独立、国家解放,并在此基础上推进经济和社会的现代化,实现中华民族的伟大振兴。在历史发展的不同阶段,针对不同的历史问题和中心任务,马克思主义与中国具体实际的结合往往会形成不同的主要结合点。

鸦片战争后,中国沦为半殖民地半封建国家。为了救亡图存,国内的各种政治势力,从清政府的洋务派、维新派到民族资产阶级的革命党人先后做了各种努力,力图从器物、体制等层面寻求救亡之道,但无一例外地失败了。"十月革命一声炮响,给我们送来了马克思主义。"以毛泽东为代表的中国共产党人以民族独立、人民解放为己任,把马克思主义基本原理同中国革命和建设的具体实际结合起来，运用马克思主义阶级理论与阶级分析方法，深入地研究中国国情、中国革命的特点和规律，系统阐述了新民主主义革命的总路线、基本纲领和基本经验，精辟论证了党在民主革命时期的政策和策略。以毛泽东思想的形成为标志，马克思主义中国化实现了第一次历史性飞跃。在毛泽东思想的指引下，中国共产党团结带领全国人民经过艰苦卓绝的斗争，推翻了压在中国人民头上的"三座大山"，建立了中华人民共和国和社会主义基本制度，使中国人民摆脱"东亚病夫"的称号，从此"站起来"了。

毛泽东晚年在社会主义建设问题上背离了实事求是的基本路线，犯了错误，特别是他所发动的"文化大革命"使中国走向了近乎崩溃的边缘。"文化大革命"结束以后，改革开放成为时代的必然。但中国改革开放的路究竟如何走，具体选择什么样的发展道路，成为时代课题摆在中国共产党人面前。以邓小平为代表的中国共产党人，以解决温饱和建成小康社会为阶段性目标，以改革、开放、市场等为手段，把马克思主义基本原理同中国改革开放的具体实际结合起来，形成了邓小平理论，使中国社会主义建设走上了正确的道路。邓小平之后，以江泽民、胡锦涛为主要代表的党的领导集体坚持以经济建设为中心，把解放与发展生产力作为马克思主义与中国具体实际的结合点，并结合不断发展的现实，进一步在理论上提出了"中国共产党必须始终代表先进生产力的发展要求"，坚持以人为本的科学、可持续发展的观点，使得中国经济迅速发展，综合国力大大增强，人民生活水平快速提高。在邓小平理论等指引下，党团结带领人民进行建设中国特色社会主义新的伟大实践，使中国大踏步追赶世界先进水平，实现了中华民族从"站起来"到"富起来"的伟大飞跃，也将马克思主义中国化推进到一个新的阶段。

目前，中国特色社会主义进入了新时代，如何实现由大到强、全面建成社会主义现代化强国，成为摆在中国共产党人面前新的时代课题。党的十八大以来，以习近平同志为核心的党中央，以实现中华民族伟大复兴为时代担当，把马克思主义基本原理同新时代中国具体实际结合起来，从理论和实践结合上系统回答了在新时代坚持和发展什么样的中国特色社会主义、怎样坚持和发展中国特色社会主义的重大问题，创立了习近平新时代中国特色社会主义思想。以习近平为核心的党中央基于新的世情、国情、民情和社会基本矛盾，将马克思主义价值思想在新时代中国特色社会主义实践中加以具体化，提出了对内建设社会主义核心价值观，基于创新、协调、绿色、开放、共享的发展理念实现中华民族伟大复兴的中国梦；对外基于人类共同价值建设人类命运共同体的思想，提出了一整套变革中国、治理世界的"中国方案"。从此，中华民族迎来了从"富起来"到"强起来"的伟大历史征程，并将马克思主义中国化推进到了一个全新的历史阶段。

二 "结合论"的局限性与面临的新挑战

应该承认，对于如何实现马克思主义的中国化，历史与现实中一直存在着不尽相同的理解，存在着多种不同的路径选择。有些学者认为，马克思主义的中国化就是马克思主义与中国传统文化相结合；有些学者认为，是马克思主义与中国革命和建设的具体实践相结合；多数学者则更为"全面"，认为既要与中国革命和建设的实践相结合，又要与中国传统文化相结合，在内容上加以充实和丰富，在表现形式上具有中国特性、中国作风和中国气派。

客观地说，上述"结合论"看到了先进的马克思主义思想指导中国进行社会主义革命和建设的必然性和可能性，也看到了产生于西方的马克思主义与中国文化之间的异质性，看到了马克思主义指导中国过程中可能遇到的实际困难和矛盾。而且，20世纪中国的新民主主义革命实践也证明，二者的结合是中国救亡图存、争取解放时期唯一正确的理论导向和选择。因此，在中国社会主义革命和建设实践中，将马克思主义与中国传统文化相结合，与中国具体实际相结合，与中国社会主义革命和建设实践相结合，是一个必要和必需的伟大历史过程。

这种结合总是越深入、越"有机"越好，结合的成果越丰硕越好。

然而，迈入全球化、信息化、智能化时代，对于新形势下构建"中国特色、中国风格、中国气派的马克思主义"新形态，单纯的二者"结合"仍然处于初级层次，需要进一步提升。从逻辑上说，且不论马克思主义与中国具体实际的机械的"结合"、简单的"相加"，并不等于"马克思主义中国化"①；即使是马克思主义与中国具体实际的"深度、有机结合"，也只是用马克思主义"化"中国，只是漫长的马克思主义中国化的一个历史进程，尚不等同于马克思主义中国化新形态的创立。换言之，新形态的创立不仅仅只是结合的问题，仅仅停留在一般的结合阶段产生不了实质性飞跃，也诞生不了新形态。因为，仅仅二者相结合，表明马克思主义与中国实际还是两个相关对象，而没有以实践为基础创造性地整合成为"一个有机的整体"，即在内容和形式上，尚未真正形成"中国特色、中国风格、中国气派的马克思主义"新形态。②

特别是，历史的车轮驶入21世纪，时代正在发生重大的变迁，人类正在迈入激动人心的全球化、信息化、智能化时代。在新的时代背景下，无论是从现时代的发展和国际共产主义运动的现状看，还是从中国特色社会主义建设实践的内在要求看，"结合论"更是面临着一系列新挑战和新问题。

（一）主体（无产阶级）的新变化导致的后果

马克思主义是无产阶级的思想武器，它对应的主体是无产阶级。也正因为如此，马克思主义具有双重使命：它既必须站在全人类的高度，体现人类的高度责任感，又必须站在无产阶级的立场上，从无产阶级的视角解释和变革世界；它既必须有对于全人类的终极关怀，又必须始终关心着无产阶级的切身利益，依靠无产阶级。诚然，由于无产阶级应该是先进生产力的代表，从长远或根本上看，这二者之间应

---

① 王锐生：《马克思主义中国化的两个哲学追问》，《新视野》2005年第5期。
② 参见孙伟平、张羽佳《马克思主义哲学中国化：问题与进路》，《哲学研究》2006年第6期。

该并且可能是一致的或统一的；但现实的具体的达到统一的过程中，依然要有其自身的特色和阶级性。

于是，目前马克思主义创新有一个不容回避的任务，即必须在当代人类状况的大背景下，对无产阶级的状况和处境重新有一个清醒的客观的认识。这是当前马克思主义创新的着眼点和出发点，但似乎和"认识你自己"之谜一样艰难。众所周知，当代无产阶级（包括息息相关的社会主义）的状况，如同资产阶级、资本主义的状况一样，相较马克思时代、列宁时代、斯大林时代、毛泽东时代，都有了许多新的发展和趋向，已经有了很大的区别。我们无论如何不能假装看不见这一点，自以为是地认为可以忽略这一点。

（1）苏东剧变以来，过去模式的社会主义，如苏联、东欧等，大多已经消失或"改制"了，国际共产主义运动步入了相对低潮，即便与马克思主义经典作家生活的时代相比，也呈现出十分不同的状况和发展趋势；国外马克思主义研究越来越非意识形态化，或越来越成为一种"历史学"，马克思主义的论敌们正以超前的自信和狂热对马克思主义发动攻击和挑战。

（2）以中国为代表的国际共产主义运动正以改革为主旋律引人注目地向前推进。史无前例的中国特色社会主义事业充满着创造性，同时又具有一定的普遍意义或示范效应：除了渐进式地对社会主义政治、经济、文化体制进行改革，在坚持主权的前提下不断加大对全世界开放的力度之外，中国人民还摸索出了许多"不可思议"的独创性成果，如"社会主义初级阶段"、"社会主义市场经济"、股份制改造、"一国两制"、"小康社会"、"以人为本的科学发展观"、"社会主义和谐社会"、"和平崛起"、"中国梦"，等等，实践中也获得了长足的发展，生产力水平、综合国力和人民生活水平都有了明显提高。当然，同时也面临着需要及时加以解决的一系列新问题、新矛盾、新情况。这其中可以日益明显地发现中国传统文化的影响因子（如小康、和谐等），发现中国传统思维方式（如对立统一的辩证方法、综合思维等）的整合作用。一种以中国文化传统和具体实践为基础，依据中国的独特发展道路和现代化模式独创的,与所谓"华盛顿共识"相比较而言的"北京共识",正日益得到全世界的广泛关注和高度赞誉。一些尚处于发展中的国家和地区正在依据自己的实际情况,"引进"、效仿、消化具有浓郁中国特色的"中国经验"或"中国模式"。

(3)在发达和比较发达的资本主义国家、地区,随着资本主义的发展及其内部矛盾的调整(福利政策、劳工权益法规、工会组织等),工人的工作条件和生活质量大有改观,衣食无着的赤贫的无产者比例越来越小,在一些国家和地区已经不占"绝大多数"甚至"大多数",而且,在当代发达资本主义国家,甚至出现了所谓"小康型无产阶级":一些衣食无忧的雇佣工人可能也拥有汽车、住房、存款甚至股权,他们甚至并不认为自己是"无产阶级",而坚信自己是"有产阶级"甚至"中产阶级",思想上也正悄然发生变化(如戴维·麦克莱伦所谓"革命动力的缺乏"①)。

(4)随着现代科技革命的兴起,科学技术成为第一生产力,知识、信息取代资本日益成为生产力的首要构成要素,受雇于人的"知识型无产阶级""白领工人阶级"闪亮登场,他们能够快速步入中产阶级的阵营……经济基础决定观念形态、社会意识,诸如"占人口少数的无产者""小康型无产阶级""有产阶级"等主体定位是否准确?可能产生何种相应的主体意识(如关于"剥削""异化""革命性""斗争性""人类解放"等方面的意识)?这又会有何哲学或其他方面的意义或后果呢?②

现时代社会主义、无产阶级及其状况的新变化,可能意味着一些什么呢?它可能要求反映无产阶级根本利益和需要的马克思主义发生

---

① [英]戴维·麦克莱伦:《马克思传》,王珍译,中国人民大学出版社2006年版,第484页。
② 马克思恩格斯在《德意志意识形态》中谈到"异化""革命"时说:"要使这种异化成为一种'不堪忍受的'力量,即成为革命所要反对的力量,就必须让它把人类的大多数变成完全'没有财产的'人,同时这些人又同现存的有钱有教养的世界相对立,而这两个条件都是以生产力的巨大增长和高度发展为前提的。"(《马克思恩格斯选集》第1卷,人民出版社2012年版,第165—166页。)

怎样的变化或转型呢？对此，马克思主义绝不能视而不见、无动于衷，相反，正须从这里（当前的社会主义、无产阶级）着眼，实事求是地、心平气和地进行客观的探讨。

（二）社会实践的新发展提出的新问题

合理的实践观是马克思主义的基石。马克思主义应该反映现时代的生活、实践状况和发展趋势，并接受生活、实践的检验，随着生活、实践的发展而发展。不容否认，相较马克思等经典作家所处的时代，当代生活、实践的发展有了许多革命性的、根本性的变化。对于这一点，关注现实、热爱生活的人们都已经或多或少亲身体会到了。

由于科技的发展、新的生产工具的发明、人的主体能动性的加强，实践的范围（广度、深度）大大拓展了，复杂程度大大加强了。借助"数字化""虚拟化"的信息技术、智能技术，人类认识和实践活动的深度、广度得以前所未有地拓展，人类生活、实践获得了新的活动空间。① 随着各种"虚拟"活动的出现，人们已经或正在感受到，许多过去人类不可能或尚无条件亲自进行实践活动的领域，现在正渐次对人类打开大门；而许多过去受到时空、物质手段，以及社会经济等因素制约的活动范围，迄今为止由于虚拟实在的出现而不再构成限制，如在虚拟环境中学习驾驶飞机、汽车，电脑模拟核试验，远程专家会诊、手术；甚至借助技术的"加持"，人们的想象力也前所未有地丰富、发达起来……

即使是实践方式本身，也正在不知不觉中发生着"革命"：由于电脑、网络、人工智能等的发展，人们的实践活动与学习、生活甚至娱乐休闲等越来越一体化了，有时甚至很难将之区分开来。许多"虚拟实践"活动，如绘画作品的电脑创作、衣服的剪裁、远程教学、远程医疗手术、在线游戏，等等，人们可能仅仅只是动动鼠标、击打几下键盘、发出几个指令而已，并未真的"亲自"去做。甚至"战争越来越像游戏，游戏越来越像战争"。美国许多参加过海湾战争这种高

---

① 参见孙伟平《虚拟文化问题沉思》，《社会科学家》2001年第4期。

科技战争的士兵（他们往往有玩电子游戏的经历），就曾经真切地吐露过这种体会：在控制室里，一切似乎都像平时进行军事演习一样，忘乎所以时，甚至分不清自己是置身于真实残酷、"正在杀人"的战场，还是嬉戏娱乐、放纵自己的游戏厅。再如，一系列知识产品，如数据、程序（算法）、"点子"、秘方、设计思想、工艺流程……都已经或逐渐成为现实的生产力（可以进入市场进行交易），生产概念、实践概念与认识、思考、知识、思想的界限越来越模糊了。联系过去实践与认识、生产与学习、"行"与"知"等的严格区分，且不说对整个哲学的意义，这至少对于认识论提出了许多新课题，对其开掘应该会有许多新的启示。

同时，实践一方面越来越成为一种大规模协作式的劳动（机器大生产、高度自动化、全球市场的形成等），体现出高度社会化、全球化等特点。另一方面，因为大规模重复性劳动变得简单而容易，其劳动价值越来越有限，个性因素反而越来越重要；在信息时代、智能时代，几乎可以说，只有高度创造性的、与众不同的个性化劳动，才会是最有效的劳动。这说明，在实践过程中，人一方面可能被高度异化，沦为"智能机器的奴隶""自动生产线的奴隶"，变得无足轻重甚至丧失自我；另一方面，又表现出高度自主、高度创造性的趋势，在新的层次上维护人的尊严，高扬人的价值，实现人的自由全面发展。……在这种新型文明中，人类的价值观和社会历史观是否必须反映这种矛盾并做出相应的调整呢？

此外，由于信息技术、虚拟技术、智能技术的应用，一种以间接交往的形式为主，以符号化为特征，超越物理时空限制的新交往模式也兴起了。在传统社会中，人与人之间交往的主要形式是面对面的直接交往，交往、活动的范围受制于物理时间和空间，是比较狭窄的；尽管书信和电话能在一定程度上打破物理时空的限制，但其作用还是相对有限，充其量也只是人与人之间面对面交往的补充而已。信息技术、虚拟技术、智能技术的应用，极大地延展了人们的交往领域，特别是虚拟交往的日渐普及，促进了最广泛的人们之间的交往、交流、理解与沟通。在电子时空，任何人都可以以自己选择的面貌、按自己选择的方式出现，去说自己想说的话，做自己想做的事，并与其他人广泛交往联系；在各种虚拟的或者说虚拟与真实并存的网络空间中，万里之外的亲朋好友可以"当面"交谈思想、研讨学术、交换信息、交互娱乐，人们可以"进入"世界上任何地方的数字图书馆、博物馆、艺术馆、旅游胜地及其他网站……各种真实的或虚拟的交往，将世界上各个国家和地区、不同民族和宗教、形形色色的部门和行业，以及许许多多个人联结在一起……

变化依然以目不暇接之势袭来，"世界每天都是新的"。正在变革着的世界，以及这种变革活动本身——实践的发展，使得马克思主义赖以生长的基础和前提更新了。如何以发展的实践观为基础，重建马克思主义的理论和方法体系，并反过来指导人们的现实生活和实践，迫使人们认真地思考、反复地咀嚼，并创造出新的东西来。

（三）科学技术的新发展提出的新挑战

马克思主义是建立在科学基础之上的。马克思主义经典作家十分崇尚科学，十分重视科学的发展，他们由衷地欢迎科学上的每一次革命。他们深知，只有站在科学这个"巨人"的肩膀上，自己才能有所创新。事实上，也正是以当时的一系列前沿自然科学成就为基础，马克思恩格斯才描绘出了一幅新的、完整而有说服力的"世界图景"，创立了马克思主义。

马克思创立马克思主义的自然科学基础是"三大发现"。100多年来，现当代科学技术突飞猛进，已经产生了许多革命性的新进展，如以相对论、量子力学为代表的物理学"第二次革命"；以混沌、分形理论为代表的物理学"第三次革命"；分子生物学特别是基因重组、克隆技术等给人以深深的震撼；信息技术、智能技术的革命性进展和信息时代、智能时代的到来，更是前所未有地改变了人类的生产与生活……所有这一切，令人眼花缭乱、目不暇接。从当代科学技术的肩头望过去，所见到的整体"世界图景"发生了重大改变，甚至有些"面目全非"的感觉。例如，反物质以及"既不是物质也不是能量"

的信息的出现，物质观正在不可避免地深化；人工智能特别是机器思维的进展，哲学的意识观正在悄悄发生改变；虚拟实践、虚拟交往的普及，极大地冲击了传统的实践观；大数据、云计算、以及相对论、量子力学、概率理论等的发现，必然性、决定论、规律论受到冲击，正在为偶然性、非决定论、主体性让出一定的地盘……

可是，回首反思，当前的马克思主义理论并没有做出相应的、明确的整体回应。例如，中国的马克思主义哲学工作者对具体科学成果的研究和概括，长期仅仅停留在用具体科学的新成果作为例证，以证明马克思主义哲学原理的正确性。这一点，似乎最"科学""客观"地"昭示了"马克思主义的落伍，从而令不少真诚的马克思主义者感到特别的遗憾、不满与无奈。

恩格斯指出："随着自然科学领域中每一个划时代的发现，唯物主义也必然要改变自己的形式"[①]。自然科学不一定会理会那些陈旧落伍的观念、空洞无聊的教条、自言自语的说教，但作为"时代精神精华"的马克思主义却不能无视自然科学的革命性发现、经过验证的创新性理论。自然科学基础上的革命性进展，必然导致马克思主义理论和方法的变革。——有时，并不仅仅只是"丰富""完善"与量变式渐进式的"发展"，对此，我们只要重温马克思恩格斯创立马克思主义的历史过程，就可以深深地领会到。

（四）唯物史观面临的新问题和新挑战

马克思主义在哲学上最重要的贡献，就在于创立了唯物史观或历史唯物主义。由于时代和历史的发展，马克思主义哲学的历史观正在受到多方面的冲击。

例如，在马克思主义哲学唯物史观理论中，生产力是居于决定地位的因素。伴随着时代的发展，特别是知识经济的兴起及对全球性生产方式的变革，生产力正在发生着某种质的变化和飞跃，其导致的经济和社会后果也具有新的内涵。因为，按照生产力多要素理论，决定

[①] 《马克思恩格斯选集》第4卷，人民出版社2012年版，第234页。

生产力的要素除劳动者、劳动工具、劳动对象三个"硬要素"外，还有科技、教育、管理、信息四个"软要素"。一系列知识或智力创新活动，如引进新产品新技术、开辟新市场、控制原材料的新供应来源、实现企业的新组织、管理者的组织行为创新、知识分子的技术发明等，起着越来越重要的作用。特别是，信息要素的作用越来越突出。信息以及信息网络全面改进了生产力各要素，如通过增强劳动者的信息意识和信息活动能力来提高劳动者素质，通过劳动工具的智能化来对之加以改进和创新，通过世界的虚拟化来拓展劳动对象的范围，同时还通过促进科技、完善教育、提高管理水平等，使这些"软要素"在生产力发展中做出更大的贡献。这使得马克思主义哲学的劳动价值论、阶级斗争理论等内容出现了需要正视的问题。如按照马克思的劳动价值论，价值主要是由"苦力"即体力劳动创造的，"资产者和无产者"的阶级划分也主要是按照物质资本和劳动的关系来衡量的；而知识经济是以知识为基础的经济，是一种以智力资源的占有、配置和知识（信息）的生产、分配、使用（消费）为主要生产要素的经济，创造价值的主要源泉是知识（信息）的拥有者和生产者，与之相联系的"知识工人阶级"——知识产业中的知识分子共同体，才是先进阶级，才代表着社会先进生产力的前进方向和先进文化的前进方向，代表着社会发展的未来。

又如，马克思主义的传统社会形态理论主要是以生产关系特别是以生产资料的所有制形式为标准划分的。然而，由于知识经济时代的到来，由于科学、技术、知识、信息等因素在经济和社会活动中的意义大大增强，这一理论确立的前提和方法面临着新的挑战。因为，一般地说，在农业时代（封建社会），土地是最重要的生产资料。在工业时代（资本主义社会），资本是最重要的生产资料，经济活动主要体现为资本的运作与扩张。而进入"信息社会"或"智能社会"，权力或财富的本质正在悄然发生某种改变：科学、技术、知识、信息等无形资本在生产中的地位和作用日益突出，越来越成为最重要的经济资源，成为竞争能力的标志。在信息社会、智能社会中，谁掌握了科学、技术、知识、信息等无形资本，谁具有知识创新能力或创造性地运用知识于生产的能力，谁就可能拥有权力与财富。这里的问题在于，信息具有与农业社会的土地、工业社会的资本（机器、工厂等）迥然不同的质的差异。信息就是信息，既不是物质，也不是能量，它具有自身的特质。例如，无论拥有土地、资本（机器、工厂）等有形资本的数量多么巨大，它总是有限的，而且对其的占有是唯一的、不可分享的，如一旦经营失败，或一旦赠予他人，就不再拥有了。而信息（知识等）则是无限的，是可以共享、分有、传承的，即对其的占有不是唯一的。许多一无所有的被雇佣者（无产者）仅仅因为能够通过学习占有信息，通过自己的头脑创造新的信息，就可以和土地、资本（机器、工厂）等的所有者一道，掌控经济活动，迈进富翁的门槛。一个现代信息企业，国外如"微软"，国内如"华为"，往往可以同时将大批雇工造就为百万富翁、千万富翁甚至亿万富翁（当然，不排除企业所有者占有更多份额）。培根所说的"知识就是力量"，正成为当今经济生活和社会生活的真实写照。信息等无形资本的可共享、可传承、不排斥他人的这种特质，至少对传统的以生产资料的所有制形式、以生产关系为标准划分社会形态的理论提出了理论上的挑战。如信息社会、智能社会中先进生产力应与哪些因素相联系？信息的占有和创造者是不是"生产资料的所有者"？拥有信息的富裕的被雇佣者、"白领"工人在生产中的地位如何？他们是否仍然属于"无产阶级"的阵营？如何对占有和创造信息的主体——知识分子进行定位？以信息为最重要资源的社会将走向何处？等等。这一切要求我们，应该特别重视研究社会形态理论的方法，体现当代社会的社会形态理论发展的新特点。

再如，传统社会的组织管理结构是一种金字塔型的结构，是一种自上而下的管理权力高度集中统一的体制。而随着社会发展的民主化、多元化趋势，除了传统的阶级差异、意识形态差异外，新民族主义、女权主义、族性政治、同性恋群体、新宗教、恐怖主义、网络族群、绿色组织、新纳粹党，等等，都以各种方式影响社会，冲击社会秩序；

非中心化、超地域性的信息、智能技术成为社会基本的技术支撑，它不仅极大地促进了文化、知识、信息的传播，普遍地提高着大众的文化知识水平，不断地唤醒着大众的民主意识、民主要求，同时也打破了少数管理高层垄断信息的局面，大众作为"国家的主人"将获得更多的信息，经由网络更多地表达意见，"直接"参与公共事务。在多种因素作用下，原来那种分地域管辖、集中控制的管理方式往往备受挑战；传统的金字塔型的集权式管理结构，将逐渐向网络型的分权式管理结构演变。非一统化的、不断民主化的社会管理方式，反过来又会为人们多样化的存在方式、多样化的生活方式、多样化的价值选择、多样化的社会行为提供依据、支持与可能。当然，上述各种变化究竟可能导致社会管理方式、政治管理体制发生何种本质上的变化，还有待进一步的观察和思考。

此外，当代资本主义、社会主义也出现了一系列引人注目的新变化。其中，最为人们所津津乐道的就是所谓经济全球化现象。全球化并没有消除资本主义的基本矛盾，而是使这一矛盾有了新的更加普遍化的形式，全球化既然从本质上是资本的国际化，那么它就必然是一种充满矛盾的异化形式。当代马克思主义者所担负的一个重大历史使命，是深入研究、把握当代资本主义的新变化、新特征、新趋势，并在这种研究过程中丰富、深化当代社会主义的哲学基础。

可见，当今社会已经或正在被"刷新"，社会历史的内涵与外延空间正在发生巨变，唯物史观特别是具体的社会形态理论因而也必将随着时代的发展，而具有新的形式、新的内涵。

（五）当代社会价值危机对马克思主义哲学的影响

批判性是马克思主义的基本特征之一。而马克思主义的批判性内涵，主要集中在价值批判、文化批判。环顾当前世界的发展，人类正陷入一场新的深刻的、世界范围的文化价值危机之中。

在"人定胜天"等观念的引导下，在追求最高利润的商品经济驱使下，贪婪的人类将自然仅仅视为征服、改造、利用的对象。这诚然冲破了慢节奏、田园牧歌式的农业文明，使人类依次步入了工业化、现代化之境，然而，掠夺性地对待自然，破坏了曾经和谐宁静的生存环境，造成了严重的环境污染和生态失衡，人类的生存环境正在逐步恶化，人们将面对失去家园的惶然与困惑。

在"物竞天择，适者生存"的商品经济大潮中，商品关系的无孔不入，对于金钱和利润的疯狂追逐，扭曲了人的心灵，毒化了淳朴的社会环境，败坏了传统的人际关系。面对严酷的优胜劣汰、生存竞争，个人的利益、需要和欲望得以强化，人与人之间不断发生激烈冲突，一些人甚至认为"人对人是狼""他人就是地狱"。人与人之间这种不和谐甚至冲突的不良社会关系，使人们的集体观念、社会责任感相对淡漠，并使人们陷入了深深的忧虑与不安之中。

伴随着科技、经济、社会的高速发展，人与自然、他人、社会之间关系的变化，人的内在精神状态也开始失衡。整个社会为发展而发展，为增长而增长，增长成了一种无目的、无理性的竞赛，经济的发展本身成了目的，人自身不是作为目的居于发展的中心，反而成为经济发展的手段，人被异化了；在先进的科技工具面前，在高度自动化、智能化的大机器生产过程中，人成了"智能机器的奴隶"，"人为物役"成为普遍的事实，人自身遭到了冷落，变得渺小而无助……这导致人内心十分不平衡，普遍产生孤独、苦闷等心理，产生焦虑、紧张、不安等情绪，甚至导致人存在的意义失落了，人成了无居所的流浪者，生活本身荒谬化了。

此外，高新科技导致的伦理问题、贫富差距（包括数字鸿沟）加剧、恐怖主义猖獗，以及不同文化和文明和之间的冲突，等等，正纷至沓来。更具冲击力的是，所有这些价值问题和挑战都正发展演变为"时髦"的全球性问题。问题及对其思考的复杂性本身，已经不能限于某一局部、某一方面、某一领域之中，它需要一种深层次的、全方位的、综合性的考察和反思，包括从价值维度反思和丰富马克思主义。

现时代的这一切重大变化，马克思、恩格斯、列宁、毛泽东等经典作家既未曾设想过，更没有具体论述过。毕竟，任何人在历史和时间面前都存在着局限性，经典作家也不可能超越他们的时代，具体地预测和安排社会历史的一切进程，生活实践的发展难免超出经典作家的具体想象力。因而，历史发展到这样一个全新的时代，有时可能没有什么现成的理论可供选择和应用，简单地寻找马克思主义的具体字句从而指导中国、"化"中国的"结合"方式，有时会显得资源不足，甚至在崭新的生活实践面前苍白无力，令人无所适从。

放眼现实，中国特色社会主义实践还在不断向前推进，实践的发展还在不断提出理论上的要求，要求理论给予合理的令人信服的解释，要求理论通过创新予以恰当的指导。中国特色社会主义实践的新颖性和复杂性表明，改革开放初期那种"摸着石头过河""跟着感觉走"，已经不能满足实践的全部需要，也远远不能令人们满意了。例如，中国的经济体制改革已经深入到建立健全社会主义市场经济体制阶段，政治和文化体制改革正在"攻坚"，改革的全方位深入对作为理论基础的马克思主义创新充满期待，期待得到新的观念、理论和思维方式的引导。因此，当前时代的马克思主义中国化不得不超越一般性的"结合论"阶段，而必须进入依据马克思主义的本真精神、以发展和创新为核心的中国化新形态的"创建"阶段。这种独立自主、与时俱进的"创建"本身，既是批判的革命的马克思主义本身的内在要求，也是中国特色社会主义理论建设的有机组成部分。

三 立足中国社会"向前看"的"创建论"

"创建论"是在现时代立足中国社会"向前看"，以建设和创新为本的马克思主义中国化的取向。① 它可以具体地从如下几方面加以说明。

首先，"创建论"明确地寄望于当代中国人民，要求确立当代中国人民在马克思主义中国化新形态创建中的主体地位，强化当代中国

---

① 参见李德顺、孙伟平、孙美堂《家园——文化建设论纲》，黑龙江教育出版社2000年版，第320—324页。

人民独立自主、自立自强、开拓创新的主体意识，增强当代中国人民的主体性、权力感和责任感。

建设符合现时代特征和中国具体实际的马克思主义中国化新形态，是为中国特色社会主义实践寻求理论指导，是当代中国人民以自主创新的态度，走自己的路，建设中国特色社会主义事业的一部分。邓小平一再强调，社会主义没有固定的模式，中国社会主义"革命和建设都要走自己的路"，"这是我们吃了苦头总结出来的经验"①。历史证明，如果不将中国的命运掌握在中国人民自己手中，通过自身的创造性实践寻找和发现适合自己的道路，那么必然还会走弯路，甚至遭受严重的曲折和失败。因此，这种创建是当代中国人民义不容辞的责任和权力，既不能寄托已经去世的经典作家（包括国外或国内的马克思主义经典作家），也不能寄望国外马克思主义者，当然更不可能依傍形形色色的非马克思主义者、反马克思主义者，而只能以当代中国人民为主体，以当代中国人民的创造性实践为基础，基于自觉的理论使命感、权力感和责任感，在马克思主义的内容和形式上都有所突破、有所创新。

"创建论"对作为主体的当代中国人民的素质和能力提出了新的要求。其中，无论是执政党的领袖或政治家，还是从事学术研究的广大学者，都必须强化自己的马克思主义素养和中国传统文化素养，必须强化独立自主、勇于探索、大胆创新的理论自觉和献身精神，必须强化深入中国特色社会主义实践，从实践中总结、提炼哲学观念、思想和方法的能力。这是对当代中国马克思主义者的使命感和责任感，以及智慧和能力的一次严峻考验。

其次，"创建论"要求破除一切教条与迷信，解放思想，以"向前看"的改革和创新为取向，通过实事求是、独立自主的实验、创新来寻找方向和出路。

恩格斯曾经公开声明："马克思的整个世界观不是教义，而是方

---

① 《邓小平文选》第3卷，人民出版社1993年版，第94、95页。

法。它提供的不是现成的教条，而是进一步研究的出发点和**供这种研究使用**的方法。"① 教条主义始终是"创建论"的大敌。自古以来，包括在几十年的社会主义革命和建设实践中，积淀在中国人民头脑中的各种"土教条""洋教条"，复杂多样，不计其数。它们的共同特点是盲目崇拜，制造迷信，抵制改革，扼杀创新，并且"永远正确"，一意孤行，而从不愿自我反思，自我批判，不对其所造成的失误、失败和苦难负责。邓小平在南方谈话中指出："现在，有右的东西影响我们，也有'左'的东西影响我们，但根深蒂固的还是'左'的东西。有些理论家、政治家，拿大帽子吓唬人的，不是右，而是'左'。'左'带有革命的色彩，好像越'左'越革命。'左'的东西在我们党的历史上可怕呀！一个好的东西，一下子被他搞掉了。右可以葬送社会主义，'左'也可以葬送社会主义。中国要警惕右，但主要是防止'左'。"② 要创建"中国特色、中国风格、中国气派的马克思主义"新形态，就必须彻底清算"左"倾思想和教条主义，批判封闭保守思想和各种陈规陋习，破除各种"土教条""洋教条""马教条"的束缚，为马克思主义在中国的实质性发展扫清障碍。

"创建论"拒绝将中国化的马克思主义新形态视为既成的理论，它特别强调在坚持马克思主义本真精神的前提下，以既有的实践经验和理论研究为基础和出发点"向前看"，在解决新的问题的过程中不断进行改革、实验、创新。邓小平指出："马克思主义理论从来不是教条，而是行动的指南。它要求人们根据它的基本原则和基本方法，不断结合变化着的实际，探索解决新问题的答案，从而也发展马克思主义理论本身。"③ 马克思主义哲学中国化新形态的建构如同中国特色社会主义实践一样，没有任何可资借鉴的模式，没有任何万能固定的方法。它强调关于经典文本的正确解读，以领会马克思主义哲学的本真精神，但它反对单纯的"向后看"或回溯主义，反对形形色色的教

---

① 《马克思恩格斯选集》第4卷，人民出版社2012年版，第664页。
② 《邓小平文选》第3卷，人民出版社1993年版，第375页。
③ 同上书，第146页。

条主义和照本宣科。例如，它反对神化经典作家，反对那种以为经典作家已经说明了一切、一字一句都是万古不变的真理、不可稍加逾越的观点；它也反对神化过去对马克思哲学的"权威解读"，反对任何人垄断解释权，更反对任何人垄断发展权。它特别珍视过去共产主义运动的经验教训，但反对自以为是的经验主义，反对一厢情愿地美化"过去的美好时光"，而对一切中国特色社会主义实践中出现的问题，要求以"向前看"的改革、完善、创新的方式加以解决，而不是以"回到""复归"甚至倒退的方式解决。在这里，"向后看"的封闭保守和"向前看"的开拓创新之间，存在着境界和内容上的实质性区别。

再次，"创建论"要求以"立"为本，立足中国文化传统和具体国情，立足中国特色社会主义实践，在实践中创建"中国特色、中国风格、中国气派的马克思主义"新形态。

从"创建"的内容方面说，必须破除理论和实践的界限，依靠人民群众开放性的探索性的实践创新，通过总结中国特色社会主义建设实践形成的"中国经验"和"北京共识"，自觉地把马克思主义的精神实质转变为研究范式，提炼出源于实践又高于实践、具有中国特色、为大众喜闻乐见的理论和方法。这种中国化的新形态不可能局限于既有的经典文本而产生，更不可能依靠修订传统的教科书体系而产生，只有立足于解决中国特色社会主义建设中的实际问题，通过对问题的真正"消化"、创造性建构才能孕育形成。正如有学者指出的，过去毛泽东在"让中国人民站起来"、邓小平在"让中国人民富起来"的实际问题上，创造性地丰富和发展了马克思主义；今天我们也只有立足于中国特色社会主义实践，以中国特色社会主义实践过程中出现的问题为核心，才可能从中发掘出重大的哲学问题及其解决的核心哲学理念。[①] 事实上，依托 40 多年中国特色的改革开放实践，我们在理论和方法等方面已经取得了不少成果，如重新确立了实践观点和实事求

[①] 参见李景源《论建构中国特色社会主义哲学原理》，《光明日报》2004 年 9 月 16 日。

是的地位，实现了从实体思维方式到实践思维方式的转变，要求贯彻客体（物）尺度和主体（人）尺度、真理和价值相统一的原则，并始终坚持以经济建设（生产力）为中心和"三个有利于"价值标准，选择走以人为本的渐进、可持续发展道路，建设充满生机和活力的社会主义和谐社会，等等。

从"创建"的形式方面说，必须转换理论框架、思想范式以及语言表达方式。一方面，要拓展和变革马克思主义的学术范式。马克思主义产生于批判资本主义、工人阶级通过无产阶级专政争取解放的伟大事业中，具有鲜明的革命性和阶级性；而目前中国正处于中国特色社会主义建设时期，处于社会主义和谐社会建设阶段，中华民族正在国际上"和平崛起"；因此，必须将过去以革命为主旨的话语系统转变为以建设为主旨的话语系统。这其中，尤其要全面理解和落实马克思主义的批判功能，即将它与单纯的批判、否定（"破"）甚至斗争区分开来，要求在批判中有所继承，特别是通过批判有所创新。另一方面，要注意语言表达和风格的中国化，旗帜鲜明地让马克思主义"说汉语"。这需要研究和消化中国文化传统，选择和创造出一套既具有中国特色、又具有学科水准的概念和范畴系统，以符合中国文化传统或中国百姓喜闻乐见的语言形式加以表达。

最后，"创建论"要求将中国特色社会主义实践置于判决性地位，赋予其对于一切中国化理论的裁判权和决定权。

生活实践是马克思主义的理论之"源"，是其生生不息的生命之所在。只有切实深入中国特色社会主义实践，依靠这种独特的实践，进行客观的深入的总结和提炼，才可能创建"中国特色、中国风格、中国气派的马克思主义"新形态。当然，在创建过程中，绝不排斥通过中西马之间的深入对话，汲取可能的学术资源和思想智慧，为创造融会中西的新形态做准备。马克思主义来自西方，是马克思恩格斯立足西方的文化传统、根据西欧资本主义的实际和工人阶级运动的需要而创立的，它与中国文化传统（包括哲学传统、语言和思维方式、文化价值观）和中国具体实际存在一定的差异，甚至具有一定的异质性。要创造马克思主义中国化的现代形态，必须在一定程度上"打通""中西马"，实现马克思主义的必要转换，创造出一种融会"中西马"的新形态。这要求马克思主义者始终保持开放的胸襟，广泛吸收和借鉴人类思想文化发展中的一切优秀成果。它既不割断中国文化传统，而是尊重传统，"古为今用"（如建设社会主义和谐社会之对儒家和谐思想的扬弃）；它也不排斥西方合理的思想资源，而是要求尊重西方现代化和工人运动的经验，"西为中用"。当然，无论什么理论资源都不能盲目照搬、简单套用，而必须立足中国的文化传统和实际情况，以中国人民当下的现代化实践为主，以独立自省的精神，在实践中对各种资源进行反思、选择、消化、改造和创新。这正如毛泽东早在1944年就指出的："我们的态度是批判地接受我们自己的历史遗产和外国的思想。我们既反对盲目接受任何思想也反对盲目抵制任何思想。我们中国人必须用我们自己的头脑进行思考，并决定什么东西能在我们自己的土壤里生长起来。"①

同时，具体的历史的实践也是检验一切理论正确与否的标准。20世纪70年代末"真理标准大讨论"的意义在于，它重新确立了马克思主义哲学的一个基本原理——"实践是检验真理的唯一标准"，令任何观念、理论和方法都不能享受特权，都不能逃避生活实践的反复检验。在创建"中国特色、中国风格、中国气派的马克思主义"新形态的过程中，也必须以实事求是的态度，检讨和破除一切思想禁忌和思想枷锁，把各种思想观念（包括流行的、习以为常的思想观念）、各种思想方法，毫无保留地拿到实践面前进行检验。只有"改变世界"的生活实践判决为正确、合理的观念、理论、思维方式等，才可能获得人们的认可，纳入"中国特色、中国风格、中国气派的马克思主义"形态之中。也只有通过这一过程，通过所谓"实践版本"和"理论版本"的相互校正、相互促进，全面丰富"观念、知识、方法的增量"，才能使"实践版本"和"理论版本"都更为科学、合理，

---

① 《毛泽东文集》第3卷，人民出版社1996年版，第192页。

并不断获得发展和完善。①

此外,在直面各种挑战和问题、推进马克思主义中国化、探索社会主义发展新模式方面,中国与越南、古巴、朝鲜等社会主义国家之间,包括各国思想理论界的相互支持、相互沟通、相互借鉴、相互合作,是十分必要而重要的。

总之,"创建论"以当代中国人民为主体,以"向前看"的"重在建设"为取向,以中国特色社会主义实践为理论基础和判决标准,充分体现了中国人民独立自尊的品格和高度自觉的主体意识,以及敢于探索和勇于实践的创造精神。只有坚定地依靠中国人民,以"向前看"的"创建论"为导向,才能学会如何借鉴利用中西理论资源,才能坚持从实际出发,实事求是,通过实践找到马克思主义中国化新形态创建的具体路径。当然,由于没有先例的中国特色社会主义实践仍然处于创造甚至摸索过程之中,实践基础尚未夯实,实践形式尚不成熟、定型;由于从具体实践到抽象理论的跨越、提升往往艰难而又曲折,缺乏公认有效的方法模式;特别是由于马克思主义源自西方,与中国文化、中国哲学具有不同的话语系统、不同的思维方式、不同的文化价值观,因而整合它们,使之达到"带有中国特色的普遍"并不容易。因此,以不断变革、发展着的中国特色社会主义实践为基础,创造"中国特色、中国风格、中国气派的马克思主义"新形态还存在许多困难,不可能一蹴而就,毕其功于一役。它必然是一个逐渐生成的历史过程,一个实践版本与理论版本相互校正和完善的过程。当然,这同时也是中国特色社会主义事业不断推向前进、中华民族在世界上和平崛起的过程。

---

① 参见陈晏清、杨谦《马克思主义哲学中国化的实践版本和理论版本》,《哲学研究》2006年第2期。

中 编
中国道路的创造性探索

第 五 章
毛泽东：调查研究与反对本本主义

本本主义，或曰教条主义，是主观主义的一种表现形式，其主要特点是一切从书本或权威话语出发，把原则、理论、公式、权威话语等当作教条，而不是从客观实际情况出发，实事求是，具体情况具体分析。在中国共产党的历史上，本本主义者不懂得马克思主义普遍真理必须同中国的具体实践相结合，把马克思主义经典作家的话或共产国际的指示当作恒久不变的"公式"和包治百病的"药方"生搬硬套，令中国革命和建设吃尽了苦头，遭受了惨重的损失。正是为了反对20世纪二三十年代共产国际和中国共产党内盛行的把马克思主义教条化、把俄国革命经验神圣化的错误倾向，特别是"为了反对当时红军中的教条主义思想"，没有喝过洋墨水、"土里土气"的毛泽东在深入调查研究的基础上，于1930年5月写作了著名的《反对本本主义》（原题为《调查工作》）一文。《反对本本主义》看似朴实无华，道理浅显易懂，却是一篇极富针对性、战斗性的檄文。这篇文章是当时革命斗争经验的总结和凝练，对于中国探索"革命道路"、实现民族解放发挥了关键性作用；在时代、社会大变革的今天，在中国探索社会主义"建设道路"的新征程中，重读这篇文章，仍然令人心潮澎湃，浮想联翩，受到异常强烈的震动，获得意味深长的启迪！

一 为什么要反对本本主义

在艰苦卓绝的土地革命初期，中国共产党尚处"幼年"，实践经验缺乏，革命理论准备不足，是一个尚未成熟却肩负使命、正领导残酷的革命斗争的政党；同时，马克思主义经典作家的理论经过苏俄革命已经在实践中取得成功，共产国际意气风发，正高高在上地指挥着全世界的共产主义运动。当时党内一些主要负责同志对中国（尤其是农村）的实际情况缺乏了解，又不深入实际调查研究，只满足于书本上的有限知识和既有的革命经验，生吞活剥地对待马克思主义经典作家的理论，将共产国际和苏俄经验神圣化、模式化，从而导致中国共产党内教条主义盛行。特别危险的是，这些身居要职的人纸上谈兵，轻率决策，"瞎指挥"，即使发现了问题仍然自以为是，拒绝自我反思，一意孤行。

1927年，大革命失败后，中国共产党纠正、结束了陈独秀的投降主义，确定了土地革命和武装反抗国民党反动派的总方针。但以瞿秋白为首的临时中央不顾中国革命的实际情况，教条式地照搬斯大林和共产国际代表罗明纳兹的"第三阶段"理论（认为中国革命已经进入准备"十月革命"的苏维埃运动阶段）和"不间断革命论"，主观地把当时的革命形势认定为"不断高涨"，片面地认为中国革命是所谓"不断革命"，不顾敌强我弱的实际，坚持以城市为中心发动工人暴动。瞿秋白的"左"倾盲动主义由于不符合中国的实际情况，使大革命失败后保存下来的有限革命力量蒙受了重大损失。

1929年2月到10月，以李立三为首的党中央再次不顾中国革命实际，做出了完全按照共产国际"第三时期"理论指导中国革命的错误决定，通过了《新的革命高潮与一省或几省的首先胜利》的决议案，对中国革命的若干重大问题做出了完全脱离中国实际的判断。

自1930年春始，以李立三为代表的"左"倾冒险主义逐渐在党内占据领导地位，制定了许多脱离实际的方针政策，如集中红军"夺取中心城市""消灭富农",等等,并且强令各地无条件地贯彻执行。李立三的"左"倾错误在党内统治的时间虽然只有3个多月,但使刚刚发展起来的革命力量遭受了重大损失。在国民党统治区内,许多地方的党组织因为急于组织暴动而把原来的有限力量暴露出来,先后有11个省委机关遭到破坏,武汉、南京等城市的党组织几乎全部瓦解。红军在进攻大城市时也遭到很大损失,先后丢失了洪湖、右江等革命根据地。

在毛泽东当时所在的红军中,本本主义同样广泛、顽固地存在:有人不做调查,而只是"冥思苦索地'想办法','打主意'";有人不做调查,不了解实际情况,生搬硬套书本、文件和外国的经验;有人"喜欢一到就宣布政见,看到一点表面,一个枝节,就指手画脚地说这也不对,那也错误"①……这一切,令处于反动派包围圈中、真刀真枪搏斗的红军时刻面临致命的危险。

在漫长、艰难的探索岁月里,在瞿秋白"左"倾盲动主义、李立三"左"倾冒险主义盛行之时,毛泽东的正确主张无法得到执行,甚至备受指责和非难。例如,1927年9月,秋收起义受挫之后,毛泽东率领起义部队向敌人力量比较薄弱的罗霄山脉中段进军;10月,到达江西宁冈县茅坪,开始创建井冈山革命根据地。这种正确做法却被共产国际和党中央批评为"机会主义""农民意识的地方观念与保守观念"。到井冈山之后的几年里,毛泽东主张的游击战术备受中央的指责,被非难为"游击主义","不要根据地的流寇思想"。

毛泽东一再受到非议、排斥和打击,壮志难酬,心中十分郁闷。于是,他以一种湖南人特有的不信邪、不屈服的精神,俯身向下,与众不同地做起了艰苦细致的调查研究工作,写作了《调查工作》(《反对本本主义》)这篇马克思主义经典宏文。

毛泽东不迷信马列经典,不迷信共产国际,也不轻信高高在上的上级领导,而是以一种湖南农民的朴实和倔强,发现和宣布了一个简

---

① 《毛泽东选集》第1卷,人民出版社1991年版,第110页。

单的真理："**没有调查，没有发言权**。"① 无论做什么工作，了解和处理什么问题，都必须经过认真的调查研究，详尽地掌握实际情况，否则，就不可能制定出正确的政策和策略。毛泽东愤愤地指出："你对那个问题的现实情况和历史情况既然没有调查，不知底里，对于那个问题的发言便一定是瞎说一顿。"② 这样的瞎说不仅不能解决问题，而且必然贻害无穷。停止这类人的发言权，包括决策权、管理权、评价权等，有理有据，一点也不野蛮，没有什么不公道的。毕竟，"一切结论产生于调查情况的末尾，而不是在它的先头。只有蠢人，才是他一个人，或者邀集一堆人，不作调查，而只是冥思苦索地'想办法'，'打主意'。须知这是一定不能想出什么好办法，打出什么好主意的"③。"许多的同志都成天地闭着眼睛在那里瞎说，这是共产党员的耻辱。"④

深入实际、调查研究与本本主义（教条主义）是格格不入甚至尖锐对立的。毛泽东指出，教条主义者是懒汉，拒绝做任何艰苦、细致的工作；教条主义也不可能解决任何实质问题。"教条主义是不落地的，它是挂在空中的。"⑤ "教条主义这个东西，只有原理原则，没有具体政策，是不能解决问题的。"⑥ 毛泽东分析道：书本上的东西不一定都对，上级的指示、决议也不一定完全正确。书本上说的和上级的指示、决议，如果符合客观实际，经过了实践的检验，那么就是正确的；如果不符合客观实际和主观情势，那么就是错误的。对待上级的指示、决议，如果"不根据实际情况进行讨论和审察，一味盲目执行，这种单纯建立在'上级'观念上的形式主义的态度是很不对的。为什么党的策略路线总是不能深入群众，就是这种形式主义在那里作怪。盲目地表面上完全无异议地执行上级的指示，这不是真正在执行

---

① 《毛泽东选集》第1卷，人民出版社1991年版，第109页。
② 同上。
③ 同上书，第110页。
④ 同上书，第109页。
⑤ 《毛泽东文集》第3卷，人民出版社1996年版，第150页。
⑥ 《毛泽东文集》第8卷，人民出版社1999年版，第262页。

上级的指示，这是反对上级指示或者对上级指示怠工的最妙方法"①。他谆谆告诫党内同志：**"离开实际调查就要产生唯心的阶级估量和唯心的工作指导，那末，它的结果，不是机会主义，便是盲动主义。"**②他警醒人们注意：许多读过马克思主义"本本"、专门从书本上讨生活的人，一批又一批地走上了反革命的道路，成了革命叛徒。

正是大力强调调查研究，根据中国的实际情况独立探索中国革命的道路，毛泽东逐渐将实事求是确定为党的思想路线、优良作风，后来更是被确立为毛泽东思想"活的灵魂"。实质上，相比照抄照搬的本本主义，调查研究、实事求是才符合马克思主义的本真精神，才是真正的马克思主义。恩格斯在致威·桑巴特的信中声明："马克思的整个世界观不是教义，而是方法。它提供的不是现成的教条，而是进一步研究的出发点**和供**这种研究**使用**的方法。"③邓小平也指出："马克思主义理论从来不是教条，而是行动的指南。它要求人们根据它的基本原则和基本方法，不断结合变化着的实际，探索解决新问题的答案，从而也发展马克思主义理论本身。"④如果遇到新情况新问题，只看本本上有没有，老祖宗讲过没有，那是不可能解决问题的，必然导致损失和失败。

咀嚼中国革命和建设的历史，积淀在中国人民头脑中，并且屡屡兴风作浪的各种"本本""教条"层出不穷，复杂多样，令人防不胜防，甚至叹为观止。它们虽然花样多变，却具有一些共同特点，如盲目崇拜，制造迷信，抵制改革，扼杀创新，并且"永远正确"，一意孤行，而从不愿自我反思、自我批判，从不对其所造成的失误、失败和苦难负责！而《反对本本主义》所强调的通过调查研究，把握中国国情，走自己的路，是对中国革命斗争经验的深刻总结，是实践证明唯一可能的正确选择。众所周知，当时中国革命所面临的形势、任务

---

① 《毛泽东选集》第 1 卷，人民出版社 1991 年版，第 111 页。
② 同上书，第 112 页。
③ 《马克思恩格斯选集》第 4 卷，人民出版社 2012 年版，第 664 页。
④ 《邓小平文选》第 3 卷，人民出版社 1993 年版，第 146 页。

等是极其艰巨而又复杂的。中国是一个落后的半殖民半封建地国家，中国的社会性质、社会矛盾以及由此而规定的阶级关系、革命动力、对象和进程等，既不同于马克思恩格斯所分析的西方资本主义国家，也不同于列宁所分析的俄国。对中国不了解或者了解不多的外国同志根本不可能把马克思主义的普遍原理同中国革命的具体实践有机结合。坚持由中国同志深入了解中国国情，独立自主地领导中国革命，便成为中国革命胜利的前提条件。正是为了解决这一问题，《反对本本主义》针对当时党内和红军内盛行的把马克思主义教条化、把共产国际的决议和苏联革命的经验神圣化的倾向，尖锐地批判了"那些具有一成不变的保守的形式的空洞乐观的头脑的同志们"，认为"只要遵守既定办法就无往而不胜利"的天真想法，"完全不是共产党人从斗争中创造新局面的思想路线，完全是一种保守路线"①，一种本本主义的路线。以毛泽东为代表的中国共产党人，也正是通过反对本本主义，通过"靠中国同志了解中国情况"②，才在充满艰辛、流血牺牲的革命实践中，逐渐产生了"敌进我退，敌驻我扰，敌疲我打，敌退我追"这一"带着朴素性质的游击战争基本原则"，逐渐找到了适合中国国情的"以农村包围城市、武装夺取政权"的革命道路，并领导中国革命走出困境，走向胜利。众所周知，这套"游击战法"，这条"革命道路"，至少仍然享誉世界！

在社会主义建设中，同样必须坚决地反对本本主义，探索社会主义建设的规律，根据实际情况选择发展方略。《反对本本主义》一文，在血雨腥风的革命年代，在不断的转战过程中遗失了，毛泽东非常惋惜。新中国成立后，在征集革命历史资料时，福建省上杭县的一位农民赖茂基将冒着风险藏匿的《调查工作》上交，毛泽东才辗转重新得到此文，如同找到"失散多年的孩子"。1961年3月，毛泽东借着《反对本本主义》失而复得之机，开始在全党倡导大兴调查研究之风，

---

① 《毛泽东选集》第1卷，人民出版社1991年版，第115—116页。
② 同上书，第115页。

努力纠正"大跃进"和人民公社化运动中的"左"倾错误。他不同寻常地将该文印发给在广州参加会议的中南、西南、华东三个地区的中央局和省市区党委负责人,让他们学习。在随后的中央工作会议上,他又详细介绍了这篇文章,重申了调查研究的重要意义。在这次会议上,中共中央要求县以上的领导机关都应当联系最近几年工作中的经验教训,深入学习和讨论《反对本本主义》一文;同时,要求县级以上的领导人员深入基层,调查研究,订出制度,形成风气。这种务实作风对于纠正"左"倾错误、克服三年经济困难、恢复和发展国民经济,发挥了重要的作用。

当然,正如毛泽东深刻意识到的,我们应该将重视"本本"和"本本主义"严格地区分开来:"马克思主义的'本本'是要学习的,但是必须同我国的实际情况相结合。我们需要'本本',但是一定要纠正脱离实际情况的本本主义。"[①] 反对本本主义,绝不是不要甚至反对马克思主义经典作家的"本本"。探索中的中国革命和建设需要理论指导,需要学习别国的经验、吸取他国的教训,这可以令我们有所借鉴,少走弯路,少交学费;但是,这绝不是简单地照抄书本上的个别词句或别国的具体经验,而是要实事求是,注重调查研究,坚持马克思主义理论同中国的实际情况相结合,从而在马克思主义中国化的具体历史进程中探索中国革命和建设成功的道路。

二 怎样反对本本主义

如何反对本本主义?这自然不是一件容易的事。毕竟,"本本"是"权威"们长期辛苦探索的产物,理论上比较系统,有一定的说服力,甚至已经在实践中经受过一定的考验,曾经产生过比较成功的结果。而且,"本本"还可能有相应的组织机构及其代表作为后盾,可能与权力、权威密切关联,不可分割。如果有人胆敢跳出来反对"本

---

① 《毛泽东选集》第1卷,人民出版社1991年版,第111—112页。

本"，必须承受来自组织和权威的压力，甚至无情打击；反之，如果只是按照"本本"办事，则既合乎组织原则，又简单方便易操作，可以少付许多辛劳，少费许多周折，甚至无须承担什么责任，无须承担额外的风险。因此，本本主义，因循守旧，照本宣科，在讲究等级、权威、秩序、和谐的中国，向来都是极有市场的。

根据毛泽东《反对本本主义》等著作中的思想，坚决反对本本主义，至少需要做到如下几点。

第一，"中国革命斗争的胜利要靠中国同志了解中国情况"[①]——确立当代中国人民的主体地位，"独立自主、自力更生"进行革命和建设。

《反对本本主义》第一次明确提出"中国革命斗争的胜利要靠中国同志了解中国情况"这一著名论断。这在当时直接涉及中国共产党与共产国际的关系问题。中国共产党是共产国际的一个支部，从组织原则上说，共产国际的决议和指示对中国共产党是有约束力的。遗憾的是，共产国际对东亚、对中国的文化传统和具体情况知之甚少，关于中国革命的决议和指示缺乏针对性，往往是不正确的。如罗明纳兹关于中国革命性质和进展是"无间断革命"的错误论断，对 1927 年 11 月中共中央政治局扩大会议通过的"左"倾盲动的决议产生了直接的影响，对后来出现的李立三、王明的"左"倾错误也有影响。对于共产国际的某些领导人或驻中国代表的一些错误认识给中国革命特别是红四军带来的影响和危害，毛泽东的感受既具体又深刻。在这种情况下，毛泽东明确提出"中国革命斗争的胜利要靠中国同志了解中国情况"就意味深长，具有强烈的现实针对性，即要改变中国共产党"我们党有一个时期依靠共产国际为我们写决议，作指示，写纲领"[②]的状况，从而确立中国人民在中国革命和建设中的主体地位，在马克思主义指导下，根据中国的实际情况，独立自主地决定党的路线、方

---

① 《毛泽东选集》第 1 卷，人民出版社 1991 年版，第 115 页。
② 《毛泽东文集》第 8 卷，人民出版社 1999 年版，第 259 页。

针和政策。

自己的事情自己做主，自己掌握自己的命运，"走自己的路"，这是中国革命成功的关键。1961年3月，在广州召开的中央工作会议上，毛泽东在介绍《反对本本主义》时，强调这一点"现在还有不少用处，将来也用得着。中国革命斗争的胜利要靠中国同志了解中国情形，不能依靠外国同志了解中国情形，或者是依靠外国同志帮助我们打胜仗"①。这是中国共产党长期的指导方针、长期的战略任务。今天建设中国特色社会主义，应该更加明确地寄望于当代中国人民，确立当代中国人民的主体地位，强化当代中国人民独立自主、自立自强、改革时弊、开拓创新的主体意识，增强当代中国人民的主体性、权力感和责任感。以自主创新的态度、走自己的路，建设中国特色社会主义，实现中国梦，也是当代中国人民不容剥夺的权力和责任。邓小平一再强调，社会主义没有固定的模式，中国社会主义"革命和建设都要走自己的路"，"这是我们吃了苦头总结出来的经验"②。历史证明，如果不将中国的命运掌握在中国人民自己手中，通过自身的创造性实践寻找和发现适合自己的道路，那么就不可能自己主宰自己的命运，就必然还要走弯路，甚至遭受严重的曲折和失败。

第二，"没有调查，没有发言权"——坚持实事求是、一切从实际出发的思想路线。

针对党内和红军中的"本本主义"，毛泽东特别重视亲自调查，掌握第一手材料、情况的重要性。在毛泽东的倡导和影响下，红四军中的调查工作逐步开展起来。当然，做好调查工作并不那么容易。毛泽东指出："很多人的调查方法是错误的。调查的结果就像挂了一篇狗肉账，像乡下人上街听了许多新奇故事，又像站在高山顶上观察人民城郭。这种调查用处不大，不能达到我们的主要目的。"③ 1931年4月2日，毛泽东在《总政治部关于调查人口和土地状况的通知》中进

---

① 《毛泽东文集》第8卷，人民出版社1999年版，第259页。
② 《邓小平文选》第3卷，人民出版社1993年版，第94、95页。
③ 《毛泽东选集》第1卷，人民出版社1991年版，第113页。

一步提出:"我们的口号是:一,不做调查没有发言权。二,不做正确的调查同样没有发言权。"① 这使"没有调查,没有发言权"的表述更加准确了。

解决问题必须通过调查研究。毛泽东指出:"迈开你的两脚,到你的工作范围的各部分各地方去走走,学个孔夫子的'每事问',任凭什么才力小也能解决问题,因为你未出门时脑子是空的,归来时脑子已经不是空的了,已经载来了解决问题的各种必要材料,问题就是这样子解决了。"② 领导干部要亲自做深入的调查研究,可以走出去,到群众中做实地调查;也可以请进来,请一些了解情况的人来开调查会,弄清问题的"现状",找到问题的"来源"。当然,还可以将不同的方式结合起来进行。毛泽东严厉地警告:"绝对禁止党委少数人不作调查,不同群众商量,关在房子里,作出害死人的主观主义的所谓政策。"③ 要做典型调查,拼着精力把问题研究透彻,发现那些具有普遍意义的东西。调查研究要客观、全面、系统,不应当事先抱定某种看法然后下去专替自己找佐证;不能在调查研究刚开头看见一些表面的片断的现象就匆忙下结论;不要怕听言之有物的不同意见,更不要怕实际检验推翻自己的判断和结论。毛泽东形象地说:"调查就像'十月怀胎',解决问题就像'一朝分娩'。"④ 只有进行艰苦的深入的细致的调查研究,才能揭示事物的本质和规律,有针对性地解决问题。

"没有调查,没有发言权"阐述了人的正确思想是从哪里来的问题,强调人的认识来源于实践,来源于对客观事物直接的调查了解,强调路线方针政策的实效只有通过调查才能把握。这实际上提出了一切从实际出发、实事求是的思想路线。

---

① 《毛泽东选集》第1卷,人民出版社1991年版,第118页。
② 同上书,第110页。
③ 《毛泽东文集》第8卷,人民出版社1999年版,第272页。
④ 《毛泽东选集》第1卷,人民出版社1991年版,第110页。

第三,"不唯书、不唯上、只唯实"——坚持实践是检验真理的唯一标准。

毛泽东提出的"没有调查,没有发言权",一切从实际出发,还涉及实践是检验真理的标准问题。它深刻地体现了"不唯书、不唯上、只唯实"的思想原则。当时在党内和革命队伍内犯有本本主义错误的人判断中国革命的理论、政策正确与否,不是以实践的检验和证明为标准,而是以马克思主义的本本为标准,即以理论作为检验真理的标准。针对当时党内这种把马克思主义教条化、把共产国际决议和苏联经验神圣化的错误倾向,毛泽东深有感触地说:"我们说马克思主义是对的,决不是因为马克思这个人是什么'先哲',而是因为他的理论,在我们的实践中,在我们的斗争中,证明了是对的。我们的斗争需要马克思主义。我们欢迎这个理论,丝毫不存什么'先哲'一类的形式的甚至神秘的念头在里面。"①

1961年,毛泽东在广州中央工作会议上说,1930年写作的《反对本本主义》旨在破除迷信,包括对书本的迷信,对上级领导机关的迷信。毛泽东批评说:"以为上了书的就是对的,文化落后的中国农民至今还存在着这种心理。不谓共产党内讨论问题,也还有人开口闭口'拿本本来'。"② 把"本本"作为判断正确与错误的唯一标准是错误的,因为任何"本本"都得回归实践,接受实践的检验,实践才是检验真理的唯一标准。另外,对一些人把"上级指示""上级领导"的意见当作判明认识是非的标准,从而产生"唯书""唯上"的反马克思主义观点,毛泽东批评道:"我们说上级领导机关的指示是正确的,决不单是因为它出于'上级领导机关',而是因为它的内容是适合于斗争中客观和主观情势的,是斗争所需要的。不根据实际情况进行讨论和审察,一味盲目执行,这种单纯建立在'上级'观念上的形式主义的态度是很不对的。"③ 在延安整风时,他进一步指出,共产党员对

---

① 《毛泽东选集》第1卷,人民出版社1991年版,第111页。
② 同上。
③ 同上。

任何事情都要问一个为什么，绝对不应盲从，不应该唯上。

"没有调查，没有发言权"，一切从实际出发，体现了"不唯书、不唯上、只唯实"的原则。在今天的改革和建设中，更要坚持实践标准，将中国特色社会主义实践置于判决性地位，赋予其对于一切理论、本本的裁判权和决定权。马克思指出："人的思维是否具有客观的真理性，这不是一个理论的问题，而是一个**实践的**问题。人应该在实践中证明自己思维的真理性，即自己思维的现实性和力量，自己思维的此岸性。"① 只有"改变世界"的生活实践判决为正确、合理的观念、理论、政策等，才可能获得人们的认可，成为人们行动的指南。

第四，"从群众中来，到群众中去"——坚持马克思主义的群众路线。

认识来源于实践，而实践的主体是群众。要了解实际情况，制定正确的斗争策略，必须到群众中去进行调查研究；源自群众的斗争策略还必须回到群众的斗争中，接受检验，不断完善。毛泽东强调指出："无产阶级要取得胜利，就完全要靠他的政党——共产党的斗争策略的正确和坚决。共产党的正确而不动摇的斗争策略，决不是少数人坐在房子里能够产生的，它是要在群众的斗争过程中才能产生的，这就是说要在实际经验中才能产生。因此，我们需要时时了解社会情况，时时进行实际调查。"② 为了洗刷唯心精神，真正了解实际情况，毛泽东大声疾呼："注重调查！""反对瞎说！""到斗争中去！""到群众中作实际调查去！"

实事求是的关键在于把马克思主义普遍原理与中国革命具体实践相结合，而"中国革命具体实践"就是广大人民群众的革命实践。因此，实事求是必须依靠群众，深入群众的实践进行周密的调查研究，拜群众为师，向群众请教，甘当群众的学生。就此而言，调查研究实质上就是走群众路线，"没有调查，没有发言权"实质上就是"不走

---

① 《马克思恩格斯选集》第 1 卷，人民出版社 2012 年版，第 134 页。
② 《毛泽东选集》第 1 卷，人民出版社 1991 年版，第 115 页。

群众路线就没有发言权"。此外，革命的理论要变成实实在在的革命行动，必须依靠一种巨大的物质力量——广大人民群众的献身精神和积极努力。否则，再好的理论也只能是空中楼阁、纸上谈兵。

总之，《反对本本主义》所阐述的一切从实际出发、实事求是，到群众中做调查研究，向群众寻求真理，可以说是党的"从群众中来，到群众中去"的领导方法的雏形。以毛泽东为代表的共产党人正因为善于向实践学习，向群众学习，总结群众斗争的新鲜经验，善于依靠群众，发动群众，因而才能够在中国革命的转折关头，表现出革命的首创精神，提出农村包围城市、武装夺取政权的思想，找到争取中国革命胜利的唯一正确的道路。

三　反对本本主义的跨时空价值

在毛泽东的《反对本本主义》发表之后，本本主义在中国并没有绝迹，而是一直顽固地存在，并不断地给中国革命和建设造成惨重的损失。

盲目追随共产国际、"空降延安"的王明高唱："山沟沟里没有马克思主义！"马克思主义只存在于马恩列斯的本本上，解决中国革命的问题，只能从马恩列斯的本本中寻找根据和答案。这是典型的本本主义。王明还指责毛泽东的主张是"狭隘的经验论"。正是在反对瞿秋白"左"倾盲动主义、李立三"左"倾冒险主义和王明"左"倾教条主义的斗争中，强调把马克思主义和中国具体实际相结合，才产生了国际共产主义运动史上独树一帜的毛泽东思想。

毛泽东思想的精髓在于坚持一切从实际出发、实事求是，反对一切形式的本本主义。可遗憾的是，在后来对毛泽东狂热的个人崇拜中，其本本也被一些人高度"神化"，作为"最高指示"，不允许一丝一毫的质疑，更不允许任何批判和否定。林彪在"文革"时期别有用心，声嘶力竭地叫嚷，"毛主席的话，句句是真理，一句顶一万句"。"文革"结束后，华国锋又提出"著名"的"两个凡是"——"凡是毛主席做出的决策，我们都坚决维护；凡是毛主席的指示，我们都矢志不渝地遵循。"这些都是花样翻新的甚至是变本加厉的本本主义。它们泛滥开来，令"左"倾思想和僵化观念在全党、全社会根深蒂固。而"真理标准大讨论"的伟大意义，就在于不迷信、不信邪；它通过解放思想，破除迷信，有力地批判了"两个凡是"，恢复了实事求是的思想路线。

在今天全球化、信息化、智能化时代，在史无前例的中国特色社会主义建设中，本本主义仍然不想退出历史舞台。而且，由于改革开放，人们的思想更加"解放"，社会环境更加宽松，"本本"的来源更加多样化了，其形式也更加"丰富多彩"。

有人以"坚持马克思主义"为名，将马克思主义经典作家的本本教条化（"马教条"），宣布某些原理是已经证明了并不断证明着的真理，是只能"背书""不能动"的，试图人为地垄断马克思主义的"解释权"和"发展权"；

有人盲目崇拜"发达的"美国或西方，完全看不起"落后的"中国和中国人，以某些西方政客和权威理论家的本本（"洋教条"）为依据，要求一切"向外看"，"与国际社会接轨"，甚至有人公然叫嚣，中国必须走"全盘西化"之路；

有人迷恋中国昔日的辉煌，从历史泛黄的故纸堆中，搜罗出花样繁多的古代经典，要求以"国学"或古代权威人物的言论（"土教条"）为根据，教化当代人民，变革社会现实，以实现所谓的"民族复兴"；

…………

如果我们冷静地剖析一下，那么不难发现，不管是"马教条"，还是"洋教条"，抑或是"土教条"，它们有着一个共同的倾向、即不相信当代中国人民，否定当代中国人民的主体地位，脱离当代中国人民的生活实践，不加反思地将某种本本视为超越时空的绝对真理，视为认识的源泉、行动的指南，以及检验认识真理性的标准。对于这些倾向，这类做法，毛泽东当年的警告、批评是完全适用的！就如同当年的本本主义者令中国革命付出了惨痛代价一样,如今的教条主义者也一直在让我们"交学费",令中国现代化建设步履蹒跚……

我们不能否认的一个基本事实是,时代已经发生了巨大的变化,人们的生活实践也日新月异,而且,变化的速度越来越快,变化的内容越来越新颖独特。全新的生活实践已经对既有的理论"表达了不满",其快速发展却无休无止,仍然在不断提出理论上的挑战,要求我们的理论给予合理的令人信服的解释,要求理论通过创新予以恰当的指导。如果我们冷静观察现时代的一些重大变化,认真咀嚼生活实践中的新情况、新问题,那么应该会承认,"中西马"各领域的经典作家的文本虽多,却难以找到现成的具体答案。本本主义者即使想图省事,想做懒汉,也可能面临空前的窘境。

因此,置身于当今波澜壮阔的大变革时代,中国改革、创新、发展的伟大事业,需要冲破一切本本主义(教条主义)的束缚,通过解放思想、实事求是、与时俱进、求真务实地探索,寻求解决问题的方法和道路。

首先,必须将马克思主义理解为动态的历史的"生成性智慧",彻底地、毫不妥协地反对和清算各种本本主义(教条主义)。毛泽东《在延安文艺座谈会上的讲话》指出,教条主义的"马克思主义"并不是马克思主义,而是反马克思主义的。毛泽东还说,不如马克思,不是马克思主义者;等于马克思,不是马克思主义者;只有超过马克思,才是真正的马克思主义者。邓小平明确告诫人们:马克思主义理论从来不是教条,而是行动的指南。"不以新的思想、观点去继承、发展马克思主义,不是真正的马克思主义者。"[①] 我们必须反对神化经典作家,反对认为经典作家的话字字句句都是亘古不变的真理、不可稍加逾越的观点;反对神化过去对马克思哲学的"权威解读",反对任何人垄断解释权和发展权;反对不顾实际情况,拿过时的、或者"相隔"的理论和方法"瞎指挥";等等。本本、教条是过去时代或他

---

① 《邓小平文选》第3卷,人民出版社1993年版,第292页。

人实践的产物，难以避免地存在相应的时空局限性，用以指导我们所处的变化了的时代实践，往往"对不上"、不适应，结果是付出不必要的代价，甚至"害死人"！因此，解放思想，破除迷信，反对各种形式的教条主义，为中国特色社会主义改革、创新扫清障碍，是我们走出凝固化、僵化的本本主义，进行改革、创新、建设的基本前提。

其次，必须相信、依靠当代中国人民，尊重当代中国人民的首创精神，赋予中国人民自己依实际情况创新马克思主义、推进中国特色社会主义的权力。中国革命是中国人民自己的事情，中国特色社会主义建设也是中国人民自己的事情。必须将创新的权力和责任"收归"当代中国人民，放手让人民大众立足现时代的实际情况，创新性地探索"自己的路"——中国特色社会主义道路。

再次，弘扬"不唯书、不唯上、只唯实"的精神，坚持实践是检验真理的唯一标准、"真理面前，人人平等"的原则。早在战国时期，韩非子就提出，"不期修古，不法常可"。如果只是盯着"故纸堆"，如果只是照搬"伟人语录"，如果只是机械地执行上级的指示，而不能顺应时代火热的生活实践、不断创新和发展，那么，就既不可能真正理解马克思主义，也不可能创造性地推进中国特色社会主义建设事业。毛泽东曾经指出：马克思主义一定要向前发展，要随着实践的发展而发展，不能停滞不前。停止了，老是那么一套，它就没有生命了。邓小平语重心长地大声疾呼："一个党，一个国家，一个民族，如果一切从本本出发，思想僵化，迷信盛行，那它就不能前进，它的生机就停止了，就要亡党亡国。"①

总之，在全球化、信息化、智能化背景下，在国际共产主义运动处于相对低潮的历史条件下，改革开放、建设中国特色社会主义，实现中华民族伟大复兴的"中国梦"，不得不超越寻章摘句、照本宣科的本本主义，不得不搁置他人的似是而非的经验，而立足时代的变迁和新特点，依据马克思主义的本真精神，通过深入的调查研究，通过

---

① 《邓小平文选》第2卷，人民出版社1994年版，第143页。

大胆无畏的探索，奋力开辟中国特色社会主义的新道路。这是时代赋予当代中国人民的光荣而神圣的使命，省不得心，偷不得懒，留不得力，而必须振奋精神，全力以赴，殚精竭虑，奋斗不止！

第 六 章
毛泽东：价值评价的立场与方法

中国是一个历史悠久、古代文明辉煌灿烂、却错过了近代工业革命、屡屡落后挨打的东方大国。在中国共产党的革命探索历程中，有许多问题是马克思主义经典作家和共产国际未曾预料和遭遇过的。这些问题曾经长期众说纷纭，争议巨大。例如，"大革命时期"的湖南农民运动究竟"好得很"，还是"糟得很"，人们就曾经争论不休。面对同样的情形，为什么会出现如此截然不同的评价？这就必须运用价值评价论的视角、理论和方法进行分析。按此，站在谁的立场上，按照什么人的标准，运用什么方法进行评价，决定了湖南农民运动究竟"好得很"，还是"糟得很"。当然，人们可以通过社会实践对这一评价结论的合理性加以检验和修正。

一 毛泽东的《湖南农民运动考察报告》

毛泽东一向把调查研究、了解国情、掌握第一手资料，作为自主地探索中国革命道路的前提和基础。1920年3月，毛泽东在致周世钊的信中指出："吾人如果要在现今的世界稍为尽一点力，当然脱不开'中国'这个地盘。关于这地盘内的情形，似不可不加以实施的调查，及研究。"① 而毛泽东以马克思主义关于农民问题的理论为指导，对于

---

① 《毛泽东早期文稿》，湖南出版社1990年版，第474页。

农民、农村问题的多次系统调查、长期研究，在提出农村包围城市这一有中国特色的革命道路过程中发挥了关键性作用。

1917年，学生时代的毛泽东曾用一个月的时间，行程900里，徒步考察了长沙等五县。1925年，毛泽东回到家乡韶山从事农民运动。经过和农民接触，他发现农民不仅是个受苦的阶级，而且"非常富有战斗性"。1926年，毛泽东在广州主持农民运动讲习所，讲授中国农民问题。他把学生按不同省籍，组成各省农民问题研究会，组织学生到海丰、韶关等农村搞社会调查，并把学员的调查材料加以选编，收集在他所出版的我国第一部用马克思主义观点研究农民的历史文献《农民问题丛刊》中。同年，毛泽东对江浙及长江流域农村进行了考察，于同年9月写了《国民革命与农民运动》，提出了"农民问题乃国民革命的中心问题"这一诊断。

国共合作以来，随着两党共同领导的北伐战争的胜利进军，肇始于广东的农民运动如暴风骤雨，异常迅猛地向全国蔓延。1926年6月，在中国共产党领导下，广东、湖南、湖北、江西、河南、陕西、四川、广西、福建、安徽、江苏、浙江等17个省、200多个县成立了农民协会，会员达915万多人。"农民的主要攻击目标是土豪劣绅，不法地主，旁及各种宗法的思想和制度，城里的贪官污吏，乡村的恶劣习惯。这个攻击的形势，简直是急风暴雨，顺之者存，违之者灭。其结果，把几千年封建地主的特权，打得个落花流水。地主的体面威风，扫地以尽。地主权力既倒，农会便成了唯一的权力机关，真正办到了人们所谓'一切权力归农会'。"① 广大农民组织农会起来造反，搅醒了地主绅士们的酣梦，打乱了几千年的传统社会秩序。对此，土豪劣绅乃至整个封建势力大叫"糟得很"，污蔑为"痞子运动""惰农运动"②；党内以陈独秀为首的思想右倾的一些同志也看不惯，公开表示怀疑，甚至加以责难。

---

① 《毛泽东选集》第1卷，人民出版社1991年版，第14页。
② 同上书，第18页。

为了回击和驳斥党内外对农民运动的怀疑、污蔑、攻击和责难，1927年1月4日至2月5日，时任中共中央农民运动委员会书记毛泽东，回到当时农民运动发展最为迅猛的湖南进行实地考察。在32天里，毛泽东步行700多公里，考察了湘潭、湘乡、衡山、醴陵、长沙五县的农民运动情况。每到一地，他就"召集有经验的农民和农运工作同志开调查会，仔细听他们的报告，所得材料不少"①。通过广泛的接触和访问，召集农民和农民运动干部召开各种类型的调查会，毛泽东获得了大量的第一手资料，形成了自己的独到看法，并撰写了《湖南农民运动考察报告》这篇划时代的马列主义文献，并于2月16日将考察报告提交给中共中央。

《湖南农民运动考察报告》科学分析了农民的各个阶层，充分估计了农民在中国民主革命中的伟大作用，明确指出了在农村建立革命政权和农民武装的必要性，着重宣传了放手发动群众、组织群众、依靠群众的革命思想。在报告中，毛泽东热烈赞颂大革命中的农民群众推翻乡村封建统治势力的革命行动和历史功绩，尖锐批评党内外责难农民运动的各种谬论，阐明农民斗争同中国革命成败的密切关系。他和广大农民一样欢欣鼓舞，热烈欢呼农民运动"好得很"！他明确提出，一切革命的党派和同志都应当站在农民的前头领导他们前进，而不应站在他们的后头指手画脚地批评他们，更不应站在他们的对立面责难、攻击和反对他们。他强调，必须依靠广大贫农做"革命先锋"，团结中农和其他可以争取的力量，把农民组织起来，从政治上、经济上打击土豪劣绅，摧毁封建武装，重组农村新政权。

"**没有调查，没有发言权。**"② 没有深入的农村调查，就没有资格在农村、农民、农民运动等问题上发言。毛泽东的这篇报告以实地调查为基础，形成了关于湖南农民运动的独到见解，澄清了大量的关于农民运动的不实之词；特别是，毛泽东依据自己的观察和分析，鲜明

---

① 《毛泽东选集》第1卷，人民出版社1991年版，第12页。

② 同上书，第109页。

地提出农民是中国革命的主力,提出了解决中国民主革命的中心问题——农民问题①——的一系列理论和政策。这不仅在历史的紧要关头,推动了农村大革命运动的继续发展,而且发现了推动中国革命发展的方向。秋收起义失败后,毛泽东带领部队及时转入农村,以农民最关心的土地改革为基础,开展农村武装斗争,建立农村革命根据地,这并不是在无路可走时的权宜之计,而是由于他长期坚持农村调查,形成了一整套关于农民问题的思想,因而自然而然地做出了这种英明的决定。这一切,也为他后来提出"农村包围城市,武装夺取政权"的革命道路提供了支撑。

具体而言,湖南农民运动究竟是"好得很",还是"糟得很"?这里实际上涉及一个复杂的哲学问题,即关于价值和价值评价的问题。当人们谈论事物的好坏(糟)、善恶、美丑、利弊、得失等之时,或者说,具体地讨论事物有没有价值、有什么价值、有多大价值时,实际上是在进行价值评价。而价值评价和一般意义上的认知不同,它具有自身的方式和特点,必须运用哲学的价值评价论的视角、理论和方法进行分析。毛泽东关于"湖南农民运动好得很"的判断,正是不自觉地运用哲学评价论进行评判的结果。

二 如何评价湖南农民运动

到底应该如何评价湖南农民运动?这并不是一个简单、随意的问题,必须从什么是评价说起。

所谓评价,就是人们在把握对象(如湖南农民运动)的基本信息的基础上,根据自己的目的、利益、需要等尺度(评价标准),对对

---

① 1926年6月,毛泽东为第六届农民运动讲习所学生讲授农民问题时,从人口、生产、革命力量、战争关系、革命目的等方面阐明了农民在国民革命中的地位,得出"中国国民革命是农民革命"的结论。9月,毛泽东在为《农民问题丛刊》写的序言中更是直接地说:"农民问题乃国民革命的中心问题,农民不起来参加并拥护国民革命,国民革命不会成功。"(《毛泽东年谱(1893—1949)》上卷,中央文献出版社2013年版,第163页、第166页。)

象的好坏（糟）、利弊、善恶、美丑等加以评定、估量，或者说，对对象有没有价值、有什么价值（例如，"好"还是"糟"）进行比较、判断。在日常生活中，人们的评价经常表现为不同的"态度"：或者肯定，或者否定；或者赞同，或者反对；或者喜欢，或者厌恶；或者赞美，或者鞭挞；或者亲近，或者拒斥；或者希望，或者惧怕……

评价是人们把握价值的一种意识形式，它和哲学上的认知大不相同。一般而言，认知的目的是全面、准确了解对象，弄清对象的本来面目和发展规律，也即追求真理。评价的目的则不局限于弄清对象本身，而是要进一步把握对象与人们自身之间的价值关系，弄清它对人们究竟是"好"还是"坏（糟）"，是"善"还是"恶"，有意义还是无意义，以及人们应该怎么做，等等。评价体现着人们自身的目的、利益、需要和能力，渗透着人们的情绪、情感和意志。在认知过程中，人们总是以认知对象为中心，尽可能避免受到各种主观因素的干扰，尽可能获得"客观"的结论，而评价则不像认知那样理性。在评价过程中，总是以评价者及其利益、需要为中心，评价过程也总是渗透着评价者的喜怒哀乐等情绪，带有浓厚的情感和意志色彩。人们总是以一定的爱或恨、好或恶、亲或疏、喜或悲来对待对象，形成带有浓厚情感和意志色彩的评价结论。

可见，人们的价值评价，包括一事当前的态度，并不是由评价对象单方面决定的。评价不是一个简单的、机械的刺激—反应过程，而是一个非常复杂的、包含许多环节的对象与人相互作用、相互创造的辩证过程。在评价过程中，虽然评价对象及其在人们面前的具体表现（如湖南农民运动）是确定的，但是，评价结论却与人们自身密切相联系，与人们的目的、利益和需要相联系，与人们的情绪、情感和意志相联系。人们总是站在一定的立场上，将自己或浅或深地"投入其中"，立足自己的切身利益和需要，怀着自己的真实情绪和情感，用自己的眼睛去"看"，用自己的心去体会，从而得出"因人而异"、五花八门甚至大相径庭的结论。

具体就湖南农民运动而言，尽管土豪劣绅、贪官污吏和广大农民、共产党人面对的事实都是一样的。例如，成立农会，将广大农民组织在农会里；普及政治宣传，从政治上打倒土豪劣绅，给他们戴高帽游乡，甚至实行"关、打、杀"；推翻县官老爷衙门差役的政权，推翻祠堂族长的族权和城隍土地菩萨的神权以及丈夫的男权；在经济上废除苛捐杂税，对土豪劣绅进行清算、罚款、减租减息；成立合作社，修道路，修塘坝，办农民学校，禁牌、赌、鸦片等；推翻地方武装，成立农民武装，肃清盗匪……但是，土豪劣绅、贪官污吏和广大农民、共产党人的态度往往截然不同，评价结论更是针锋相对，表现出他们鲜明的立场，可以看出他们的目的、利益和需要在起作用。

当然，即使是人们对湖南农民运动的评价，也不是永远固定不变的，往往会因时因地因情景而变化，因评价者自身的变化而变化，呈现出某种流变性。时过境迁，时移世易，人们对一定事物的评价有时可能相差甚殊，甚至彻底翻转过来。例如，随着蒋介石、汪精卫叛变和大革命的失败，特别是随着土地革命的深入，党内一些对湖南农民运动曾经持批评、观望态度的同志，态度也发生了明显的改变，有些人甚至"痛改前非"，积极投身于农民运动之中，变成了农民运动的骨干力量。

三 "好得很"还是"糟得很"的评价标准

湖南农民运动究竟"好得很"还是"糟得很"之类截然不同、尖锐对立的评价，孰是孰非？孰对孰错？如何评说？这些问题确实不容易说清楚。从理论上说，这里的关键在于价值评价的标准问题。

评价标准与认知标准迥然不同。对于认知，除了"实事求是"、务求客观之外，不存在什么别的标准。而在价值评价领域，标准则显得比较模糊、复杂易变。一般而言，评价标准是人们自己的目的、利益、需要的反映，是人们在长期的社会生活实践中的经验教训的总结。评价标准往往由体现人们目的、利益和需要的具体价值原则、规范等构成。例如，"祖宗之法不可变""妇女应该遵守三从四德""禁止剥夺私有财产",等等。这类原则、规范是衡量人们思想或行为的尺度。俗话说,"没有规矩,不成方圆"。这些原则、规范反映、灌输、内化到人们的头脑中,就形成了评价标准,人们又用这些标准评价各种各样的事物,调整和指导人们的言行。只有符合这些标准的言行才是有价值的,值得肯定和鼓励;反之,则是没有价值的,就可能受到谴责、惩罚。所谓评价,就是人们依据自己的评价标准去估量、衡量、比较,就像用天平、尺子去衡量事物的轻重、长短一样,只不过这里衡量的不是事物本身,而是它对于人的价值或意义。

但是,任何事情都有它的对立面,"规矩"之类评价标准也是一样。例如,人们"循规蹈矩"惯了,有时就会忘记规矩是从哪里来的,或者懒得追问规矩是怎么回事。有人甚至真的以为,规矩、规范就如同"大人"们教导的一样,都是"天地良心"的表现,是先天确定的神圣法则,如孟子所谓不学而能、不虑而知的"良知""良能",如朱熹所谓"至善"的"天理",基督教所谓全知全能全善的上帝的意志。实际上,这些都是唯心主义的观点,是统治者愚弄百姓的工具,它们颠倒了事情的本末,掩盖了各种社会规则的真实面目。它们使得来自日常生活实践、与日常生活实践密切联系的规范,日益采取了抽象的形式,高高在上,越来越没有人间"烟火味"。同时,一些为现存的统治秩序进行辩护的思想家,总是竭力论证这一切的合理性,导致规矩日益神秘化、神圣化,云山雾罩,神秘莫测,令人更加看不清规矩的"真面目"。

马克思主义经典作家深刻地洞察到了规范的本质:道德规范和其他评价标准,不管它们的形式多么抽象,归根结底都是具体的历史的生活实践的产物,是人们在历史的时代延续中逐渐形成、用来为现实社会生活服务的。实际上,规矩从来不是先天就有的,也不是神定的,而是人定的。根本不存在什么神秘的、永恒不变的"天地良心",有的只是人们现实的利益、需要和追求。在现实生活中,人们既可以立规矩,也可以改规矩。之所以要"立",之所以要"改",是因为人们生存和发展的需要,是为了维持社会生活的一定秩序,是为了按人们自己的需要和方式"变革世界"。

　　只不过这里存在一个秘密：并不是所有人在一切规矩面前都是平等的。自有阶级社会以来，在规矩面前，一直存在着两类截然不同的人：一类是"立规矩的人"，他们有权制定规矩、修改规矩。湖南农村当年的土豪劣绅、贪官污吏、军阀恶霸就是这类人。他们制定和修改的规矩是为他们自己服务的，反映的是他们的利益和需要，维护的是对他们有利的农村社会秩序。因此，他们总是希望、要求大家遵守这些规矩。至于他们自己，如果是"严肃""负责"的人，或者是奉行起来没有什么困难，也大多会尊重、遵守这些规矩。另一类则是"被规矩规范的人"，如当年湖南农村的广大农民，特别是贫农、雇农。这些人无权参与规矩的制定和修改，规矩也不大考虑他们的利益和需要，而只是要他们接受、服从和遵守。否则，这个由"立规矩的人"当家做主的社会，就不会容忍他们，甚至可能会惩治他们。这类人实际上是被形形色色的规矩异化了的人，他们往往只感到规矩对他们的束缚和压抑，而感觉不到遵守这些规矩有什么好处。鲁迅曾经尖锐地指出，几千年传统的封建礼教一直在"吃人"，就是这个道理。因此，"被规矩规范的人"服从规矩是被动的、盲目的，有时甚至完全是被强制的。可见，规矩后面隐藏着不同阶级或阶层、不同政党或组织，以及不同"人"之间的尖锐对立。[①]

　　马克思主义经典作家揭露，诸如道德、法律之类规范，在阶级社会从来都是有阶级性的，是为一定的阶级服务的。这一语洞穿了"规矩"的实质！面对花样繁多、形形色色的规矩，只要我们大胆追问：这是"什么人的规矩"？问题往往就豁然开朗了："什么人的规矩"，反映的就是什么人的目的、利益和需要，就是为什么人服务的。在湖南农民运动兴起之前，湖南农村长期是土豪劣绅、贪官污吏、军阀们的天下，他们制定了大量的反映他们的利益和要求的规矩，强制广大农民认可、接受和遵守。湖南农民运动之类波澜壮阔的农民革命，不

[①] 参见李德顺《价值新论》，中国青年出版社1993年版，第210—213页。

仅动摇了土豪劣绅等的统治基础，同时也是一场规矩的大革命。广大农民觉醒了，他们组织农会，以空前激烈的革命方式①，要求砸烂旧制度，改变土豪劣绅等制定的、长期压迫广大农民的成规定法，同时，建立新组织新制度，订立反映自身利益和需要的新规矩。于是，立场相对、目标相左、手握不同"规矩"的土豪劣绅和广大农民，乃至不同阶级、政党之间，便不可避免地做出截然不同的价值评价，产生空前激烈的矛盾和冲突。可见，评价好坏（糟）之类问题，关键在于评价主体是谁，谁掌握着制定、修改规矩的权力。只要广大人民群众掌握了制定、修改规矩的权力，规矩就会从"神秘天意"和"永恒法则"，重新回到广大人民群众手中，为广大人民群众服务，变成广大人民群众的锐利思想武器。

四 "好得很"还是"糟得很"自有"公论"

面对波澜壮阔的湖南农民运动，不同人、不同阶级、不同政党的价值评价很不一致，甚至可以说，分歧很严重，相互冲突，针锋相对，无法调和。这正如毛泽东指出的："对于一件事或一种人，有相反的两种看法，便出来相反的两种议论。'糟得很'和'好得很'，'痞子'和'革命先锋'，都是适例。"②

为什么会出现这样的情形呢？究其实，源于人们各有自己的利益和需要，他们之间的评价标准存在差异和分歧，甚至他们各有一套自己的评价标准。如果他们之间需要达到某种共识，或者需要和平共处，就会产生他们之间不同的评价标准能否统一以及如何统一的问题。但是，由于人们自身的实际情况不同，由于人们的目的、利益和需要千

---

① 毛泽东指出："革命不是请客吃饭，不是做文章，不是绘画绣花，不能那样雅致，那样从容不迫，文质彬彬，那样温良恭俭让。革命是暴动，是一个阶级推翻一个阶级的暴烈的行动。农村革命是农民阶级推翻封建地主阶级的权力的革命。农民若不用极大的力量，决不能推翻几千年根深蒂固的地主权力。"（《毛泽东选集》第1卷，人民出版社1991年版，第17页。）

② 《毛泽东选集》第1卷，人民出版社1991年版，第18页。

差万别，这往往是很困难的。在历史与现实中，常见的做法是，统治者及其御用思想家强行制定一套标准，要求人们顺从、照办。如所谓"以圣人之是非为是非""以圣经之是非为是非"，"官大一级压死人""以领导人的意志为转移"，都是这种情况。但随着经济、社会的发展，随着社会日益开放、民主化，随着广大人民群众的民主意识日益觉醒，今天如果谁想长期掌握话语权，做到"一手遮天""一言九鼎"，搞"一言堂"；想"说你行你就行，不行也行；说你不行就不行，行也不行"，已经越来越行不通了。现代社会的进步趋势是日益采取比较理性、民主的方式，即利弊得失、是非好坏、善恶美丑，由大多数人来判断，以广大人民群众一致的意见为准。这也就是所谓"公论"。①

"是非自有公论"回答了评价标准如何统一的问题。在社会民主化的背景下，在"众说纷纭"的情形下，"公论"代表着公众共同的、一致的评价和态度。这是人类在长期生活实践中，理解和处理不同评价的经验总结。

然而，什么样的意见才称得上"公论"呢？怎样才能获得"公论"呢？我们不妨结合湖南农民运动进行扼要的分析。

一方面，必须把社会公众置于真正的评价主体的地位，坚持和体现"人民群众是历史的主人"，而不能以少数人的评价为最终结论。即是说，要看是否真是"公众"在进行评价；或者说，是哪些"公众"进行评价。究竟是谁进行评价，站在谁的立场上，以谁的利益和需要为标准，这是"公论"是否公道的前提。表面上看来，这似乎不成什么问题，但在现实生活中，它却常常模糊得很，有些人还会故意加以混淆，浑水摸鱼。例如，湖南农民运动究竟"好得很"，还是"糟得很"？关键的是要搞清楚，选择站在谁的立场上，以谁的利益和需要作为评价标准。如果站在占人口少数的土豪劣绅、军阀、贪官污吏的立场上，维护对他们有利的社会秩序，那么自然"糟得很"；但

---

① 参见李德顺《价值新论》，中国青年出版社1993年版，第222—225页。

是，如果站在广大农民和一切革命派的立场上，从占大多数的劳苦大众的利益和需要出发，那么，这不仅不是"糟得很"，而且是"好得很"！这正如毛泽东同志一针见血地指出的："'糟得很'，明明是站在地主利益方面打击农民起来的理论，明明是地主阶级企图保存封建旧秩序，阻碍建设民主新秩序的理论，明明是反革命的理论。"① 与之相对，"'好得很'是农民及其他革命派的理论。一切革命同志须知：国民革命需要一个大的农村变动。辛亥革命没有这个变动，所以失败了。现在有了这个变动，乃是革命完成的重要因素。一切革命同志都要拥护这个变动，否则他就站到反革命立场上去了"②。这里涉及的立场问题，至关重要。"谁是我们的敌人？谁是我们的朋友？这个问题是革命的首要问题。"③ 从主体立场来看，在广大农民和土豪劣绅之间，存在着尖锐的不可调和的阶级矛盾。因此，是不是"公论"，还要看评价者是不是占大多数的"公众"，有没有客观的先进性和历史的进步性。一般而言，广大人民群众是历史的创造者，是历史发展的进步力量，他们才是最可靠、最清醒、最公道、最权威的评价者。只有依靠广大人民群众，把广大人民群众视为进步"公众"、最终的裁判者，才可能"是非自有公论"，"公道自在人心"。

另一方面，也要看"公众"即广大人民群众的评价标准是否合理、先进。什么样的评价标准才是合理、先进的？关键要看它是否适合生产力、生产关系的状况和发展要求，是否最终有助于人类的彻底解放，有助于人与社会的自由和全面发展。人们的一切思想和行为，只有最终有利于解放和发展生产力，最终有利于促成和维护与生产力发展相适应的生产关系，最终有利于人的解放、人与社会的自由和全面发展，才是合乎历史发展趋势的，才是先进的和合理的；反之，则可能是反动的、逆历史潮流的，应该进行彻底的反思和批判，加以革命性的变革。特别是在社会变革和超常规发展时期，由于反映传统社

---

① 《毛泽东选集》第1卷，人民出版社1991年版，第16页。
② 同上。
③ 同上书，第3页。

会统治集团利益和需要的规范标准本身也遇到了挑战,需要接受历史和人民的审判,进行彻底的反思与批判,这个时候就更是如此。我们回过头来具体地历史地分析湖南农民运动,那么很明显,它"乃是广大的农民群众起来完成他们的历史使命,乃是乡村的民主势力起来打翻乡村的封建势力。宗法封建性的土豪劣绅,不法地主阶级,是几千年专制政治的基础,帝国主义、军阀、贪官污吏的墙脚。打翻这个封建势力,乃是国民革命的真正目标。孙中山先生致力国民革命凡四十年,所要做而没有做到的事,农民在几个月内做到了。这是四十年乃至几千年未曾成就过的奇勋。这是好得很。完全没有什么'糟',完全不是什么'糟得很'"①。也就是说,湖南农民运动旨在推翻地主阶级和封建势力的反动统治,打破旧的落后的生产关系,让广大劳苦农民翻身做主人,体现了广大劳苦农民的利益,体现了历史发展的潮流与趋势,具有客观的先进性和历史进步性。在这种情况下,广大农民群众的"公论"——湖南农民运动"好得很",而不是"糟得很",就十分"公道",一定会成为一种权威的、经得起历史检验的评价结论。

五 实践是检验"好"抑或"糟"的最终标准

价值评价也是一种反映,即人们对一定价值关系的能动反映。评价是有一定的客观规律可循的,必须以主客体之间的价值关系为基础和目标。只有符合特定价值关系的那种评价,才是唯一科学、合理的评价。当人们的评价背离所评价的客观价值关系时,评价就可能失当、不合理。例如,在评价湖南农民运动时,有人大呼"太过分了",有人叫嚷"糟得很",有人说是"惰农运动",有人污蔑为"痞子运动"②……

---

① 《毛泽东选集》第1卷,人民出版社1991年版,第15—16页。
② 同上书,第18页。

一个具体的评价是否科学,是否合理,只有当人们回到生活实践中去,将之与相应的价值关系加以对照,才能进行判定。一般来说,科学、合理的价值评价必须具备两个基本前提:一是对对象的状况的正确认识,二是对人们自身利益、需要的正确把握。然而,无论是对对象的实际情况的正确认识,还是对人们自身利益和需要的正确把握,往往都是费时费力的事情。它要求人们具有一定的评价能力,掌握正确的评价方法,能够恰当地运用各种评价手段和工具。而对于任何人来说,这些方面都可能存在偏差和不足,因而人们的评价,特别是自我评价,经常会出现混乱、失当、不合理的情况。在历史和现实中,包括在土地革命时期,我们经常会发现认敌为友、助纣为虐、追悔莫及的事例,也经常会看到化敌为友、化干戈为玉帛、幡然悔悟之类情形。这深刻地说明,当事人的评价曾经出现过严重的偏差,出现过失当、不合理的情形。

尽管具体的价值评价可能失当,但是,按照马克思主义哲学可知论的观点,价值评价作为人们对一定价值关系的能动反映,是能够获得科学、合理的评价结论,形成恰当的价值判断的。人们可以通过社会实践对评价结论的科学性与合理性加以检验和判定。在社会实践中,人们的利益、需要等是否得到了满足,一定对象对人们产生了什么样的效果,等等,都可以客观、直接地实现和表现出来,据此与评价结论相对照,就可以检验和判定价值判断是否科学、合理。这正如马克思所说:"全部社会生活在本质上是**实践的**。凡是把理论引向神秘主义的神秘东西,都能在人的实践中以及对这种实践的理解中得到合理的解决。"① 或者如毛泽东所说:"只有千百万人民的革命实践,才是检验真理的尺度。"②

不过,社会实践对价值评价合理性的检验有其自身的特点。最常见的,它将评价标准指向"实效"。"实效"或"实际效益"与"虚

---

① 《马克思恩格斯选集》第 1 卷,人民出版社 2012 年版,第 135—136 页。
② 《毛泽东选集》第 2 卷,人民出版社 1991 年版,第 663 页。

效"或虚假效益相对立,是在人们的生活实践中形成的实际价值。中华人民共和国成立后"左"的时期,"宁要社会主义的草,不要资本主义的苗","凡是敌人赞成的我们就要反对,凡是敌人反对的我们就要赞成",等等,就是注重"虚效"的典型。这曾经令中国的社会主义建设沦为一种"左"的竞赛,让广大人民群众付出了惨痛的代价。党的十一届三中全会以来的解放思想,拨乱反正,正是要一切从实际出发,实事求是,将评价标准调整到满足广大人民群众利益和需要的"实效"上来。邓小平说:"不管白猫黑猫,捉住老鼠就是好猫。"能够想方设法地"捉住老鼠",就是实效。在社会主义初级阶段,邓小平提出的判断一切是非成败的"三个有利于"标准——"是否有利于发展社会主义社会的生产力,是否有利于增强社会主义国家的综合国力,是否有利于提高人民的生活水平"①,注重的也是实效。

湖南农民运动究竟"好得很"还是"糟得很",也需要用对于广大的湖南农民乃至中国人民的"实效"来分析,从对于中国农村革命乃至中国革命的"实效"来分析。毛泽东指出:广大农民在共产党领导下起来造反,不仅"搅动了绅士们的酣梦",打乱了几千年的传统秩序;而且为革命的星火燎原、深入推进打下了坚实的基础。在湖南,广大农民从掌管乡政权发展为要求掌管县政权,从减租减息发展为要求没收地主土地和公平分配土地,广大农民得到了实惠和锻炼,据此,农民群众夺取地主武装、扩大农民武装的斗争也进一步开展起来。正因为有了这样的基础,在随后蒋介石、汪精卫相继背叛革命的极为险恶的形势下,中国共产党才能够领导工农群众,在1927年大革命失败后成功地转向土地革命战争。如此显著、深远的历史"实效",是很多人,包括很多党内同志也没有预料到的。历史事实雄辩地证明,湖南农民运动是成功的,确实"好得很"!

当然,在现实生活中,由于环境、条件的影响,由于外部世界和人自身的复杂性,由于人们的需要和能力是发展的,因而人们往往很

---

① 《邓小平文选》第3卷,人民出版社1993年版,第372页。

难通过一个评价过程，就准确、恰当、一劳永逸地形成终极的价值判断。一种注重实效的价值评价，应该坚持开放的、发展的标准，经过从评价到实践、再到评价的多次、反复的过程。特别是，对于社会历史中那些重大问题的评价，如对于重大历史事件、重要历史人物的评价，包括对于湖南农民运动乃至于整个土地革命的评价，对于中国革命和建设道路的评价，都需要通过中国人民的伟大实践反复地进行考量、检验和修正。有的时候，这一评价过程是十分漫长、曲折的，可能出现各种评价失当的情况，这就需要人们在社会生活实践中，依据具体的历史的实践情况进行判决，不断地加以矫正和完善。

第 七 章
邓小平：实践思维与社会主义的本质

作为一定时代社会历史实践的积淀，思维方式是人们认识、把握对象的方式、方法、程序的总和。人们的思维方式与行为方式是相联系的，思维方式一旦形成之后，往往会内化为人们社会生活实践的方式。在著名的"包含着新世界观天才萌芽"（恩格斯语）的《关于费尔巴哈的提纲》中，马克思鲜明地指出："从前的一切唯物主义（包括费尔巴哈的唯物主义）的主要缺点是：对对象、现实、感性，只是**从客体的或者直观**的形式去理解，而不是把它们当做**感性的人的活动**，**当作实践**去理解，不是从主体方面去理解。"[①] 马克思要求的从主体（人）及其实践方面去理解、认识与改变世界，意味着应该摒弃传统的客体的直观的思维方式，实现思维方式上的革命，确立新的思维方式——实践的主体的辩证的思维方式。这种思维方式的转换或革命具有非常重大的意义。例如，运用这种变革了的新思维方式理解和把握社会主义，将导致我们形成和巩固关于社会主义的本质的新认识。我们不妨以"中国社会主义改革开放和现代化建设的总设计师"邓小平关于社会主义的论述，特别是著名的1992年南方谈话为核心，围绕社会主义的本质问题进行一番扼要的探讨。

---

① 《马克思恩格斯选集》第1卷，人民出版社2012年版，第133页。

一 用实践思维重新认识社会主义

传统思维方式是典型的实体思维。它对于任何思考对象都试图找出那个存在着的、具有某种性质的实体，典型的如科学史上寻找燃烧的实体"燃素"，存在的实体"以太"。这种思维与人类历史上那种寻求世界的始基或本原、寻找各种存在状态背后的终极性实在的本体思维方式和追本溯源的还原式思维，是一脉相承的。它们或者是寻求世界的"精神"本原，或者是寻求世界的"物质"本原，但都把丰富复杂的现实世界归结为某种"实体"。它们都不是从实践和以实践为基础的人的对象性关系中去思考，而是把这种关系自觉或不自觉地分解、分化开来，然后再以其中的一极为基点，建立起绝对一元的实体理论。其结果或者是机械的庸俗的唯物论，把某一物质实体作为思考对象的根源或本质；或者是唯心地设定某个作为万物本质和根源的实体，如"上帝""绝对精神"等，从而在人与自然、心与物、物质与精神、存在与思维、主体与客体、主观与客观、事实与价值等关系上，陷于分离、孤立状态，而无法理解和解决其现实的具体的统一。

考察我们过去对社会主义的理解，可以很清楚地看到传统思维方式的思维过程和相似的论断。例如，传统的思维方式常常将诸如"什么是社会主义"与"如何建设社会主义"截然割裂开来，视为两个完全不同的问题；并且，常常将前者预设为已经认识清楚确切并有既定结论的东西，只有后者才需要进一步探索、摸索，或者说，问题仅仅存在于后一方面。它常常给社会主义规定或设想一个类似于宗教中的"上帝"一样的抽象"实体""对象"，并将之理解或规定为一种不可动摇、不可变通、不可违背的"本质"。例如，众所周知，在解放思想、拨乱反正、改革开放之前，我国关于"社会主义是什么"有七条明确而具体的所谓本质规定，包括公有制、计划经济、按劳分配等。当时认为符合这些本质规定，才是所谓社会主义。而只要谁对其中任何一条持有异议，或者在实践中偏离了某中某一条，就会被认为离经叛道，共产主义信仰不坚定，就可能被严厉指责为"修正主义""资本主义""自由化"，等等，从而遭到严肃的批判甚至严厉的打击。例如，关于是否应该改革，是否应该办特区，如何对待"三资"企业，等等，就如同邓小平南方谈话中所坦陈的，从一开始就存在激烈的争论。一些人总是担心，改革开放是不是在"引进和发展资本主义"，特区及"三资"企业是否动摇了社会主义公有制，是不是在搞资本主义。"有的人认为，多一分外资，就多一分资本主义，'三资'企业多了，就是资本主义的东西多了，就是发展了资本主义。"① 实际上，这种割裂、担心是没有任何事实根据的，"连基本常识都没有"②；同时，也是违背马克思主义辩证法和历史观的。邓小平明确指出："深圳的建设成就，明确回答了那些有这样那样担心的人。特区姓'社'不姓'资'。"③ "'三资'企业受到我国整个政治、经济条件的制约，是社会主义经济的有益补充，归根到底是有利于社会主义的。"④ 而且，这种割裂、担心还导致在如何理解"社会主义"问题上，一些人的思想根深蒂固地"左"倾，心理封闭、僵化、保守，动辄拿姓"社"姓"资"的"大帽子吓唬人"，好像"越左越革命"、越正确似的。实际上，由于"左"带有革命的色彩，貌似革命，对社会主义事业的威胁更甚。它曾经导致社会主义改革和建设事业举步维艰，每向前迈进一小步，都要付出难以想象的代价。正因为如此，邓小平语重心长地告诫人们："'左'的东西在我们党的历史上可怕呀！一个好的东西，一下子被他搞掉了。右可以葬送社会主义，'左'也可以葬送社会主义。中国要警惕右，但主要是防止'左'。"⑤

新的思维方式是一种生长性、过程性的"实践思维"。实践是人自觉地变革世界、创造价值的目的性活动，它强调要"使现存世界革

---

① 《邓小平文选》第 3 卷，人民出版社 1993 年版，第 373 页。
② 同上。
③ 同上书，第 372 页。
④ 同上书，第 373 页。
⑤ 同上书，第 375 页。

命化，实际地反对并改变现存的事物"①。在这种活动中，人一方面改造了外部世界，使之成为人的活动客体；另一方面又改造了人自身，使之成为人自身活动的主体。作为一种哲学思维方式，实践思维方式要求人们"像生活那样思维""像实践那样思维"，在社会性、历史性的现实生活实践关系中进行思考，从而把握对象的实质，把握其运动、发展、变化。

按照实践思维理解和看待社会主义，情形就会大不相同。它认为，社会主义并没有先定的、抽象不变的本质。或者说，社会主义并不是一种先在的、固定的、抽象不变的社会形态，不是一个早就有着现成结论、固定不变的社会形态。这正如马克思恩格斯指出的："共产主义对我们来说不是应当确立的**状况**，不是现实应当与之相适应的**理想**。我们所称为共产主义的是那种消灭现存状况的**现实的**运动。"② 共产主义是历史的、发展的社会建构，在不同的社会历史发展时期有着不同的内涵，有着不同的本质呈现。例如，在试图推翻资本主义制度的革命时期，它重在破坏一个旧世界，通过实行无产阶级专政，消灭剥削，消灭压迫，建立和巩固无产阶级的政权；而在革命胜利后，它重在建设，试图通过自己的努力消灭包括无产阶级自己在内的一切阶级，实现全人类的彻底解放，实现个人与社会的自由全面发展。

这也就是说，社会主义的本质是历史的、动态发展的，其本质体现在、也只能体现在各个社会主义国家、地区与时俱进的建设过程中，体现在各个国家、地区社会主义建设的具体的"自然历史过程"之中。邓小平说得好："社会主义是个很好的名词，但是如果搞不好，不能正确理解，不能采取正确的政策，那就体现不出社会主义的本质。"③ 更概括地说，一个生长、发展着的事物"是什么"，与其在实践中"如何是"或"如何建"是具体的历史的统一的，它本身就体现在"如何是"或"如何建"的历史过程中。例如，一个不断生成的

---

① 《马克思恩格斯选集》第1卷，人民出版社2012年版，第155页。
② 同上书，第166页。
③ 《邓小平文选》第2卷，人民出版社1994年版，第313页。

人，其任一时期（儿童、少年、青年、中年、老年）都不代表其全部"本质"，而只有其不断生成着的全部历史过程——完整的人生，才真正充分地体现了其本质。这也正是俗语所谓"盖棺"才能"论定"之意。这也即是说，社会主义并不是先在的、固定的、抽象不变的"实体"，并不存在什么先天的、抽象的、一成不变的关于社会主义的所谓"本质规定"。

因此，只有运用这种生长性的实践思维方式反思过去我们对社会主义的看法、提炼现时代社会主义的内容，我们才能理解，为什么在共产主义运动史上，我们总是不断否定过去关于社会主义的"本质规定"，而不断赋予社会主义以新的内涵、新的生命力。例如，过去很多人认为，计划经济是社会主义经济体制的核心，是社会主义的本质特征之一。然而，客观事实是，在我国社会主义初级阶段，计划经济并未创造出比市场经济更高的生产力，甚至计划常常赶不上变化，造成官僚主义、形式主义、效率低下、铺张浪费等弊端。邓小平高屋建瓴地创造性地提出："社会主义的本质，是解放生产力，发展生产力，消灭剥削，消除两极分化，最终达到共同富裕。"[1] 至于"计划多一点还是市场多一点，不是社会主义与资本主义的本质区别。计划经济不等于社会主义，资本主义也有计划；市场经济不等于资本主义，社会主义也有市场。计划和市场都是经济手段"[2]。这一惊世骇俗的观念具有巨大的理论穿透力和强大的实践推动力，人们一下子豁然开朗，从关于计划的造梦中走出来。顺着这一革命性思路，人们对所有制、特区、"三资"、证券、股市等的担忧态度，弹指间也烟消云散。实践证明，朝气蓬勃的发展着的中国特色社会主义建设事业，极大地受惠于改革与开放，受惠于不拘成章地运用计划和市场手段，受惠于社会主义市场经济所激发出来的强大力量。思想解放、观念革命、思维方式转换的力量不能不令人叹服。

---

[1] 《邓小平文选》第3卷，人民出版社1993年版，第373页。
[2] 同上。

二 用主体性思维重新认识社会主义

传统思维方式是一种客体性思维。客体性思维是与主体性思维相对应的，但它们并不是两种截然不同的思维方式，而是指迄今人类思维方式在不同发展阶段上所表现出来的不同重点或重心。所谓客体性思维，就是指仅仅从客体方面去把握和思考问题。应该说，客体性思维曾使人类在历史上获得了不少认识成果，发挥过积极作用；但是，由于这种思维在一定程度上忽视甚至回避了作为主体的人在思维过程中的地位和作用，不是从主体或主客体的全面关系中去把握思维对象，求解问题；有时甚至将它发展为一种唯客体主义的"客体中心论"，根本排斥人的主体性和主体的地位与作用，因而这种思维常常表现出严重的局限性。而所谓主体性思维，"即不是把主体和客体的作用平列地对等地看待，更不是传统的'客体中心论'，而是要着重于'从主体方面看'"①。而所谓"从主体方面看"，即是要从主体与客体的关系中，从主体本身的存在、结构、地位、特性和作用中，去把握现实的客体、把握现实的主客体关系。当然，这里的主体并不是唯心主义者所理解的上帝、神、"绝对理念"、"绝对精神"、自我意识或观念的"化身"，而是以人的生命存在为基础的、处于现实的实践—认识活动中的、具体的、历史的人或人的社会共同体。

按照主体性的实践思维方式，我们对社会主义的认识就不能是无主体的或超主体的，而必须联系具体的民族、国家等来理解。在历史与现实中，也从来不存在无主体的或超主体的社会主义形态。例如，离开了中国、越南、古巴、朝鲜的社会主义，离开了过去苏联和东欧模式的社会主义，哪里还有什么社会主义的"抽象"的、"一般"的形态！只有联系各个具体的社会主义国家的独特认识与实践，我们才能对社会主义"言之有物"、有的放矢，才能在对这种具体的社会主

---

① 李德顺：《实践的唯物主义与价值问题》，《南京社会科学》1996 年第 1 期。

义实践的历史性把握中，逐渐彰显社会主义的本质。

按照主体性的实践思维方式，我们就能理解，为什么不同社会主义国家、地区在自身的革命和建设过程中，由于各自文化传统、具体国情、经济发展水平等的不同，由于自身状况、能力以及实践取向等的不同，因而对社会主义的理解会不尽相同，其社会主义模式会各具特色。由于过去不是从主体性的实践思维方式而是从客体性的思维方式进行思考和定位，人们常常用社会主义的抽象"本质"、宏伟"蓝图"、"标准模式"否定社会主义的主体性，否定社会主义的个性和特色。特别是某些核心国家，如斯大林时期的苏联，总是以马克思主义的"正宗"自居，简单而粗暴地排斥其他国家、地区对社会主义新模式的探索，要求他们照抄照搬苏联社会主义的"标准模式"。这种排斥主体性、多样性、差异性的观念和做法，曾经在社会主义阵营内引起过激烈的"大论战"，甚至导致过实质性的对抗与冲突，造成了不少本来可以避免的误会与悲剧。

因此，只有坚持主体性的实践思维方式，各个社会主义国家、地区才会坚守自己的主体地位，珍惜自己的主体权利，高扬自己的主体性，坚定而自觉地"走自己的路"，追寻、实践、完善"各自特色"的社会主义。邓小平一再强调："各国必须根据自己的条件建设社会主义。固定的模式是没有的，也不可能有。墨守成规的观点只能导致落后，甚至失败。"[①] 中国社会主义革命和建设都要坚持实事求是的原则，"走自己的路"。他谆谆告诫诸君，"这是我们吃了苦头总结出来的经验"[②]。社会主义、共产主义价值理想在中国，只有通过中国人民基于中国的文化传统、现实国情，创造性地、个性化地不懈摸索，才可能面向未来、不断发展、不断完善、不断进步，变成中国人民的现实。历史证明，如果不将中国的命运掌握在中国人民自己手中，通过自身的创造性实践寻找和发现适合自己的道路，那么必然还会"交学

---

① 《邓小平文选》第3卷，人民出版社1993年版，第292页。
② 同上书，第95页。

费"、走弯路，甚至将中国特色社会主义导向失败。

只有坚持主体性的实践思维方式，各个社会主义国家、地区才会立足本国人民的立场和利益，以切实的行动发展生产力，消除两极分化，实现共同富裕，维护和实现对于广大人民的最大利益。毛泽东指出："共产党人的一切言论行动，必须以合乎最广大人民群众的最大利益，为最广大人民群众所拥护为最高标准。"[1] 只有始终站在广大人民群众的立场上，坚持一切为了人民的原则，切实做到全心全意为人民服务，走共同富裕之路，才能得到人民群众的支持和拥护。邓小平坚决反对将任何范围、任何意义上的"贫穷"与社会主义挂钩，而反复重申"贫穷不是社会主义"，"发展太慢不是社会主义"。他的心中始终装着全体人民，惦记着广大人民的"共同富裕"。他指出："走社会主义道路，就是要逐步实现共同富裕。共同富裕的构想是这样提出的：一部分地区有条件先发展起来，一部分地区发展慢点，先发展起来的地区带动后发展的地区，最终达到共同富裕。"[2] 那种为了观念化的理想或者抽象的"人类"而牺牲本国人民的利益，不顾广大人民的生活质量和幸福感的政党，是不可能得到人民群众的真心拥护，并长久地享有政权合法性的。

那么，如何坚持主体性的实践思维方式，坚持本国的主体地位和自身特色的社会主义道路呢？邓小平认为，重要的是坚持解放思想、实事求是的思想路线，反对本本主义、官僚主义和形式主义；坚持"一个中心、两个基本点"的基本路线不动摇，坚持"两手抓，两手都要硬"；特别是通过改革开放，尽一切可能解放和发展生产力，增强综合国力，走共同富裕之路，提升人民群众的生活水平。为了抓住机遇实现社会主义价值理想，"改革开放胆子要大一些，敢于试验，不能像小脚女人一样。看准了的，就大胆地试，大胆地闯。深圳的重要经验就是敢闯。没有一点闯的精神，没有一点'冒'的精神，没有

---

[1] 《毛泽东选集》第3卷，人民出版社1991年版，第1096页。
[2] 《邓小平文选》第3卷，人民出版社1993年版，第373—374页。

一股气呀、劲呀，就走不出一条好路，走不出一条新路，就干不出新的事业"①。至于史无前例的改革开放实践的成败，绝不应该用抽象化、概念化的标准来衡量，不能为姓"资"还是姓"社"所束缚，而应该始终坚持价值评价的实践与"实数"标准，也即坚持"三个有利于"标准——"判断的标准，应该主要看是否有利于发展社会主义社会的生产力，是否有利于增强社会主义国家的综合国力，是否有利于提高人民的生活水平。"② 只要符合这一价值评价标准，就应该理直气壮，无所畏惧，敢闯敢干，不搞争论，尽快地实实在在地将社会主义运动推向前进。

三　用辩证思维重新认识社会主义

传统思维方式是一种直观形式的思维，或者说是一种形而上学思维，即用直观、孤立、静止、片面的观点，而不是用普遍联系、动态发展的观点进行思考，不是立足于人与世界、主体与客体的全面关系及其相互作用的矛盾运动进行思考。在思维方法上，这种思维仅仅是以形式逻辑为工具的（当然，形式逻辑与形而上学的直观形式的思维并无本质联系），而并不懂得辩证法特别是"合理形态的辩证法"的意义，并不懂得实践方式作为人类思维方式的根源的意义，从而常常把思维导向孤立、静止、极端和片面。

实践思维方式是一种"辩证的思维"，它不仅仅是以形式逻辑为基础的，而且更是以"合理形态的辩证法"即"实践的辩证法"为基础的。它不是把对象从实践所规定的全面而丰富的主客体关系中，从事物的普遍联系中抽取出来、孤立起来进行思考，而是要在主客体的全面关系中，在事物本身具有的普遍联系中，综合地、创造性地把握它们，并在实践中实现它们、变革它们。它不是从某种既成的形式出

---

① 《邓小平文选》第3卷，人民出版社1993年版，第372页。
② 同上。

发，对对象进行静态的分析描画，而是要在人与世界、主体与客体的相互作用的矛盾运动、动态发展过程中来思维，使思维成为活生生的、现实的、立体的、开放的"感性的活动"的内在组成部分。因而这种新的思维方式也是一种生成性、成长性的过程思维。——当然，有时那种孤立、静态的分析与刻画也是必要的，但是，它仅仅只是作为这种实践把握的一个环节、一个方面而内在地包含其中。

运用辩证的实践思维方式认识社会主义，建设社会主义，必须具有宽阔的视野，冲破僵化思维，必须具有面向世界、面向未来的眼光，必须能够锐意改革，"抓住时机，发展自己"。在和平与发展成为时代主题的现时代，在我们已经耽误了不少发展机遇的当代中国，邓小平深深地忧虑："我就担心丧失机会。不抓呀，看到的机会就丢掉了，时间一晃就过去了。"① 我们必须将中国特色社会主义事业置于全球化、信息化的时代背景中，置于纷繁复杂的国际大环境中，置于与其他国家（包括资本主义国家和社会主义国家）的全面联系中，抓住一切可以利用的发展机会，大胆选择发展的路线方针政策，全面促进社会主义事业的兴旺发达，使社会主义的优越性得到实质性的呈现和发挥。

运用辩证的实践思维方式认识社会主义，建设社会主义，必须具有开放的胸襟和恢宏的气度，敢于和善于坚持历史辩证法，吸收古今中外一切可以利用的优秀文明成果。社会主义不是凭空出现的，也不可能在真空中进行建设。邓小平指出："社会主义要赢得与资本主义相比较的优势，就必须大胆吸收和借鉴人类社会创造的一切文明成果，吸收和借鉴当今世界各国包括资本主义发达国家的一切反映现代社会化生产规律的先进经营方式、管理办法。"② 那种非理性的彻底反传统，那种"关起门来搞建设"的封闭保守，那种夜郎自大、孤芳自赏的"优越感"，特别是那种"对着干"（如"宁要社会主义的草，不

---

① 《邓小平文选》第3卷，人民出版社1993年版，第375页。
② 同上书，第373页。

要资本主义的苗","凡是敌人赞成的我们就要反对,凡是敌人反对的我们就要赞成")的意气用事,既背离了历史辩证法,人为地割断了历史,割断了与世界的普遍联系,也已经被证明是"自我惩罚"、得不偿失的。

运用辩证的实践思维方式反思过去的社会主义理论和实践,我们才能理解,为什么可以说,过去对社会主义的错误认识,过去所进行的曲折的实践探索,也是社会主义本质呈现的一部分。对社会主义的认识和探索,如同对其他任何事物的认识和探索一样,不可能从一开始就一帆风顺、一贯正确,而往往会表现为一个迂回曲折、前进与后退交织的复杂历史过程。邓小平指出:"一开始就自以为是,认为百分之百正确,没那么回事,我就从来没有那么认为。"① 在社会主义实践中,苏联斯大林时期和我国"左"的时期的阶级斗争扩大化;世界上许多社会主义国家建立后,普遍存在的急功近利、搞类似我国"大跃进"式的冒进,等等,都曾使社会主义事业遭受挫折,付出了不同程度的代价。至于苏东剧变,更是令社会主义运动遭受空前挫折。但是,正是在这些曲折反复中,或通过反思这些曲折反复,拨乱反正,社会主义事业才顽强地获得了发展;也正是在这些沉痛的教训中,我们才以否定性的方式加深了对社会主义本质的理解,曲折地推进了社会主义事业的发展。这正如邓小平所说的:"一些国家出现严重曲折,社会主义好像被削弱了,但人民经受锻炼,从中吸取教训,将促使社会主义向着更加健康的方向发展。"② 历史辩证法能够让我们从错误与失误中学习和成长,更加理性、更加智慧地推动社会主义的健康发展。

运用辩证的实践思维方式认识社会主义,建设社会主义,我们不难形成关于社会主义的历史性、过程性理解。社会主义实践是一个长期的历史过程,对社会主义的认识和探索也是一个长期的历史过程,关于社会主义认识的真理性、合理性的检验也是一个长期的历史过程。

---

① 《邓小平文选》第3卷,人民出版社1993年版,第372页。
② 同上书,第383页。

只有在这一长期的、与时俱进的认识与实践过程中,社会主义本身才会逐渐清晰起来,并不断得到丰富、完善和发展。那种企图毕其功于一役的急功近利的做法,那种试图"跑步进入共产主义"的天真幻想,不仅违反了辩证的实践思维方式,违背了历史辩证法的客观规律,而且注定是事倍功半、欲速则不达的。如果我们理性地咀嚼历史,那么不难意识到。国际共产主义运动的历史并不长,我国的社会主义探索实践的时间更是才几十年,还处在社会主义初级阶段,更何况我们自己还耽误了二十年!"巩固和发展社会主义制度,还需要一个很长的历史阶段,需要我们几代人、十几代人,甚至几十代人坚持不懈地努力奋斗,决不能掉以轻心。"[①] 当然,"社会主义经历一个长过程发展后必然代替资本主义。这是社会历史发展不可逆转的总趋势"[②]。我们必须坚定信心,勇敢地承担起这一历史责任,并在革命、改革和建设的历史实践中运用新思维方式,逐步将社会主义理想变成美好的现实。

[①] 《邓小平文选》第3卷,人民出版社1993年版,第379—380页。
[②] 同上书,第382—383页。

第八章
习近平：新时代的"中国方案"

　　价值观是文化的核心，核心价值观是文化软实力的灵魂。社会主义核心价值观、人类共同价值是马克思主义价值思想在新时代中国特色社会主义实践中的具体化，是马克思主义中国化的最新理论成果，是中国特色社会主义精神文化建设的主体内容，蕴含着变革中国、治理世界的系统的"中国方案"，在习近平新时代中国特色社会主义思想中占有举足轻重的地位。

一　社会主义核心价值观是全国人民共同认同的价值观"最大公约数"

　　积极培育和践行社会主义核心价值观，是用马克思主义中国化的理论成果武装全党、教育人民的重要内容，是加强党的意识形态工作、推进社会主义精神文明建设的重要举措，特别是在当前社会群体思想多样和价值多元的条件下，培育和践行社会主义核心价值观，对凝聚全党全国人民团结奋斗的共同思想基础具有重要作用。构建具有强大感召力、凝聚力的社会主义核心价值观，是习近平新时代中国特色社会主义思想的重要组成部分。

　　（一）全国各族人民共同认同的价值观"最大公约数"

　　作为社会意识形态的有机组成部分，任何价值观都是一定时代的产物。习近平指出："每个时代都有每个时代的精神，每个时代都有每个时代的价值观念。"① 国有四维，礼义廉耻。"四维不张，国乃灭亡。"这是中国先人对当时核心价值观的认识。当代中国应该坚守什么样的核心价值观？这是一个理论问题，也是一个实践问题。

社会主义核心价值观反映了社会主义本质的价值维度，是中国特色社会主义的价值表达。社会主义核心价值观是中国共产党领导全国人民在继承优秀传统文化，借鉴人类文明优秀成果，特别是在革命、建设、改革中逐步形成和发展起来的价值观念，是反映全国人民共同利益、全国人民共同认同的价值观"最大公约数"。它以波澜壮阔的中国特色社会主义实践为基础，从价值层面深刻地回答了"什么是社会主义、怎样建设社会主义"这两个内在相关的问题。"经过反复征求意见，综合各方面认识，我们提出要倡导富强、民主、文明、和谐，倡导自由、平等、公正、法治，倡导爱国、敬业、诚信、友善，积极培育和践行社会主义核心价值观。富强、民主、文明、和谐是国家层面的价值要求，自由、平等、公正、法治是社会层面的价值要求，爱国、敬业、诚信、友善是公民层面的价值要求。这个概括，实际上回答了我们要建设什么样的国家、建设什么样的社会、培育什么样的公民的重大问题。"② 社会主义核心价值观明确了建设现代民主国家、增进人民大众福祉和社会公平正义的价值取向，为全面深化改革、推进中国特色社会主义建设指示了具体方向。

"社会主义核心价值观是当代中国精神的集中体现，凝结着全体人民共同的价值追求。社会主义核心价值观反映了中国特色社会主义的本质规定，承载着中华民族的精神追求，体现着当代中国社会评判是非曲直的价值标准。"③ 社会主义核心价值观是中国共产党人和中国人民在继承优秀传统文化，借鉴人类文明优秀成果，特别是在革命、

---

① 《习近平谈治国理政》，外文出版社 2014 年版，第 168 页。
② 同上书，第 168—169 页。
③ 习近平：《决胜全面建成小康社会 夺取新时代中国特色社会主义伟大胜利——在中国共产党第十九次全国代表大会上的报告》，人民出版社 2017 年版，第 42 页。

建设、改革中逐步形成和发展起来的价值观念,是反复征求各方面意见、综合各方面认识、凝聚全党全社会的价值共识做出的重要论断。它与中国特色社会主义发展要求相契合,是"当代中国价值观念",即中国特色社会主义价值观念。

社会主义核心价值观是增强民族向心力和凝聚力的精神纽带,是全国各族人民团结奋斗的思想道德基础。对于一个民族、一个国家来说,最持久、最深层的力量是全社会共同认同的核心价值观;如果缺乏共同的核心价值观,一个民族、一个国家就会魂无定所、行无依归。习近平强调,必须"把培育和弘扬社会主义核心价值观作为凝魂聚气、强基固本的基础工程,夯实中国特色社会主义的思想道德基础"①。中国是一个有着14亿人口、56个民族的社会主义大国,改革开放以来,由于经济体制深刻变革,社会结构深刻变动,利益格局深刻调整,人们的价值诉求和价值取向呈现出多样化的局面,价值矛盾和价值冲突日趋激烈。在全球范围思想文化交流交融交锋形势下,面对"多元并存、互相竞争"的价值观图景,特别是广泛存在的"信仰缺失""道德失范",只有把培育和弘扬社会主义核心价值观作为凝魂聚气、强基固本的基础工程,才能在尊重差异中拓展社会认同,在包容多样中凝成思想共识,从而凝聚不同阶层不同人群的意志,巩固全国各族人民团结奋斗的共同思想基础,建设充满生机和活力的社会主义和谐社会。"确立反映全国各族人民共同认同的价值观'最大公约数',使全体人民同心同德、团结奋进,关乎国家前途命运,关乎人民幸福安康。"② 培育和弘扬核心价值观,有效整合社会意识,是社会系统得以正常运转、社会秩序得以有效维护的重要途径,也是国家治理体系和治理能力的重要方面。"如果一个民族、一个国家没有共同的核心价值观,莫衷一是,行无依归,那这个民族、这个国家就无法前进。"③ 历史和现实都表明,构建具有强大感召力、影响力的核心价

---

① 《习近平谈治国理政》,外文出版社2014年版,第163页。
② 同上书,第168页。
③ 同上。

值观，确实关系社会和谐稳定，关系国家长治久安。

社会主义核心价值观是铸就自立于世界民族之林的中国精神、实现中华民族伟大复兴的强大精神力量。建设富强民主文明和谐的社会主义现代化国家，实现中华民族伟大复兴的中国梦，是鸦片战争以来中国人民孜孜以求的梦想，反映了中华民族的最高利益和根本利益。习近平总书记多次讲："富强、民主、文明、和谐，自由、平等、公正、法治，爱国、敬业、诚信、友善，传承着中国优秀传统文化的基因，寄托着近代以来中国人民上下求索、历经千辛万苦确立的理想和信念，也承载着我们每个人的美好愿景。"① 它是当代中国人民根本利益的具体体现，是社会大众评判是非曲直的价值标准，代表了中国先进文化的前进方向。

当今世界，文化软实力越来越成为民族凝聚力和创造力的重要源泉，越来越成为综合国力和国际竞争力的重要因素。苏东剧变、冷战结束以来，世界正在相当程度上依照文化价值观进行定位和划分，如亨廷顿的"文明冲突论"广为传播，西方国家热衷于开展"价值观外交""价值观结盟"，甚至"为价值观而战"也被不断付诸实践……文化价值观的重要性前所未有地凸显出来，以核心价值观为重点的文化软实力竞争日益成为国际竞争的主战场。建设中国特色社会主义、实现中华民族伟大复兴的中国梦，诚然必须坚持以经济建设为中心，提高物质文明"硬实力"，但同时也必须着力文化价值观建设，提升精神文化"软实力"。正如习近平总书记所说："核心价值观是文化软实力的灵魂、文化软实力建设的重点。这是决定文化性质和方向的最深层次要素。一个国家的文化软实力，从根本上说，取决于其核心价值观的生命力、凝聚力、感召力。"② 只有让社会主义核心价值观"内化于心，外化于行"，形成广泛的价值共识和共同的价值追求，才能铸就自立于世界民族之林的中国精神，培养能够担当民族复兴大任的时

---

① 《习近平谈治国理政》，外文出版社 2014 年版，第 169 页。
② 同上书，第 163 页。

代新人，汇聚实现中华民族伟大复兴的精神力量；同时也才能让世界明了中国的"所欲所求"，赢得世界人民的理解和尊重，破解长期被西方"妖魔化"的难题，提升中国的国际形象和文化软实力。

(二) 弘扬中华优秀文化传统，从优秀传统文化和传统价值观中汲取营养

社会主义核心价值观渊源于5000多年中华文明的历史发展，离不开中华优秀传统文化的丰厚滋养。中华优秀传统文化源远流长，博大精深，积淀着中华民族深层的精神追求，代表着中华民族独特的精神标识，已经成为中华民族的文化基因，植根在中国人的内心，对人们的思维方式和行为方式产生潜移默化的影响。"我们生而为中国人，最根本的是我们有中国人的独特精神世界，有百姓日用而不觉的价值观。"①

社会主义核心价值观与中国优秀传统文化是相衔接的，传承着中国优秀传统文化的基因。培育和弘扬社会主义核心价值观必须立足中华优秀传统文化，从中华优秀传统文化和传统价值观中汲取丰富营养。习近平强调："牢固的核心价值观，都有其固有的根本。抛弃传统、丢掉根本，就等于割断了自己的精神命脉。博大精深的中华优秀传统文化是我们在世界文化激荡中站稳脚跟的根基。"② 2013年3月1日，习近平在中共中央党校建校80周年庆祝大会暨2013年春季学期开学典礼上的讲话中指出："中国传统文化博大精深，学习和掌握其中的各种思想精华，对树立正确的世界观、人生观、价值观很有益处。古人所说的'先天下之忧而忧，后天下之乐而乐'的政治抱负，'位卑未敢忘忧国'、'苟利国家生死以，岂因祸福避趋之'的报国情怀，'富贵不能淫，贫贱不能移，威武不能屈'的浩然正气，'人生自古谁无死，留取丹心照汗青'、'鞠躬尽瘁，死而后已'的献身精神等，都体现了中华民族的优秀传统文化和民族精神，我们都应该继承和

---

① 《习近平谈治国理政》，外文出版社2014年版，第171页。
② 同上书，第164页。

发扬。"①

习近平强调,培育和弘扬社会主义核心价值观必须认真汲取中华优秀传统文化的思想精华和道德精髓,大力弘扬以爱国主义为核心的民族精神和以改革创新为核心的时代精神,深入挖掘和阐发中华优秀传统文化讲仁爱、重民本、守诚信、崇正义、尚和合、求大同的时代价值,使中华优秀传统文化成为涵养社会主义核心价值观的重要源泉。比如,中华文化强调"民惟邦本""天人合一""和而不同";强调"天行健,君子以自强不息"、"大道之行也,天下为公";强调"天下兴亡,匹夫有责",主张以德治国、以文化人;强调"君子喻于义""君子坦荡荡""君子义以为质";强调"言必信,行必果""人而无信,不知其可也";强调"德不孤,必有邻""仁者爱人""与人为善""己所不欲,勿施于人""出入相友,守望相助""老吾老以及人之老,幼吾幼以及人之幼""扶贫济困""不患寡而患不均",等等。像这样的价值理念,不论过去还是现在,都有其永不褪色的时代价值。必须坚持古为今用、推陈出新的原则,有鉴别地加以对待,有扬弃地予以继承,并结合时代要求和中国特色社会主义伟大实践,进行"创造性转化和创新性发展",使之与中国特色社会主义事业相适应,与现代社会相协调,成为涵养社会主义核心价值观的重要源泉。

总之,培育和践行社会主义核心价值观,必须传承中华民族传统核心价值观的精髓,凸显中国特色、中国风格和中国气派,既通过"创造性转化和创新性发展",不断推进中国特色社会主义建设,又为人类文明的发展和进步增添新内容,做出新贡献。

(三)社会主义核心价值观必须内化于心、外化于行

核心价值观是人们的精神支柱,也是行动向导。实现"两个一百年"的奋斗目标,实现中华民族伟大复兴的中国梦,必须积极培育社会主义核心价值观,构建全体国民广泛的价值共识和共同的价值追求,不断巩固全党全国各族人民团结奋斗的共同思想基础,凝聚起实现中

---

① 《习近平谈治国理政》,外文出版社2014年版,第405—406页。

华民族伟大复兴中国梦的强大精神力量。习近平总书记指出："我们倡导的富强、民主、文明、和谐，自由、平等、公正、法治，爱国、敬业、诚信、友善的社会主义核心价值观，体现了古圣先贤的思想，体现了仁人志士的夙愿，体现了革命先烈的理想，也寄托着各族人民对美好生活的向往。只要是中国人，就应该自觉培育和践行社会主义核心价值观。"①

习近平强调，一种价值观要真正发挥作用，必须融入社会生活，让人们在实践中感知它、领悟它。培育和践行社会主义核心价值观，必须与人们的日常生活紧密联系起来，在落细、落小、落实上下功夫。要切实把社会主义核心价值观贯穿于社会生活方方面面，"通过教育引导、舆论宣传、文化熏陶、实践养成、制度保障等，使社会主义核心价值观内化为人们的精神追求，外化为人们的自觉行动"②。要把核心价值观融入制度建设、法律法规制定和治理实践中，努力形成科学有效的诉求表达机制、利益协调机制和权益保障机制，通过发挥政策、法规的导向和约束作用，使符合核心价值观的行为得到鼓励、违背核心价值观的行为受到制约。要把核心价值观融入各行各业的实际工作，健全各行各业规章制度，完善市民公约、乡规民约、学生守则等行为准则，使社会主义核心价值观成为人们日常工作生活的基本遵循，形成一种使各行各业工作与核心价值观建设同频共振、同向同行的强大正效应。要把社会主义核心价值观的要求融入各种精神文明创建活动之中，吸引群众广泛参与，推动人们在为家庭谋幸福、为他人送温暖、为社会做贡献的过程中提高精神境界，培育文明风尚。要把核心价值观融入人民群众的日常生活，"利用各种时机和场合，形成有利于培育和弘扬社会主义核心价值观的生活情景和社会氛围，使核心价值观的影响像空气一样无所不在、无时不有"③，达到"百姓日用而不知"的效果。

---

① 《习近平谈治国理政》，外文出版社 2014 年版，第 181 页。
② 同上书，第 164 页。
③ 同上书，第 165 页。

培育和践行社会主义核心价值观,要坚持联系实际,区分层次和对象,加强分类指导,找准与人们思想的共鸣点、与群众利益的交汇点,做到"贴近性、对象化、接地气"。必须有针对性地设计载体、搭建平台,不断提高工作的吸引力和实效性。一是运用先进典型宣传。"榜样的力量是无穷的。"这些年,重大典型、道德楷模、最美人物、身边好人等宣传产生了非常好的效果,尤其是中央电视台连续十多年开展的"感动中国人物年度评选"活动,在全社会产生了极大反响,形成了良好的社会影响。二是运用各类文化形式,充分发挥好文化、文艺的教育功能,润物细无声,用高质量高水平的作品形象地告诉人们什么是真善美,什么是假恶丑,什么是值得肯定和赞扬的,什么是必须反对和否定的。三是通过建立和规范一些礼仪制度,开展有庄严感的典礼,如升国旗仪式、成人仪式、入党入团入队入学仪式等,同时利用重大纪念日、祭奠日、民族传统节日等开展有教育意义的纪念活动,传播主流价值,增强人们的认同感和归属感。四是充分运用现代技术手段,充分运用微博、微信、微视、微电影等方式,根据"微时代"媒体传播的新特点,努力在"微"字上下功夫,不断扩大社会主义核心价值观网上传播和宣传力度。

培育社会主义核心价值观是全社会的共同责任,需要全体社会成员的广泛参与。同时,"两点论"必须与"重点论"相结合,注意抓住两个重点群体开展工作。其一是党员干部。干部是群众的"领头羊",只有干部带了头,群众才能有劲头。广大党员干部必须带头学习和弘扬社会主义核心价值观,用自己的先进思想、模范行为和高尚人格感召群众、带动群众。其二是广大青少年群体。习近平指出:"青年的价值取向决定了未来整个社会的价值取向,而青年又处在价值观形成和确立的时期,抓好这一时期的价值观养成十分重要。这就像穿衣服扣扣子一样,如果第一粒扣子扣错了,剩余的扣子都会扣错。"[①] 培育社会主义核心价值观必须从小抓起、从学校抓起,切实把

---

① 《习近平谈治国理政》,外文出版社2014年版,第172页。

社会主义核心价值观纳入国民教育总体规划，做到进教材、进课堂、进头脑，形成家庭、社会与学校携手育人的强大合力。

二 人类共同价值是世界人民共同认同的价值观

人类共同价值是反映世界人民的根本利益、世界人民共同认同的价值观，是处理人与自然、人与社会、人与人、人与自我等关系的共同价值准则。习近平提出的人类共同价值表达了中国追求公平正义、和平发展的愿望，体现了世界各国共建共享、合作共赢的理念，为世界人民描绘了平等互鉴、多样统一的全新图景。

（一）人类共同价值的理论和实践根据

一个民族、一个国家的文化价值观，特别是核心价值观，是该民族、该国家人民长期生活实践的产物，是该民族、该国家人民的根本利益和需要的观念表达。它往往同该民族、该国家的历史文化传统相关联，同该民族、该国家人民的生活实践相契合，同该民族、该国家需要解决的时代问题相呼应。在漫长的历史发展过程中，由于不同民族、不同国家所处的地理环境和自然条件不同，文化传统和民族性格不同，发展历程和现实利益不同，因而形成的文化价值观不尽相同，往往具有鲜明的地域性或民族性。即使是同一民族、国家，在不同历史发展阶段往往也会形成不同的核心价值观。各个民族、国家的文化价值观往往涉及相应民族、国家的主权和尊严。维护自己独具特色的文化价值观，特别是核心价值观，就是捍卫自己的核心利益，就是坚守自己的文化传统，就是守护自己的精神家园。

虽然各个民族、国家的文化价值观不尽相同，具有相应的地域性或民族性，但这些价值观并不一定尖锐对立、水火不容。它们往往既具有特殊性和差异性，也具有一定的共通性和普遍性。例如，在世界许多宗教和文化传统中，学者们都发现了"民本""仁爱""诚信""平等""公正""和谐"之类德性，以及"人人为我，我为人人""己所不欲，勿施于人"之类道德规则。2015年9月28日，习近平在纽约联合国总部出席第七十届联合国大会一般性辩论、发表《携手构建合作共赢新伙伴　同心打造人类命运共同体》的讲话时指出："和平、发展、公平、正义、民主、自由，是全人类的共同价值，也是联合国的崇高目标。目标远未完成，我们仍须努力。当今世界，各国相互依存、休戚与共。我们要继承和弘扬联合国宪章的宗旨和原则，构建以合作共赢为核心的新型国际关系，打造人类命运共同体。"[1] 人类共同价值是人类长期历史经验和集体智慧的结晶，反映了世界人民的共同利益，具有超越民族、国家的共通性和普遍性。它表征着世界人民的价值理想和价值追求，是处理人与自然、人与社会、人与人之间的关系，治国理政、开展国际交往的共同价值准则。

从哲学价值论的视角看，人类共同价值具有深刻的学理根据。人是一种"类存在物"，具有区别于其他生命的基本的"类意识"，或曰"人类意识"。对于民族、国家等社会共同体乃至人类社会而言，虽然不同主体存在各种各样的差异，目的、利益、需要和能力不尽相同，但毋庸置疑的是，大家共同生活在唯一的地球家园里，利益交融、安危与共，存在一些事关共同体乃至社会整体的基本价值。新时代面临的一系列全球性挑战，如环境污染、生态失衡、粮食危机、能源危机、城乡差别、贫富分化、"人对人是狼"、人的物化和异化、放射性污染、流行性疾病、毁灭性的核危机、恐怖主义等，对于不同主体的价值都大致可以确定，特别是其负价值具有一定的共通性和普遍性。

自近代工业革命、资本主义产生以来，在科技快速发展特别是"资本的逻辑"驱使下，人们日益超越民族、国家的狭隘限制，将"民族历史"转变为"世界历史"。而"民族历史"向"世界历史"的转变，使世界人民生活在历史和现实交汇的同一个时空里，作为共时态意义上的"类主体"而面对共同的问题，寻求协调、可持续的发展。特别是随着全球化、信息化、智能化时代的到来，时空被极大地"压缩"了，整个星球正被整合成一个相互关联、休戚与共的"地球

---

[1] 《习近平谈治国理政》第2卷，外文出版社2017年版，第522页。

村"。在全球普遍交往中，各个民族、国家的相互关联度、依存度空前加深，各种局部利益正不断整合为共同利益，主体性问题正不断演变为全球性问题。试看今日世界，已经没有任何一个民族、国家能够独立地解决各种全球性问题，也没有任何一个民族、国家的可持续发展与其他民族、国家不相关联。

时代和生活实践环境的急剧变迁，世界人们面临的问题的相关性和全球化，极大地突破了既有的封闭意识和狭隘视野，突出了主体之间的公共利益和共同诉求，凸显了人类文化的"类意识"和整体精神，突出了不同文化价值观的相关性和互动性。在新的时代背景下，习近平倡导秉持"天下一家"的理念，超越自身的狭隘立场和视角，抑制私欲的膨胀和不负责任，作为"地球村民"或"世界公民"从整体和全局的高度系统地思考和解决问题；倡导人们摒弃一切形式的冷战思维，在共同的目的、利益和需要导引下，形成基本的价值共识，打造休戚与共的人类命运共同体，在竞争中合作，在合作中共赢。这是体现"中国智慧"，既具远见卓识、又极务实可行的"中国方案"。当然，由于不同民族、国家的文化传统、发展阶段、利益诉求不尽相同，对人类共同价值的提炼和认同也不尽相同，因而增进相互间的理解和互信，提出具有普遍约束力的人类共同价值，构建休戚与共、步调一致的人类命运共同体，依然任重而道远，必将是一个长期的社会历史过程。

（二）人类共同价值是构建人类命运共同体的基础

2015年9月28日，习近平在纽约联合国总部出席第七十届联合国大会一般性辩论时指出："和平、发展、公平、正义、民主、自由，是全人类的共同价值，也是联合国的崇高目标。目标远未完成，我们仍须努力。当今世界，各国相互依存、休戚与共。我们要继承和弘扬联合国宪章的宗旨和原则，构建以合作共赢为核心的新型国际关系，打造人类命运共同体。"[①] 自此，追寻"人类共同价值"，并以之为基

[①] 《习近平谈治国理政》第2卷，外文出版社2017年版，第522页。

础打造"人类命运共同体",实现共赢共享,已经成为社会各界热门的话题,也成为包括联合国在内的世界各国的实际行动。

诚然,构建人类命运共同体必须以相应民族、国家、地区的共同生活实践、共同物质利益的考量为前提,但是,更应该关注相应人民的精神世界,以"人类共同价值"为基础。

首先,"人类共同价值"是人类命运共同体的"灵魂"和精神支柱。"人类共同价值"反映了各个民族、国家、地区的基本立场和思想意识,以及构建人类命运共同体的根本利益和需要,表达了人类命运共同体的信仰、信念、理想和追求,包含着为什么要构建人类命运共同体,以及构建一个什么样的人类命运共同体的总体性构想。因此,我们可以说,"人类共同价值"是人类命运共同体的"大脑"和"主心骨",是人类命运共同体的"灵魂"和精神支柱。

其次,人类共同价值是各个民族、国家、地区构建命运共同体的"黏合剂"。共同的文化价值观,特别是共同的价值信念、信仰和理想,是人们结成一定的群体或组织、开展集体生活、从事价值创造的前提。在人类漫长的历史上,正是基于共同的价值信念、信仰、理想和具体价值取向,不同民族、国家、地区的人们才通过交往实践而凝聚、团结在一起,组成了各种形式的休戚相关、命运与共的国际性组织,通过合作的方式解决各种恼人的全球性问题,追求双赢、多赢的有利结果。

再次,人类共同价值是各个民族、国家、地区共同的价值评价标准和价值取舍模式。人类共同价值往往表现为一定的价值尺度和评价标准,是各个民族、国家、地区判断是非、好坏、善恶、美丑、利弊、得失等的观念模式,是各个民族、国家、地区做出价值选择、决策的思想依据。

因此,追求和确立一定的人类共同价值,是各个民族、国家、地区相互沟通、相互合作、构建人类命运共同体的前提和基础。如果不以一定的人类共同价值为基础,那么,即使因为某种机缘组建了人类命运共同体,也可能很难经得了风雨、抗得了摔打,各个成员甚至可能各怀心事，钩心斗角，貌合神离。这种缺乏共同的思想基础的共同体平时或许尚可运作，一旦遭遇严峻而尖锐的全球性问题的挑战，特别是，如果内部出现了直接的尖锐的利益矛盾和冲突，那么就必然陷入无穷无尽的争吵、较量之中。在这类情况下，他们不但立场难以协调，步调难以统一，甚至可能出现反目成仇、大打出手的困局，直至走向相互拆台、共同体土崩瓦解。也正因为如此，人类共同价值的提炼、确认和认同至关重要，必须作为国际关系中优先考虑的课题予以对待。

三 社会主义核心价值观与人类共同价值的辩证关系

社会主义核心价值观、人类共同价值都是马克思主义中国化的最新成果，是习近平新时代中国特色社会主义价值思想的有机组成部分。如何立足新时代认识和处理社会主义核心价值观与全人类共同价值的关系，是一个事关中国和世界发展、社会主义与人类前途命运的重大课题。

一方面，社会主义核心价值观不是离开人类共同的文明发展大道的结果，而是对全人类共同价值的吸纳和发展，是全人类共同的文明成果和共同价值的升华和具体表现形式。

社会主义核心价值观作为迄今为止人类最先进的价值观，必须具有"人类意识"、全球视野和整体精神。社会主义源于人类社会发展的共同价值理想，学习、借鉴和吸纳全人类共同的文明成果和人类共同价值，既是社会主义作为最先进的社会形态的必然要求，又是战胜和超越资本主义、建设和发展社会主义的迫切需要。邓小平在著名的南方谈话中明确指出："社会主义要赢得与资本主义相比较的优势，就必须大胆吸收和借鉴人类社会创造的一切文明成果，吸收和借鉴当今世界各国包括资本主义发达国家的一切反映现代社会化生产规律的先进经营方式、管理方法。"① 如果拒绝全人类共同的文明成果和人类共同价值，甚至简单粗暴地"对着干"，社会主义核心价值观就可能与人类文明发展发生"断裂"，不仅难以融入浩浩荡荡的"世界潮流"，汲取丰富的营养，而且可能偏离正确的轨道，付出沉重的代价。

如果我们客观考察马克思主义发展史，那么不难发现，它本身就是吸纳全人类共同的文明成果、追求人类共同价值的历史。马克思恩格斯正是在当时人类所取得的先进文明成果的基础上，特别是在细胞学说、能量守恒与转化规律、进化论等科技成果，德国古典哲学、英国古典政治经济学和英法空想社会主义等理论成果的基础上，与当时波澜壮阔的工人运动相结合，才创立了马克思主义，提出了先进的共产主义价值观。有人将自由、民主、平等、公正、法治等先进的价值理念视为资本主义独有的"特产"，这是一种既幼稚又有害的误解。实际上，自由、民主等是人类在长期历史实践中形成的共同的文明成果，是全人类共同追求的价值观，也是包括中国共产党人在内的马克思主义者一以贯之的价值追求。它们不仅可以，而且必须吸纳到社会主义中来，构成社会主义核心价值观的有机组成部分。

改革开放以来，在全球化、信息化、智能化背景下，中国正是吸纳了和平、发展、自由、民主、平等、公正、人权、法治等人类共同的文明成果和人类共同价值，倡导建设"和谐世界"的共同价值理想，才更好更全面地向世界开放、融入了世界，取得了改革开放和中国特色社会主义建设的伟大成就。迈入新时代，以习近平为核心的党中央明确判断，中国的前途命运已经紧密地同世界联系在一起，从而更加关注世界文明的发展趋势，不断拓展对外开放的广度和深度，积极借鉴和吸收人类文明的有益成果，将民主、自由、平等、公正、法治等人类共同价值吸纳进社会主义核心价值观，从而确定了中国特色社会主义的"世界观"和前进方向。

另一方面，人类共同价值必须以社会主义核心价值观为基础，深

---

① 《邓小平文选》第 3 卷，人民出版社 1993 年版，第 373 页。

刻反映并汲取社会主义核心价值观的精髓。

人类共同价值反映了世界人民的普遍愿望和共同心声，是世界人民共同认同的价值观。当然，由于各个国家、地区的文化传统、经济发展水平、意识形态和政治制度不同，甚至差异甚殊，因而人类共同价值只能是一种基本的"底线价值"，目前只能"求同存异"，逐步地向前发展、向上提升。它发展、提升的方向，只能是迄今为止最先进的价值观——社会主义、共产主义价值观。

社会主义核心价值观是在否定并不人道、并不合理、极其虚伪的资本主义核心价值观之后，对一种更人道、更合理、更先进的人类共同价值的追求和实践。社会主义核心价值观如同马克思主义一样，是全人类共同的文明成果，而且是最新、最先进的文明成果。人类共同价值必须遵循人类社会发展的历史规律，立足最广大人民的立场，深刻反映并汲取社会主义核心价值观的精髓。

中国作为世界上唯一的社会主义大国，肩负着建设社会主义、实现共产主义的伟大历史使命，必须在世界普遍交往中，深化世界对中国特色社会主义本质的认识，使社会主义核心价值观中的普遍性内容得到更广泛的理解和认同，使人类共同价值彰显社会主义的道义正当性。回顾历史，中国曾积极参与、推动了人类共同价值的形成。中国传统文化强调的和合理念、天下为公、大同理想等，历史上培育核心价值观的经验教训，为人类共同价值的形成提供了颇具启迪的资源。二战以来，中国坚决反对各种形式的霸权主义，倡导和平发展、合作共赢的价值理念。1945年，中、美、苏、英四国发起旧金山制宪会议，共同制定了《联合国宪章》，确立了主权平等、不干涉内政、和平解决国际争端等国际关系基本准则；1948年，中国参与了《世界人权宣言》的起草工作，在推动人权价值方面发挥了积极作用；1953年，中国首次提出和平共处五项原则，和平共处业已成为世界各国公认的共同价值准则。今天，社会主义中国的综合实力、国际地位得到了大幅提升，社会主义核心价值体系和核心价值观日臻完善，因此更要坚定文化自信、价值自信，对人类共同价值的形成做出新的实质性贡献。我们甚至可以说，在拥有悠久历史、灿烂文化和14亿人口的社会主义中国崛起之后，人类共同价值的构建如果没有中国的参与，无视社会主义核心价值观的精髓，那么将是既不完整又不够格的。

总之，社会主义核心价值观与全人类共同价值是相互联系、相互作用、辩证统一的。我们既要保持开放心态，在社会主义核心价值观建设中彰显"人类意识"、全球视野和整体精神，吸纳全人类共同的文明成果和人类共同价值，又要有文化自信，令人类共同价值汲取中国特色社会主义核心价值观的精髓，彰显"中国特色、中国风格和中国气派"，从而将特殊性和普遍性、民族性和世界性有机地统一起来。这也正如习近平号召的："把跨越时空、超越国度、富有永恒魅力、具有当代价值的文化精神弘扬起来，把继承优秀传统文化又弘扬时代精神、立足本国又面向世界的当代中国文化创新成果传播出去。"①

四 习近平新时代中国特色社会主义价值思想的地位和意义

社会主义核心价值观与人类共同价值是新时代习近平中国特色社会主义思想的价值表达，在习近平新时代中国特色社会主义思想中占有重要地位。遵循社会主义核心价值观建设中国特色社会主义，遵循人类共同价值构建人类命运共同体，是推动中国特色社会主义和国际共产主义运动健康发展的内在需要。

首先，社会主义核心价值观彰显着社会主义的价值维度，表征着当代中国对社会主义本质的认识程度，指引着中国特色社会主义的前进方向。

社会主义核心价值观与社会主义的本质内在相通。社会主义既是一种思想理论，又是一种现实运动；既是一种社会制度，又是一种精神文化。然而，无论是社会主义思想，还是社会主义运动，无论是社

---

① 《习近平谈治国理政》，外文出版社2014年版，第106页。

会主义制度,还是社会主义文化,都需要有一套与之相适应并能形成广泛社会共识的核心价值观。社会主义核心价值观是社会主义理论、运动、制度、文化的核心和灵魂。也就是说,社会主义核心价值观是社会主义的"生命之魂"和"精神自我",诠注了社会主义所独有的一种精神气质。

社会主义核心价值观深化了我们对中国特色社会主义的认识,即从思想理论、实践运动、社会制度、精神文化层面进一步升华到了价值理念层面。在社会历史实践中,社会主义必须通过核心价值观对自身进行自我设计、自我认同,确切地回答"社会主义是什么""社会主义要做什么""社会主义要往哪里去"等根本性问题,并在与封建主义、资本主义等社会形态的相互比较中,彰显自己的个性和特色,同时也表现出自身的同一性。如果没有价值自觉意义上的、反映社会主义本质的核心价值观,我们就不可能真正懂得什么是社会主义,如何建设社会主义,以及社会主义将给我们提供什么样的长远愿景。国际共产主义运动所走过的曲折历程,中国在社会主义建设中所付出的代价,都令我们对此有深刻的领悟。

今天,中国特色社会主义已经进入了新时代,中国的发展处于新的历史方位。我们既要有价值自信,更要有价值自觉,超越资本主义核心价值观的视野和境界,不断深化对中国特色社会主义本质的认识,培育和践行具有中国特色、符合中国国情、具有先进性和超越性的社会主义核心价值观,将中国特色社会主义事业不断推向前进,展现出超越资本主义、创造人类新文明的强大生命力。

其次,人类共同价值是各个民族、国家处理国际关系时,相互沟通、相互合作、构建人类命运共同体的前提和基础。

"当今世界,人类生活在不同文化、种族、肤色、宗教和不同社会制度所组成的世界里,各国人民形成了你中有我、我中有你的命运共同体。"[1] 构建人类命运共同体诚然必须以相应民族、国家的共同生

---

[1] 《习近平谈治国理政》,外文出版社2014年版,第261页。

活实践为基础，以相应民族、国家的共同物质利益的考量为前提，但更应该关注相应人民的内在精神世界，以共同的价值信仰、价值标准和价值取向为基础。

人类共同价值反映了各个民族、国家的基本立场和思想意识，以及构建人类命运共同体的根本利益和需要，凝练了人类命运共同体的信仰、信念、理想和追求，包含了为什么要构建人类命运共同体、构建什么样的人类命运共同体，以及人类命运共同体怎么构建的总体构想。人类共同价值打通了不同形态的社会制度及其价值观之间的隔膜，是各个民族、国家相互交往、互联互通的基础。

共同的核心价值观，特别是共同的价值信念、信仰和理想，是人类命运共同体的"灵魂"和精神支柱，也是构建休戚相关的命运共同体的"黏合剂"。如果缺乏人类共同价值，或者在核心价值认同方面存在实质性差异，即使通过某种方式组建了社会共同体，往往也难以经受时间的考验，很难走得长远。

再次，社会主义核心价值观与人类共同价值描绘了一幅中国和世界未来发展的完整图景，是全人类共同努力的方向。

作为马克思主义的创立者，马克思恩格斯提出了消灭剥削、消灭压迫，实现无产阶级和全人类解放、人与社会自由全面发展为核心的共产主义价值观。但这一宏伟价值理想的实现需要一个比较漫长的历史过程。众所周知，国际共产主义运动走过了既辉煌又曲折的历程，苏东剧变之后，共产主义运动步入了相对的低潮。改革开放之前，中国的社会主义建设也曾步履蹒跚，走了不少弯路。历史的经验教训表明，共产主义价值理想的实现必须基于一定的时代背景，与各国的具体国情相结合，与各国社会主义的具体实践相结合。具体对于中国来说，即必须把马克思主义中国化、时代化和大众化（简称"三化"），实事求是地制定路线、方针和政策。

中国社会主义革命和建设的一个基本经验是，凡是"三化"做得比较好时，社会主义事业往往就会比较顺利；一旦"三化"偏离，则往往酿成历史性悲剧。社会主义核心价值观与人类共同价值正是在马克思主义中国化理论不断突破、社会主义理论与实践逐步发展的时代背景下提出来的,是共产主义价值观在新时代中国特色社会主义实践中的具体化。改革开放之初,邓小平曾经在深刻反思的基础上坦承,"社会主义是什么,马克思主义是什么,过去我们并没有完全搞清楚"①。正因为如此,邓小平明智地主张"不争论",坚持"三个有利于"价值标准,"放开手段",用"摸着石头过河"的方式探索社会主义道路。40多年来,中国共产党坚持解放思想、实事求是的思想路线,坚持把马克思主义中国化、时代化和大众化,闯出了一条崭新的中国特色社会主义道路,中国特色社会主义理论也越来越丰富,产生了马克思主义中国化的最新理论成果——习近平新时代中国特色社会主义思想。

　　社会主义核心价值观和人类共同价值是习近平新时代中国特色社会主义思想中具有时代特征和中国特色的重要组成部分,包含着变革中国、治理世界的系统的"中国方案"。它不仅立足过去与现在,而且明确地指向未来。它不仅关系着社会主义在中国的前途和命运,而且在相当程度上关系着国际共产主义运动的前途和命运;它不仅决定着中国特色社会主义的本质和中国道路的发展方向,而且在相当程度上决定着中国的"世界观"和世界的发展方向。

---

① 《邓小平文选》第 3 卷,人民出版社 1993 年版,第 137 页。

下 编
马克思主义中国化的核心价值理念

第九章
富强：比资本主义更快地发展社会生产力

社会主义核心价值观或核心价值理念是表达社会主义本质、昭示社会主义前进方向的重要范畴。但"富强"成为社会主义核心价值观的基本内容，在国内外学术界引起了热议。有些人表达了自己的疑虑，提出了一些不同的看法。这在社会文化、思想多元化背景下，当然是十分正常的事情。社会主义核心价值观作为全体人民的信仰和信念，作为引领国家和社会前进的价值共识，与每一个人及其命运息息相关，自然应该得到大多数人的认同和接受，并得到世界人民的理解和支持，没有理由禁止人们反思和发表不同意见，也没有理由不考虑社会大众的心声。否则，人们就会追问，这究竟是谁的价值观？代表谁的利益和需要？需要谁在实践中践行？至少，它会是单调、空洞和苍白的，并可能造成各种误解，导致一些负面社会效应。

一 "富强"为什么是中国的核心价值观

拨乱反正、改革开放以来，历经磨难、积贫积弱的社会主义中国坚持以经济建设为中心，一心一意谋发展，一直快步走在"富强"的康庄大道上。通过中国人民40多年来的艰苦建设，中国的生产力水平和综合实力得到显著提升，广大人民也深受其益，生活品质不断改善。发展、脱贫、温饱、致富、小康、繁荣、强盛……日益成为人们的价值共识。然而，在提炼核心价值观之时，为什么有人质疑甚至反对把"富强"作为基本内容呢？

这可能有多方面的原因。究其要者，是因为核心价值观是一种精神层面的观念，而且是一种特殊的精神观念，即以信念、信仰、理想为核心，居于统摄和支配地位的观念。对于一个民族、国家来说，核心价值观是其文化的灵魂，是其"精神的家园"，是其人民的"主心骨"。对于社会主义运动来说，核心价值观是社会主义之魂，表征着社会主义的本质，决定着社会主义的发展方向。

正因为核心价值观的精神属性，以及其所处的统摄和支配地位，它应该是具有理想性和超越性、具有强大感召力和吸引力的观念。它是否立意高远、目标远大，是否超脱了当下的物质樊篱，是否具有先进、高尚的精神追求，即是否具有一定的理想性和超越性，对于相应社会共同体凝聚人心、引领发展至关重要，对于不同社会共同体争夺道义制高点和影响力至关重要。

然而，在一些人的印象中，如果不加以具体解释的话，"富强"关注的主要是物质层面。从大处说，关注的主要是生产力的发展，综合国力的提升，人们生活水平的改善；从人们的日常生活说，似乎主要是贫富问题、生活水平问题，用老百姓的话直白地说，就是"钱"的问题。当然，这一切绝不能说不重要。毕竟，改革开放以来，"贫穷社会主义"已经被否决了，贫穷也不再是"先进""光荣"的标签，不再是社会主义的旨趣和目标。不过，我们也不能否认，"富强"确实显得比较偏重物质层面，不能将它与精神层面的崇高追求混为一谈，甚至不能与精神上的"自立""强健"直接关联。在一个社会的观念系统中，"富强"居于基础地位。因此，有些人难免觉得，它的"境界"和"层次"不够高，缺乏足够的理想性和超越性。

有些人之所以会有这样的印象，实际上与历史文化和传统因素是直接相关的。我们不难看到，中外历史文化都有"重精神、轻物质"的传统，其中，又尤以中国传统的佛、道价值观为甚。儒家虽然并不排斥富强，但历史上的圣人们反复教导民众"君子喻于义，小人喻于利""君子怀仁，小人怀土""富贵如浮云，金钱如粪土""无耻者富，多信者显"，等等。这一切，清楚地昭示了对物质追求、物质享受的不屑、鄙视和鞭挞。久而久之，人们形成了一种经济和道德的"二元论"，习惯于将它们分离、对立起来考虑问题。例如，在一些人心目中，"为富"者必"不仁"；"富而愈贪"，愈不肯为"义"；"正其谊（义）不谋其利，明其道不计其功"；"越穷越革命，越穷越光荣"，等等。"安贫乐贫""仇富恨富""鄙富抑富"之类的消极心态，曾经在中国社会中持续发酵，历史悠久且根深蒂固。在当今社会主义市场经济建设中，在中华民族伟大复兴的征途中，这些落后的观念和心态日益成为经济和社会健康发展的阻碍。

由于上述多方面因素的综合作用，"富强"作为核心价值观就难免受到质疑。毕竟，它显得过于"世俗"了，甚至像某些人所说的，有些"庸俗"。这就如同在现实生活中，有人非要高声嚷嚷："我要富！""我富起来了！""我的钱比你多！""我钱多，我说了算！""我要强大！""我最强壮！""我最有力量！""谁都打不过我！"……那是很难令人服膺，并赢得人们发自内心的尊重的。因为这类情形完全局限于一种鲁莽的"硬实力"，人们即使仅仅囿于传统观念和思维方式，往往也会发自内心地大不以为然。君不见，今天人们对于那些"先富起来"的暴发户，不是轻蔑地送了一个外号——"土豪"——吗？对于"土豪"之类的强势群体，人们虽然可能"羡慕嫉妒"，虽然在特定情况下"不服不行"，但是，往往不会打心眼儿里赞赏，也不会由衷地表示钦佩，更不会发自内心地给予尊重。

也正因为如此，对于作为核心价值观的"富强"，确实需要着力研究一番，从正面加以恰当的诠释。当然，其中也包括改造中国既有的文化传统，更新人们的陈旧观念，破除经济和道德的"二元论"，重建物质追求和精神追求的平衡。

从世界范围看，提炼和推销自身核心价值观最为成功的，迄今为止首推美国。或许我们可以从中美价值观比较中，受到必要的启迪。

美国作为当今世界上最富裕、最强大的国家，向来推崇实用主义，最为讲究实际利益,从来都是"以美国利益为重"。这头科技、经济和军事"巨兽",不择手段地在全球攫取财富,消耗着地球上最多的资源,过着令世人艳羡、也让世人诟病的舒适、奢靡、安逸的生活。美国人之务实、之功利、之奢靡、之霸道,前无古人,达到了令世人叹为观止、难以容忍的地步。然而,务实、功利的美国人却聪明极了,提炼和推广核心价值观的策略巧妙极了。美国政客们很少陈说他们的富裕和强大,很少夸耀他们对于物质利益的孜孜追求,而总是一副道貌岸然、心忧天下、"启蒙"世人、为世人"楷模"的模样。他们的核心价值观根本不涉及物质层面的追求,而竭力倡导超越具体物质利益的"自由、民主、人权",并利用包括经济、军事、文化在内的各种方式,高调地、冠冕堂皇地在全世界推销。我们甚至不得不承认,美国的策略和做法是颇为成功的。在相当程度上,他们赢得了其他国家和人民的"尊重",赢得了令人望尘莫及的"巧实力"。世界上许多人,包括不少中国人在内,不是都无视美国的务实、功利和奢靡而推崇美国才是"自由、民主、人权"的国度吗?

反观我们自己呢?近代以来,中国一直没有实现工业化,处于积贫积弱、落后挨打的窘境,受尽了欺凌和屈辱。中国共产党执政之后,由于比较长时间内都奉行"左"倾思想路线,经济发展不受重视,一直是位居世界后列的贫困、落后的发展中国家。党的十一届三中全会以来,中国拨乱反正、改革开放,坚持"发展是硬道理",采行社会主义市场经济,开始明确地追求发展、富裕和强盛,取得了公认的举世瞩目的伟大成就——经济发展水平居世界第二,城乡居民收入成倍增长,人民生活质量大大提高,实现了从温饱不足到总体小康的历史性跨越。单是社会贫困人口大幅下降的程度,就足以说明这一点。1978—2010年,如果按照国内扶贫的标准计算,中国累计减少了2.5亿贫困人口;如果按照国际扶贫标准计算,中国共减少了6.6亿贫困人口,全球贫困人口数量减少的成就有93.3%来自中国。人均年收入从1986年的206元,提高到2000年的1274元,再到2011年底的2300元……中国的扶贫标准实现了"三级跳"。2020年,中国实现了全面脱贫的战略目标。联合国和世界银行表示,"在消灭贫困方面,三分之二的成就应归功于中国,中国是发展中国家的典范"①。这实际上是对世界巨大的贡献,无论如何肯定、赞许都不过分。然而,以美国为首的西方世界却手执双重标准,极尽遏制、挑剔之能事,异口同声地辱骂和妖魔化中国,说中国人只知道"赚钱""发财",不愿意承担相应的国际责任,缺少道德和精神层面的追求……中国国内甚至也有人自觉"配合",不断发出类似的"杂音""噪声"。出现这种强烈反差的原因是多方面的。主要原因当然是西方与中国的意识形态之争,以及具体的实际利益之争。但同时,也与中国长期忽视文化价值观建设,缺乏具有理想性、超越性的社会主义核心价值观息息相关,与中国不太注重塑造自身形象、没有掌握"话语权"息息相关。

美国是世界上首屈一指的富国、强国,虽然贪得无厌,既势利又虚伪,但是巧舌如簧,拥有独步世界的文化"软实力";中国虽然长期落后挨打,屡遭欺凌,并且今天仍然是发展中国家,仍然在为温饱而奔波,为富强而奋斗,但在西方主导的"国际社会"却屡屡"挨骂",被肆无忌惮地"妖魔化"。这是一种不正常、不合理、不公正的现象。这也警示人们,文化价值观的建设十分重要,一个国家在精神或理论层面绝不能只是"摸着石头过河",忽视"顶层设计",忽视自身的核心价值观和"软实力"建设;同时,培育、提炼核心价值观,提升"文化软实力",必须视野开阔,实事求是,讲究方式方法,绝不能自以为是,自说自话,一味地"蛮干"。社会主义核心价值观的培育和提炼有其自身的规律,而且这类观念必须具有一定的理想性和超越性,从而彰显社会主义的本质和优越性,彰显古老中国在精神文化方面的品位和追求。

就此而言,我们必须慎重研究西方对"富强"含义的歪曲,不宜对"富裕"(rich)、"强大"(strong)等自说自话,不作任何具体的

---

① 孙伟平、周丹等:《现时代的精神境遇》,黑龙江教育出版社2013年版,第230、294页。

解释，不注重给出明确的规定。否则，就难免落入西方的"话语圈套"，从而难以通过准确阐释赢得世人的理解，明确超越西方的"道德水平"和文化软实力。因为"富裕""强大"甚至"共同富裕"，如果让某些别有用心的人随意解释，那么，就可能与庸俗的"物质主义"相联系，似乎中国和中国人民只关注"物质利益"，甚至只关注本国本民族的物质利益。有人甚至恶意攻击，中国正在非洲、东南亚等第三世界搞"经济侵略"，实行"经济殖民主义"。这一切，都不利于在国内确立中国特色社会主义共同理想，阻止拜金主义、消费主义、享乐主义等的泛滥；不利于凝聚人心、振作精神、引领社会发展方向。在"国际社会"，则不利于彰显社会主义的本质和先进性，培育和塑造中国的良好形象；不利于抢占"道义制高点"和"舆论制高点"，提升中国的话语权和文化软实力。

二 如何准确理解"富强"的含义

在当今全球化、信息化、智能化时代，"国际社会"攻击和妖魔化中国的人很多，在中国追求富强的过程中，"中国威胁论"以及其他妖魔化中国的谬论还会不断涌现，而且肯定会不断地花样翻新。在国内追求富强的过程中，包括已经先富起来的群体中，也确实存在贫富分化、不择手段、为富不仁、奢侈堕落之类现象和问题。因此，我们必须着力从正面阐释"富强"的含义，将"富强"与物质主义、消费主义、拜金主义和享乐主义区分开来，与西方曾经奉行的"经济侵略""经济掠夺""经济殖民主义"区分开来，从而尽可能地争取和凝聚民心，争夺道义制高点和文化话语权。

那么，应该如何立足中国实际，从正面恰当地阐释"富强"，令其具有核心价值观应有的理想性和超越性，从而得到大多数人的理解和支持呢？

首先，应该看到，"富强"作为核心价值观，与中国近代以来的积贫积弱、落后挨打、被西方丑化为"停滞衰败的帝国""野蛮或半野蛮的帝国"相关,与中国人民被西方贬斥为"东亚病夫""黄祸"等直接相关。中国古代一直是世界上数一数二的超级强国,创造了辉煌的历史和灿烂的文化。但近代中国却故步自封,相对于快速实现了工业化的西方衰落了。一部中国近代史,就是一部西方列强侵略、掠夺、欺凌中国的历史,是一部中国人民充满辛酸、屈辱的血泪史。在这部血泪史中,积贫积弱的旧中国备受列强欺凌,中国人民深刻体会了"贫穷必然愚昧、落后就要挨打"的道理。因此,盼望"富强"成为广大中国人民孜孜追求的梦想。"富强"的实现,将标志着中国人民"站起来"了!中国人民不再是"东亚病夫"!西方列强欺凌中国的历史一去不复返了!可见,"富强"与中国独特的历史遭际直接相关,与中华民族的民族自尊心息息相关,与中国人民的民族感情息息相通,也与中国人民的前途和命运、中国特色社会主义的前途和命运紧密相连。也正是因为中国所特有的这一具体国情,"富强"是全体中国人民首当其冲的价值追求,是中华民族伟大复兴"中国梦"的核心内容和有机组成部分。

其次,就"富强"的含义而言,"富"是相对于"贫""穷"而言的,"强"是相对于"虚""弱"而言的。富强的含义,可以扼要地理解为"富裕、强健"。"富裕",包括了经济的良性发展,人民的丰衣足食;而"强健",则是一种健康的、充满活力的"强",是一种有生命力的"强"。"强健",更多的是强调"自强",就如同源远流长、博大精深的中国武术,旨在内外双修,强筋健骨,强身健体,而不是以强凌弱,由"强"进而"霸",进而"恶"。此外,这里不宜把富强简单地分拆为民富、国强,或者国富、民强。实际上,社会主义建设的价值目标,既要"国富",也要"民富";既要"国强",也要"民强"。如果人为地把国、民分开加以论述,某些内涵就被人为地排除在外了,反而不够准确和合理。

再次,在核心价值观中,富强是居于基础地位的价值观。众所周知,在一定社会系统中,经济发展是基础,健康(人民健康、国家强健)是基础性的价值。春秋时期政治家管仲曾经反复陈说,治国之道，必先富民。因为"仓廪实而知礼仪，衣食足而知荣辱"（《管子·牧民》）。而且，"国富兵强，则诸侯服其政，邻敌畏其威，虽不用宝币事诸侯，诸侯不敢犯也"（《管子·形势解》）。孟子曰："民之为道也，有恒产者有恒心，无恒产者无恒心。苟无恒心，放辟邪侈，无不为已。"（《孟子·滕文公上》）《史记·货殖列传》曰："君子富，好行其德。"《汉书·食货志》曰："食足货通，然后国实民富，而教化成。"近代以来，面临鸦片战争后中国积贫积弱、落后挨打的状况，洋务派提出"辅以诸国富强之术"，到维新派提出"变法图强"的主张，再到以孙中山为代表的资产阶级革命派发出"实业救国"的呼吁，开展了一次又一次对富强之路的艰辛探索。实践证明，如果经济和社会不能良性、健康发展，人民不能解决温饱问题、丰衣足食，那么，不仅会影响其他核心价值观念的落实、践行，而且，以往那些陈腐、落后的东西还可能死灰复燃。[①] 目前，中国正处于社会主义初级阶段，生产力总体水平不高，地区发展很不均衡，自主创新能力还不强，结构性矛盾依然突出，粗放型增长付出了过大的资源和环境代价……"富强"价值观要求实现"两个一百年"——"中国共产党成立一百年时全面建成小康社会"和"新中国成立一百年时建成富强民主文明和谐的社会主义现代化国家"——的宏伟目标，将为社会和人自身的自由、全面发展奠定坚实的基础。如果背离了发展，背离了"富强"，一切都可能只是虚幻的海市蜃楼。

三 实现富强之路

"贫穷不是社会主义"，"发展太慢不是社会主义"，"两极分化也

---

① 根据唯物史观，只有在一定的物质生产基础之上，只有具备了一定的经济基础、经济实力，人们才可能有时间和余力去发展和满足精神层面的需求，才可能逐步改变混沌、愚昧、迷信、落后的状况。否则，"就只会有贫穷、极端贫困的普遍化；而在极端贫困的情况下，必须重新开始争取必需品的斗争，全部陈腐污浊的东西又要死灰复燃"。（《马克思恩格斯选集》第1卷，人民出版社2012年版，第166页。）

不是社会主义"……我们对社会主义本质的认识正在不断深化。按照改革开放的总设计师邓小平的说法，社会主义明确地追求富强，旨在"解放生产力，发展生产力，消灭剥削，消除两极分化，最终达到共同富裕"①。在近代以来贫穷、落后的环境中，有过长期落后挨打、贫穷挨饿经历的中国人，绝不会再盲目地相信"越穷越光荣"了，也绝不会再愿意吃"二遍苦"！社会主义若要称得上"强"，必须拿出有说服力的"真本事"来，即必须能够比资本主义更快地发展社会生产力，实现经济与社会的快速、可持续发展；而且，必须能够更加公正地"分好蛋糕"，让全体人民共享改革发展的成果，建设更加公正、也更具凝聚力的现代社会。这一点，我们无论如何强调都不过分。因为只有真正做到这一点，才能彰显社会主义的本质，体现社会主义相对于资本主义的优越性，体现社会主义的强大生命力和对民众的说服力。在这里我们应该看到，富强虽然主要表征的是硬实力，但也包含着一定的软实力，是硬实力和软实力的有机统一。我们需要尽可能地挖掘、确认富强的丰富内涵，包括富强所蕴含的强健、自强、富有活力和生命力等，以启民智，以正视听。需要以富强的丰富内涵为基础，坚持致富有道，遵纪守法；坚守精神追求，富贵不淫；绝不恃强凌弱，称王称霸。也正因为如此，绝不能局限于"硬实力"，简单地粗暴地诠释富强，甚至将富强与庸俗的物质追求、发展的不择手段、富裕之后的"土豪"行径和强盗行为混为一谈。若是停留在这样的层次和境界，难免导致国内外人民普遍的反感和质疑，从而会极大地削弱核心价值观的说服力、感召力、吸引力和凝聚力。

追求"富强"的必要前提是尊重客观规律。1958年5月，中国共产党八届二次会议提出，要使中国在主要工业产品产量方面10年内超过英国、15年内赶上美国，即所谓"超英赶美"。当时，全国大炼钢铁，开展诸如群众"送献废钢铁"之类活动，各个单位和家庭将窗户铁栏拆除、饭锅等铁制品砸碎献送"炼钢"……今天的年轻人或许无

---

① 《邓小平文选》第3卷，人民出版社1993年版，第373页。

法相信这一切,然而,这却是当年国人亲身"创造"、经历的事实。正如有人指出的,"在那个时代,在那种历史条件下,上至领袖,下至普通百姓,无不被非理性的激情所裹挟,无不被不切实际的幻想所迷醉。他们认为,事在人为,认为中国人民既然能够推倒'三座大山',能够在短的时间内使国家的经济和文化建设有飞跃的发展,那么就完全有理由相信,一定能够在不太长的时间内,实现中国的繁荣与富强,甚至进入共产主义的'天堂'"①。不切实际、急于求成的赶超目标和不顾客观规律的"跃进",结果欲速不达,甚至产生了适得其反的结果。"大跃进"的教训是极其深刻的。② 事实证明,"大跃进"忽视了客观的经济发展规律,过分夸大了主观意志和主观努力的作用,造成国民经济的比例严重失调,极大地破坏了社会生产力,造成了新中国成立以来最严重的一次经济"灾难"。

而在追求"富强"的过程中,人们因未遵循自然规律,频频为环境污染"买单"的代价也是极其惨重的。近些年来,中国多省区市出现了不同程度的雾霾天气,引起了社会的广泛关注。雾霾除了直接危害人体健康,还带来了诸多负面影响,造成了巨大的社会经济损失。雾霾重污染天气的出现,绝非是偶然的天气现象。它是和长期以来中国的经济发展方式、产业结构、能源结构、公众的生活消费方式等紧密相关的,特别是与中国高投入、高污染、高消耗、低产出的粗放型生产方式,以煤炭为主的能源结构以及目前快速增长的机动车保有量等密不可分。大范围、长时间的雾霾天气再次警示人们:中国必须也只能尊重客观的自然发展规律,通过转变目前以牺牲环境为代价的粗放式经济增长方式,处理好环境保护与经济建设、社会发展的关系,努力建设生态文明,构建资源节约和环境友好的社会,才能真正实现美丽中国这一美好梦想。

---

① 卜宪群、王震中等编:《简明中国历史读本》,中国社会科学出版社2012年版,第446页。

② 张珊珍主编:《党史必修课:全景解读中国共产党九十余年的苦难与辉煌》,人民日报出版社2014年版,第178页。

社会主义追求富强之道，旨在实现全体人民共同富裕。社会主义国家的富裕是以国家财富的总量为基础，但是，增加国家财富的总量并不是富强价值观的唯一追求。富强作为核心价值观，既非封建主义的，也非资本主义的，而是社会主义的，其代表的绝不是某个人或者某个特殊利益集团的利益，而是全社会或全体人民的普遍利益的实现。走中国特色社会主义的富强之路，自然不是毫无原则地提倡发家致富，而是必须坚持中国特色社会主义的根本原则和社会改革、建设的目标——实现共同富裕。只有将改革、发展的成果落实到每一个老百姓身上，让全体人民实实在在地受惠，才能真正彰显社会主义制度的优越性，才能真正彰显社会主义的本质。

中国特色社会主义追求的"富强"是"自富""自强"，不仅不会威胁其他国家、地区的利益，而且还是世界各国、各地区新的发展机遇。这从改革开放以来中国对世界经济的贡献，包括世界贸易方面的贡献、消灭贫困方面的贡献，非常直观地显现出来。然而，近些年来，一些别有用心的西方国家提出"中国威胁论"，没有节制地"妖魔化中国"，这让中国周边的一些国家、地区也心生疑虑。世界上不少人把中国比喻为"狮子"，最为人熟知的是拿破仑的名言："中国是一头沉睡的狮子，当这头睡狮醒来时，世界都会为之发抖。"习近平总书记在中法建交50周年发表的演讲中提及拿破仑的名言，义正词严地指出："中国这头狮子已经醒了，但这是一只和平的、可亲的、文明的狮子。"[1] 中国特色社会主义的富强观不崇尚弱肉强食的丛林法则，不认同"国强必霸"的陈旧逻辑，更没有像当年的西方列强一样，在非洲、东南亚、拉丁美洲等第三世界搞"经济侵略"，实行"经济殖民主义"。中国追求"富强"的出发点，从来都是在发展自己的同时，也能与世界各国和睦相处、和谐发展，共谋和平、共享和平。这与资本主义国家的富强观根本不同。资本主义国家的富强观建立在

---

[1] 《习得（天下篇）——习近平引用的古典名句》，《人民日报·海外版》2014年5月29日第5版。

生产资料私有制基础之上,是以掠夺和殖民其他国家和地区以及牺牲本国广大劳工群众的利益为前提的。它本质上是一种个人主义的富强观,关心的永远只是资本家的个人私利,实现的只是资产阶级和资本家的钱袋子"鼓起来";而广大劳工群众只是他们剥削、增殖的工具和手段,富人越富、穷人越穷。特别是在资本的原始积累阶段,更是充满了血腥和罪恶,资本的"每个毛孔都滴着血和肮脏的东西"。资本主义国家富强起来之后,在"资本的逻辑"驱使之下,往往就会由"强"进而"霸",由"霸"进而"恶"。历史上"波澜壮阔"的"西方殖民运动",以及两次残酷的世界大战,都是资本主义列强瓜分世界掀起的狂潮。这给包括中国在内的广大发展中国家造成了无边的苦难。但我们不能因为资本主义国家曾经无恶不作,就人为地将西方资本主义的逻辑强加于社会主义中国。

迈入信息化、智能化时代,只有坚持"科技强国"战略,才能更好更快地实现富强。众所周知,科学技术不仅是生产力,而且是"第一生产力"。先进的科学技术一旦转化为生产力,就会极大地提高生产效率,推动经济快速发展,创造出更充裕的物质财富,从而实现国富民裕,极大地提升综合国力。1988年,邓小平曾经深有感触地说,20世纪60年代以来,如果中国没有原子弹、氢弹,没有发射卫星,中国就不可能被称为有重要影响的大国,也不会有当时的国际地位。中国的"科技强国"梦,从鸦片战争时期,尤其是五四运动之时就已经萌发。洋务运动、五四运动、孙中山号召实业救国、"四个现代化"(工业现代化、农业现代化、国防现代化、科学技术现代化)的提出、科教兴国战略的实施……科学技术在富国强兵、振兴中华的伟业中,一直发挥着举足轻重的巨大作用。迈入信息化、智能化时代,中国的富强,中华民族伟大复兴"中国梦"的实现,更有赖于科技的快速发展和重大突破,有赖于科技在经济、社会、文化、生态等领域的广泛应用。那些忽视甚至鄙视科学技术的民族国家,是逆历史潮流、也是违背科技与经济互动发展规律的,绝不可能有光明的前途!

第十章
民主：跳出"兴亡周期律"的新路

民主（Democracy，在中国亦称"德先生"）是近代以来中国社会的重要主题。人民民主是社会主义的生命，是全体人民当家做主、实现中华民族伟大复兴的制度保证和政治目标。应该说，在要不要民主的问题上，当代中国并不存在什么争议。就民主本身而言，它既是国家形态，又是国家形式，被认定为中国近代以来思想解放的关键词。民主作为社会主义核心价值观，其主旨在于不断启蒙广大人民的民主意识，提升广大人民的民主素质，建立和完善国家的民主制度，真正实现广大人民当家做主、自主地管理国家。在新的时代背景下，正确理解"民主"的丰富内涵和现实意义，探析民主的具体实现路径，是培育和践行社会主义核心价值观、推进马克思主义中国化和中国特色社会主义建设进程的必然要求。

一 如何正确理解"民主"

民主是现代社会发展的大势所趋，也是世界各国一致推崇的基本价值。自五四运动时期"德先生"来到中国，迄今已经过去了 100 多年；而自毛泽东在延安时期提出以民主作为打破治乱兴亡周期性循环的良方，也已经过去了 70 多年。然而，在今天的中国，"德先生"的命运又怎么样呢？对民主的理解、践行又如何呢？稍微深入观察，我们不难发现,社会上的声音可谓嘈杂极了,不同的人似乎各有主张,意见分歧明显,莫衷一是。我们必须承认,在追寻民主的过程中,我们是走过弯路、付出过代价的;同时,也应该承认,民主一直是我们孜孜追求的目标,现在更是被确立为社会主义核心价值观。或许,这里的关键还在于,如何正确理解民主的内涵,在实践中学习和践行民主价值观。

在西方,"民主"一词来源于希腊文,一个是"民"($δημοs$),即全体无差别的国民、公民等;一个是"主"($κρατοs$),即统治、管理;"民主"($δημοκρατια$)是"民"和"主"两个词结合在一起,即"人民统治"①或"人民管理"之意。这一含义与现时代语境下的"民主"存在明显的差异。具体地说,民主的内涵经历了古希腊罗马、君士坦丁帝国、日耳曼帝国、文艺复兴、资本主义等时期的演化后,在当今发达资本主义国家中,词义为"人民的权利",泛指"统治归于人民"或者"人民主权"。更准确地说,是指由全体人民(而不是他们选出的代表)平等地、无差别地参与国家决策,进行国家管理。——当然,我们绝不能想当然地认为这里的"全体人民"指的是社会上的所有人。不管是在西方历史上还是在现实生活中,"人民"从来都不是"数人头"这么简单的事情。换句话说,不是所有人都有资格算作"人民",而只有"公民"的人头才算数。尤其是在古希腊时期,民主的主体仅限于具有血缘关系的雅典全权公民集体。对于雅典国内的大批非公民,如外邦移民和奴隶,以及对于其他国家的公民,雅典民主制则是一种压迫和暴力。例如,雅典在繁荣时期,有两万多常住的外来移民,他们在雅典主要从事手工业、商业和银钱兑换业,为雅典人提供了大量税收,却不能享有任何公民权,包括不能拥有土

---

① 关于"人民统治",大致可以分析为如下三个问题,即"谁来统治""如何统治"以及"统治什么"。在历史上,对"谁来统治"这一问题的不同回答,产生了诸如"精英型民主"和"大众型民主"、"麦迪逊式民主"和"平民主义民主"等民主观念;对"如何统治"这一问题的不同回答,产生了诸如"选举民主"和"协商民主"、"直接民主"和"间接民主"等民主观念;对"统治什么"这一问题的不同回答,产生了诸如"政治民主"与"经济民主"、"宏观民主"与"微观民主"等民主观念。

地。即使外邦移民已经变成巨富，成为大奴隶主，他们仍然要依附于某位公民保护人，始终是低等人。亚里士多德在《政治学》中对"公民"下过一个定义，即"有权参加议事和审判职能的人"。也就是说，只有具备两种权力的人才能称之为公民：一种是作为陪审员参加审判，有权力审判他人有罪还是无罪的人；另一种是有权力参加统治，或者有权被选为政府官员的人。只有拥有这两种权力的人，才能按照自己的诉求参与决策、付诸行动，才能被称为"公民"。依据这样的制度，公权力实际上是被一个社会中的那些强势个体所占据了，他们利用"公权"（如对集体事务的知情权、话语权、参与权、决策权等）为自己服务，并被认为是既"公平"又"合法"的，甚至这逐渐成为全社会的思维方式和行为方式。

咀嚼古希腊思想史，我们还会发现一个耐人寻味的现象，即几乎大思想家（主要是享有民主权利的雅典公民）大多都对民主持批评态度，认为民主本质上是大多数穷人的统治，偏离了公正的原则。修昔底德、苏格拉底、色诺芬、柏拉图、亚里士多德等都属于批评民主的阵营。在大量的批评意见中，最有力的一种指责是：民主致使派系倾轧，选举迫使各派政治家取悦民众，放纵选民，而对民众过度的自由放任导致多数人的暴政，和少数人或单个人的暴政没有区别。诸如此类的缺陷还有很多，如选举贿赂，政治家没有操守，蛊惑人心，以及业余人士治国，等等。至于在民主制之下，个人或党派为了一己私利而讨好选民，把派别利益置于国家利益之上，被思想家们看作是最大的缺陷。由此出发，他们普遍赞同梭伦的看法，认为一个良好的国家不能成为一个党派、一个阶级、一个利益集团或若干利益集团的工具。国家应该在不同利益集团之间保持客观中立，追求超阶级、超派别的道德目标。而好的政治家的责任是通过教育对国民进行道德引导，并进行正确的立法，选择合适的统治者，促使这些目标得以实现。在他们看来，民主制未能做到这一点，因此属于非正常的政体。①

在中国，"民惟邦本""民贵君轻"之类民本思想比较普遍，却罕

---

① 参见武寅主编《简明世界历史读本》，中国社会科学出版社2014年版，第127页。

有现代意义上的民主思想。在历史演变过程中，"民主"的含义也比较混乱。最早的"民主"要么是指代君主，如"天惟时求民主，乃大降显休命于成汤"（《尚书·周书·多方》），要么是指代官吏，如"仆为民主，当以法率下"（《三国志·吴志·钟离牧传》）。著名的"当官不为民做主，不如回家卖红薯"，在一定意义上也是这样的"民主"。这与现代意义的"民主"的含义大相径庭。

作为社会主义核心价值观的民主既不同于中国古代的"民主"，也不同于西方资本主义的"民主"，它不是少数人的民主，而是人类历史上从未有过的"全体人民自己当家做主"。它是在一个社会共同体或者群体内部，全体人民就公共事物平等地进行商议、选择和决策的方式。它维护的是绝大多数人民群众的利益，体现的是绝大多数人民群众的意志，与个人的或少数人的专制、独裁势不两立。林肯曾用"民有、民治、民享"来诠释民主，应该说，这已经比较接近民主的政治精髓了。

准确把握"民主"的含义至关重要，也绝对不能回避这个问题。应该注意的是，"民主"虽然历史上的含义复杂，但寻根究底，却并不神秘，也不复杂。我们应该防止有人故弄玄虚，将它描绘得云山雾罩，令人不知所云，无从下手，从而给别有用心的人以可乘之机；我们还应该防止有人将"民主"描绘得高深莫测，从而以诸如历史传统、素质能力等为由，人为地剥夺一些人（特别是弱势群体）的民主权利。

实质上，对于民主，关键在于明确如下两点。

其一，民主的具体主体是谁？民主关系到在一定社会共同体或群体内部如何决定和管理公共事物，这一共同体或群体中的每一个人都拥有相应的权力和责任，民主过程必须反映他们的利益和需要，体现他们的意志和要求。如果不是这一共同体或群体的成员，则没有资格参与其中，更不能插手干预、粗暴地包办代替。① 例如，决定和管理今日中国社会事物的主体是当代中国人民，一切没有中国国籍的外国

---

① 参见孙伟平《论中国特色社会主义核心价值理念》，《湖北大学学报》2011年第3期。

人理应排除在外，一切已逝的"古人"也没有权力代替我们进行选择和决策。这也是"人民群众是历史的创造者""人民群众是发展成果的享有者"之意。

其二，民主的具体适用范围是什么？一般而论，民主只适用于管理与社会共同体或群体成员相关的"公共事物"，一些纯粹私人性的事务（例如，自己挣的钱怎么进行消费，喜爱什么口味的食物），则可以而且理应由当事人自己"专断""独裁"。进一步，只有事关公共事物的价值评议、选择和决策，民主才是适用的。① 而那些"与价值无涉"的事物，譬如说，一定的事实的真假，某一科学真理的认定，诸如1加1是否等于2，"地心说"还是"太阳中心说"正确，等等，都不能由人们"民主地"进行投票。在事实领域，如果坚持通过投票之类方式来决定真假对错，那么明显是极其荒谬的。

上述两个方面相互关联，相互作用，具体地表现为著名的"民主三原则"②：其一，多数人决定原则，即在决策和管理过程中，坚持"少数服从多数"。其二，保护少数原则，即保护少数人的正当权益不受侵犯。因为，真理并非是投票决定的，多数人的意见并非总是正确的。正如罗伯特·达尔指出："即使是民主国家，即使它遵循了民主的程序，这种时候它所犯的不公正仍然是不公正，多数人并不能因为其为多数便是正确的。"③ 而且，如果多数人对少数人施加虐待、暴政等，那明显是不人道的、非正义的。其三，程序化原则，即人人都遵守共同制定的规则、程序，没有例外。"民主三原则"是人类在追寻民主历程中的无数经验、教训的总结和提炼，是民主从形式上走向科学化、法治化的表现。

西方的"民主"口号喊得震天响，但究其实，遵循的却是"资本的逻辑"，施行的是占人口少数的资产阶级的统治。尽管资本主义是在反封建专制过程中产生的，对民主似乎重视有加，拥有比较长的民

---

① 参见孙伟平《论中国特色社会主义核心价值理念》，《湖北大学学报》2011年第3期。
② 同上。
③ ［美］罗伯特·达尔：《论民主》，李柏光等译，商务印书馆1999年版，第55页。

主实践，已经确立了比较成熟的程序，但是，其具体的内容和实质却是虚假的，"人民名义上有权而实际上无权"。列宁曾经深刻地揭露说，它"是一种残缺不全的、贫乏的和虚伪的民主，是只供富人、只供少数人享受的民主"①。虽然它的程序设计比较完整，甚至逐渐给了广大人民以投票权，但是，形式上的民主并不等于事实上的民主，"选举形式、民主形式是一回事……内容却是另一回事"，"着眼于形式上的民主，那是**资产阶级**民主主义者的观点"②。因为西方民主建立在生产资料私有制基础上，有"资本的逻辑"这一先天的基因缺陷，因而无论如何"打扮"，也无法掩饰其内容上的空洞、贫乏。在以生产资料私有制为基础的资本主义民主制度中，"'纯粹的'民主愈发达，方法就愈巧妙，愈有效"③。因此，西方民主在"形式合理性"与"实质合理性"（亦即"工具理性"与"价值理性"）之间难免产生"断裂"。缺乏"实质合理性"或"价值理性"维度，"形式合理性"或"工具理性"的膨胀必然走向理性的反面，沦为一种非理性。

与虚伪的西方资本主义民主相比较，社会主义民主的历史虽然不长，并存在着这样、那样的问题，但社会主义民主的内容却是真实的，且形式上正在不断完善，民主质量也在不断提高。社会主义民主的真实性在于，它以生产资料公有制为基础，是"全体人民当家做主"，是绝大多数人的民主，是一种实质性民主。在社会主义制度下，国家是人民的国家，是人民自我规定的载体。国家的一切权力属于人民，人民有管理国家、社会的权利。社会主义民主实践的历程告诉我们，位于社会最底层的人民群众从一开始就是推动民主的重要力量，是践行民主政治的主力军。如果说，资本主义的精英民主必然与资产阶级联系在一起，那么，社会主义的民主则与工人阶级运动密不可分。尽管社会主义的含义可能是多方面的，但是，无论什么样的社会主义都必须承认社会主义是反对等级社会和不平等的产物，奉行"民主、平

---

① 《列宁专题文集·论马克思主义》，人民出版社2009年版，第261页。
② 《列宁选集》第3卷，人民出版社2012年版，第627、626页。
③ 同上书，第605页。

等与公正"的价值理念。由于追求平等、公正的社会主体（社会主义运动的主体）必然是无权无势的人民群众，因此，"发展社会主义民主政治，必须以保证人民当家作主为根本"①。毛泽东指出："人民，只有人民，才是创造世界历史的动力。"② 人民群众作为实践的主体，是历史的主人，是社会发展的决定力量，也是推动社会民主化的决定力量。

值得强调指出的是，人类社会民主的发展历程表明，民主是具体的、历史的、变化的，从来不存在抽象的、超阶级的、超历史的民主，或者说，不存在普遍适用、固定不变的民主模式。我们倡导人民民主的价值观念，不是说走向某种"普世"模式，而是根据时代的发展、不同的文化传统和经济发展状况，以及不同的现实条件，设计不同的自治体制、程序，将发展社会主义民主看成一个不断完善的历史进程。备受"推崇"的所谓"西方模式"，无论是美国模式、德国模式，还是英国模式、日本模式，实际上都是与西方国家相应的文化、社会发展的产物，是相应国家不同利益群体长期博弈的结果。时至今日，民主在世界范围内根本就没有什么"标准答案"，仍然是一个众说纷纭、聚讼不断的大问题。

当然，社会主义的民主也需要通过好的形式来实现，需要不断完善程序设计。实践证明，任何一个国家、地区的民主模式，只有扎根本国土壤，根据时代的发展、不同的文化传统、不同的经济发展状况，以及不同的民众条件和意愿，设计不尽相同的民主体制和程序，才是可靠的、"管用"的、有前途的。毕竟，任何民主都只能从自己的文化土壤中成长起来，只能从本民族的文化血脉中衍生出来，都必须与本民族所处的历史阶段和发展水平相适应。这正如马克思批判黑格尔的民主观时所指出的："黑格尔认为民主因素只有作为形式上的因素才能灌输到国家机体中去……其实恰巧相反，民主因素应当成为在整

---

① 《中共中央关于全面深化改革若干重大问题的决定》，人民出版社2013年版，第28页。
② 《毛泽东选集》第3卷，人民出版社1991年版，第1031页。

个国家机体中创立自己的合理形式的现实因素。"① 也即是说,民主因素无法通过外部灌输,而必须依靠各个国家的内生演化才能发展起来,依靠各个国家的人民自己探索才能建立起来。

在全球化、信息化、智能化时代,在国际共产主义运动处于低潮的背景下,一个民族、国家,特别是像中国这样历史悠久、拥有独特文化、拥有独特实践、仍处在发展中的社会主义大国,根本不可能简单照搬世界上任何一种现成的民主模式。邓小平明确指出:"什么是中国人民今天所需要的民主呢？中国人民今天所需要的民主,只能是社会主义民主或称人民民主,而不是资产阶级的个人主义的民主。"② 习近平精辟地指出:"每个国家的政治制度……都是在这个国家历史传承、文化传统、经济社会发展的基础上长期发展、渐进改进、内生性演化的结果。"③ 每个民族的民主都一定带有本民族的独特文化基因,都一定要与本民族的"水土"相适应,都应该立足本国人民具体的实践进行评价和决定。

中国特色社会主义民主建立在以生产资料公有制为主体的经济基础之上,这决定了中国的民主不会受私有资本的操纵,不是少数有钱人的民主。作为根源于、服务于公有制经济基础的上层建筑,中国特色社会主义民主必然以实现全体人民当家做主为奋斗目标和价值追求,工人阶级和广大劳动人民在共产党领导下掌握国家政权并享有最广泛、最真实的民主权利,这种民主是真正的人民主权意义上的民主,是最广大人民群体共建、共享的民主。近些年来,西方各种反华势力极力妖魔化中国,反复污蔑中国"不要民主"或"不民主",实际上,中国的社会主义性质决定了不可能拒绝民主,而只是拒绝建立在生产资料私有制基础之上的"西式民主",反对"多党轮流执政""三权鼎立""西方议会"那套虚伪的民主形式。中国反对和拒绝这一切,是为了发展"中国特色社会主义民主",真正落实全体人民当家做主。

---

① 《马克思恩格斯全集》第1卷,人民出版社1956年版,第389—390页。
② 《邓小平文选》第2卷,人民出版社1994年版,第175页。
③ 习近平:《在庆祝全国人民代表大会成立60周年大会上的讲话》,《人民日报》2014年9月6日。

中国特色社会主义民主只有脱胎于中国的历史文化传统，内生于当代中国社会主义的政治架构，契合于当代中国的现实国情，才具有合理性、合法性和有效性，才可能得到广大人民的认同和拥护。

二 全面理解民主的价值

论及民主的价值，首先有必要考察一下民主价值观形成、发展的历史背景。

近代以来，由于欧美率先开展工业革命、实现工业化，资本主义国家的发展速度大大超过了其他国家和地区，其文化价值观也以一种显性文化、强势文化呈现于世人面前，被人们当作"先进文化、先进价值观"而加以膜拜。西方的民主价值观则被认这是这种"先进文化、先进价值观"的核心内容。这种强势文化价值观对中国特色社会主义民主价值观建设造成了语境之困。一方面，近代以来，中国曾经将西方资本主义民主价值观作为学习、借鉴甚至模仿的对象。鸦片战争失败后，西方资本主义民主价值观给中国先进知识分子以巨大的思想冲击，在探索救亡图存的道路时，他们力图用包括民主价值观的西方资本主义价值观启蒙、唤醒国民。这一潮流至五四运动达到高潮，"德先生"和"赛先生"声誉日隆。[①] 另一方面，西式民主是西方资本主义国家对社会主义中国进行"和平演变"、文化渗透的重要工具。自社会主义中国成立以来，以美国为首的西方资本主义国家如坐针毡，必欲除之而后快。20世纪70年代，西方在与中国进行了20多年的

---

① 不过，中国先进知识分子的民主价值观很快发生了分化，一部分将西方资本主义的"民主"演化为"三民主义"，在神州大地上实践；另一部分则接受马克思主义，赞同"劳动人民当家作主"之"民主"，践行于"三民主义"实践的缝隙之中。前者的"民主"实践最终因国民党独裁腐败、败逃台湾而继续曲折实践；后者则在共产党的领导下，通过成立新中国而慢慢地开花结果。发展至今，台湾地区的民主价值观在内涵、形式、发展方向上都与西方民主基本一致；大陆的社会主义民主价值观则因吸收了中国古代民主观的精髓，承接了马克思主义民主观的本质、形式和发展方向，而一直处在西方民主的侵蚀和挑战之中，尤其是在改革开放之后，一直在艰辛地探索中国特色社会主义的民主模式。

"武斗"、发现难以奏效之后，决定改变策略，变成"以文斗为主、武斗为辅"，将"和平演变"战略①正式作为外交方略。② 在上述两个方面的影响下，久而久之，人们产生了两个错觉：一是误以为西方资本主义国家通过数百年对内残酷剥削、对外掠夺殖民而获得的那些远超中国依靠自身发展而积累的物质财富，是在西式民主引导下取得的；二是误以为仅仅反映了尚处于物质追求阶段的人类的内心需求和价值取向的西方民主，就是人类的最高价值追求。这两个错觉根深蒂固，谬种流传，导致不少中国人倾心向往西方，主动放弃了中国古代文化和马克思主义都十分重视的民主追求。也正是基于此，西方的民主语境对社会主义民主价值观的侵蚀"成效显著"；不少知识分子、普通民众对社会主义民主价值观的认识比较模糊。也正因如此，帮助人们正确理解社会主义民主价值观的基本内涵，弄清社会主义民主价值观的培育价值，无疑是一项值得研究的重大课题。

作为社会主义最根本、最重要的核心价值之一，"民主"可以说是支撑社会主义价值理想大厦的"龙骨"，其理论和现实意义不容低估。

首先，民主是人类文明长期发展的必然要求。在人类社会早期，由于生产力发展水平低下，人们曾长期处于对自然物以及占有生产资料的人的依附关系之中。后来，由于经济、社会不断发展，人们的素质和能力不断提高，开始学会独立思考，学会用自己的力量和行动支配自己的命运，学会用自己的理性和意志行使社会的基本权力。这使得人们不再需要"庇护"，不再需要他人"代替做主"，人们自己的主体地位逐步确立，主体意识日益觉醒，并逐渐拥有了自己的主体人格，这时候就产生了民主。民主意味着一个社会从"主人与奴隶""救世

---

① "和平演变"战略的核心是向社会主义国家的人民灌输民主、自由、人权等"普世价值"，推销西方的生产方式和生活方式。"和平演变"的运作模式大致是政府出钱，各类基金会和社会组织组织和实施，各种媒体大肆造势宣传，民众具体演示。

② 李敏伦：《论西方民主核心价值观的实质及其对我国民主核心价值观的影响》，《价值论与伦理学研究》2016年下半年卷。

者与被解放者"等"二分法"的愚昧状态中解放出来,从一部分人把另一部分人当作奴役对象等野蛮状态中解放出来,人们因此获得了自由而平等的民主权利。

其次,民主是社会主义的生命,没有民主就没有社会主义,就没有社会主义的现代化,就没有中华民族的伟大复兴。一个文明、进步的社会必将是越来越民主的社会。1940年,毛泽东在《新民主主义的宪政》中指出:"中国缺少的东西固然很多,但是主要的就是少了两件东西:一件是独立,一件是民主。这两件东西少了一件,中国的事情就办不好。"[①] 民主是社会主义赢得人心、党的领导赢得群众的引领旗帜。没有全体人民翻身解放、当家做主,就没有社会主义。新中国成立后,中国共产党把建设人民民主的国家政治制度付诸实践,一直在探索具有中国特色的社会主义民主道路。当然,由于我们处于并将长期处于社会主义初级阶段,今天中国的社会主义民主还比较稚嫩,尚未完全展现出民主的全部内涵,但我们有理由相信,社会主义民主

[①] 《毛泽东选集》第2卷,人民出版社1991年版,第731页。谈到民主之于社会主义中国的价值,我们免不了还要提到著名的"窑洞对"。1945年7月,民主人士黄炎培访问延安。7月4日下午,应毛泽东之邀,黄炎培来到毛泽东所在的窑洞做客,同毛泽东在窑洞进行了一场著名的谈话。当毛泽东问其在延安逗留期间的所思所想时,黄炎培敞开心扉,直言相答:"我生六十余年,耳闻的不说,所亲眼看到的,真所谓,'其兴也勃焉,其亡也忽焉'。一人、一家、一团体、一地方,乃至一国,不少单位都没有能跳出这周期率的支配力。大凡初时聚精会神,没有一事不用心,没有一人不卖力,也许那时艰难困苦,只有从万死中觅取一生。既而环境渐渐好转了,精神也就渐渐放下了。有的因为历时长久,自然地惰性发作,由少数演为多数,到风气养成,虽有大力,但无法扭转,并且无法补救。区域也一步步扩大了,有的是出于自然发展,有的是为功业欲所驱使,强求发展,到干部人才渐见竭蹶,艰于应付的时候,环境倒越加复杂起来了,控制力不免趋于薄弱了。一部历史,'政怠宦成'的也有,'人亡政息'的也有,'求荣取辱'的也有。总之,没有能跳出这周期率。中共诸君从过去到现在,我略略了解了的,就是希望找出一条新路,来跳出这周期率的支配。"黄炎培的耿耿诤言,掷地有声。毛泽东听了,似乎成竹在胸,他自信满满地回答:"我们已经找到新路,我们能跳出这周期率。这条新路,就是民主。只有让人民来监督政府,政府才不敢松懈;只有人人起来负责,才不会人亡政息。"这段意味深长的对话,被后世誉为"窑洞对"而广为流传。毛泽东所给出的答案,既是对近代以来中国人在思考中国向何处去时所显现出的焦虑和彷徨心态的回应,更是对中国共产党人不懈探求挽救民族危亡、实现中华民族伟大复兴的民主之路的集中概括和精确表达。一代代的中国共产党人,顺应历史发展潮流和最广大人民的诉求,立足中国的国情,同时借鉴人类优秀政治文明发展成果,走出了一条能够跳出"兴亡周期律"的中国式"民主新路"。

的追求绝不是乌托邦式的空想。

再次，人民民主是中国特色社会主义政治发展道路的显著特征，是建设中国特色社会主义、实现中华民族伟大复兴的制度保证。马克思认为："国家制度本身就是一个规定，即人民的自我规定……在民主制中则是人民的国家制度。"① 在中国，无论是法律上还是政治上，人民都是国家的最高权力主体。1954年的《中华人民共和国宪法》明确了"中华人民共和国的一切权力属于人民"，"人民民主"作为国体之本、政体之魂确立下来。人民代表大会制度、中国共产党领导的多党合作和政治协商制度、民族区域自治制度、基层群众自治制度等基本政治制度，使人民民主逐渐深入国家的政治生活、经济生活、社会生活和文化生活。此外，作为执政党的中国共产党的宗旨是全心全意为人民服务，坚持共产党的领导，就是支持和保证人民实现当家做主。

最后应该指出，民主是法治的基础，法治是民主的保障，民主与法治是密切结合、不可分割的。一方面，离开民主，法治就可能沦为专制，民主也会成为一纸空文。法治作为一种社会治理方式，必须以民主为灵魂、基础和依据。只有广大人民掌握了国家政权，并选择了民主（人民当家做主）这种政权组织形式，才可能依托国家的体制机制体现人民自己的意志，并切实依法治国、依法办事。一切权力属于人民，全体人民当家做主，这是社会主义国家制度的核心内容和根本准则，也是中国推行依法治国的根本出发点和归宿。因此，需要注意的是，依法治国、建设社会主义法治国家必须始终以发展社会主义民主作为宗旨和使命，把保障和实现人民群众的民主权利，特别是保障人民群众管理国家的权利，作为自己的神圣职责。另一方面，法治的缺席可能会直接导致"议而不决、效率低下"，甚至可能会导致无政府主义泛滥和群体性的动乱，民主的发展也会成为奢谈。总之，需要正确认识和处理民主和法治的关系，把民主建设和法治建设有机结合起来，通过"民主法治化"和"法治民主化"，促进民主和法治的良

---

① 《马克思恩格斯全集》第1卷，人民出版社1956年版，第281页。

性协调发展，保障人民主体地位和民主权利的落实。只有这样，才能跳出"其兴也勃焉，其亡也忽焉"的历史周期率，打破治乱兴亡、折腾人民的恶性循环，实现社会和国家的长治久安。

三 民主价值观的实现路径

五四运动以来，特别是新中国成立以来，中国一直对民主孜孜以求，矢志探索中国特色的民主模式。回顾已经走过的历程，虽然走了一些弯路，付出了一定的代价，但也取得了显著的进步。与西方资本主义民主相比较，中国特色社会主义民主政治模式有自身的特点和优越性，当然，也存在着广阔的改革、发展和完善的空间，需要随着经济、社会的发展不断向前推进。毕竟，社会主义越是发展，民主程度往往就越高，民主制度的效能和质量往往就越统一，民主实践往往就越具有实质性内容。

（1）坚持中国特色社会主义民主道路，发展社会主义民主政治，最根本的是要把坚持党的领导、人民当家做主和依法治国有机统一起来。这也是中国特色社会主义民主政治的完整架构。

党的领导是人民当家做主和依法治国的根本保证。一方面，真正的民主是"人民公意"的表达，这种"人民公意"需要像中国共产党这种具有广泛代表性、政党组织动员能力与国家强制权力统一的政党作为中介，将广大人民的"分散的意志"整合为"集体意志"，并转化为具体的政治实践。当然，这内在地要求中国共产党坚持人民主体地位，要求党的领导不能脱离群众，必须全心全意为人民服务，保证和支持人民当家做主——以实实在在的民主形式，保证人民在国家政治生活和社会生活中依法、有效地行使管理国家事务、管理经济和文化事业、管理社会事务的权力。另一方面，人民民主是中国共产党一直以来的价值追求。只有坚持人民民主，保障广大人民的主体地位，有效维护广大人民的各项权益，才能促使人们支持和拥护党的领导，壮大党的群众基础，巩固党的执政地位。此外，中国共产党实行党内民主，这方面取得的成就也可以带动全社会的人民民主，党的民主集中制本身也在引导和塑造着社会主义民主制度的建设。总之，中国共产党既是人民民主的领导者，也是人民民主的建设者，更是人民民主的执行者。

依法治国是党领导人民治理国家的基本方略，发展和完善社会主义民主必须坚持依法治国。邓小平在1978年召开的中央工作会议上指出："为了保障人民民主，必须加强法制。必须使民主制度化、法律化，使这种制度和法律不因领导人的改变而改变，不因领导人的看法和注意力的改变而改变。"[①] 一方面，在社会主义制度下，法治是一种以民主为灵魂、基础和依据的社会治理方式。"一切权力属于人民""全体人民当家做主"是社会主义国家制度的核心内容和根本准则，而实现"一切权力属于人民""全体人民当家做主"，关键在于保证民主的主体——全体人民——享有独立、平等的主体地位，建立健全"自己为自己做主""自己管理自己"的体制和程序。这也是中国推行依法治国的根本出发点和归宿，因而法治的目的就是党领导人民依法治国，实现全体人民当家做主，有序推进国家和社会生活的法治化。另一方面，在任何一个国家、地区，民主从来不会自动地、顺理成章地实现，而必须依赖、借助法治的保障。在现代社会中，法治是民主的科学化、制度化形式。它将全体人民的主体权力、责任、义务以规范化、程序化的形式固定下来，通过严格依法办事，惩处各种破坏性的违法犯罪行为，使之得到长期、稳定的保障，维系正常有序的社会生活。

（2）全面深入地推进协商民主，不断提高协商民主的科学性和实效性。

在全体人民当家做主的社会主义新中国，"有事好商量"，"众人的事情由众人商量"，找到全社会意愿和要求的"最大公约数"，是人民民主的真谛。协商民主是在中国共产党领导下，通过各种层级的协

---

① 《邓小平文选》第2卷，人民出版社1994年版，第146页。

商渠道，就国家重大方针政策、经济社会发展重大问题，特别是涉及群众利益的实际问题进行广泛协商，以求增进共识、增强合力、拓展公民有序政治参与的人民民主的重要形式和工作机制。①

作为社会主义民主的重要形式和工作机制，协商民主具有西方民主所不具备的独特优势。根据习近平总书记的概括，协商民主可以"有效克服党派和利益集团为自己的利益相互竞争甚至相互倾轧的弊端"，"有效克服不同政治力量为了维护和争取自己的利益固执己见、排斥异己的弊端"，"有效克服决策中情况不明、自以为是的弊端"，"有效克服人民群众在国家政治生活和社会治理中无法表达、难以参与的弊端"，"有效克服各项政策和工作共识不高、无以落实的弊端"②。广纳群言、广集民智，深入推进协商民主，使我们的决策和工作更好地顺乎民意、合乎实际，是中国特色社会主义民主政治建设的重大课题。

（3）健全民主制度，发展更加广泛、更加充分、更加健全的人民民主。

社会主义民主政治的发展离不开民主制度的建立和健全。近代以来，一些中国人始终对西方资本主义民主制度抱有幻想，一直生活在西方话语所编织的"美丽新世界"中，甚至深陷其中，无法自拔。可严酷的现实是，"国家的情况一天一天坏，环境迫使人们活不下去"③。以毛泽东为代表的中国共产党人坚持"人民群众是历史的创造者"的观点，团结一切可以团结的力量建立统一战线，通过把马克思主义中

---

① 作为一种制度化体系，协商民主渗透到国家根本政治制度和基本政治制度运行的各个环节以及基本单位政治生活中，主要包括三个层面的协商，即政治协商（中国共产党同各民主党派以及各族、各界代表人士就国家重大方针政策和国家重大事务进行协商）、社会协商（执政党、人大、政府等国家权力中枢与社会公众、社会组织就社会发展重大问题和涉及人民群众利益的实际问题进行协商对话）、基层协商（基层领导机构与基层广大群众之间进行的一种协商议事和对话的制度）。其中，人民政协以其鲜明的特点和独特的功能，成为协商民主的重要渠道和专门协商机构。

② 参见习近平《在庆祝中国人民政治协商会议成立65周年大会上的讲话》，人民出版社2014年版，第17—18页。

③ 毛泽东：《论人民民主专政》，《人民日报》1949年7月1日。

国化，通过"绝不屈服、绝不退缩"的武装斗争，才取得了新民主主义革命的胜利，建立起人民当家做主的社会主义制度，不断探索适合中国的社会主义政治文明发展道路。

在新时代中国特色社会主义建设中，倾听人民呼声，顺应人民期待，健全民主制度，丰富民主形式，拓宽民主渠道，主要可以从以下三个方面着手：一是完善人民代表大会制度。巩固和完善人民代表大会制度，可以不断扩大人民有序政治参与，让人民实现内容广泛、层次丰富的当家做主；可以拓宽和畅通社情民意表达和反映渠道，建设"了解民情、反映民意、集中民智、珍惜民力"的决策机制，增强决策透明度和公众参与度，保证决策符合人民的利益和愿望。二是完善基层民主制度。人民民主的实质，就是人民当家做主。而基层民主是人民当家做主最直接的体现，是人民民主制度的最大亮点。人民群众对基层的领导能够切实运用监督权利，能更好地保证党和国家领导机关及其工作人员按照法定权限和程序行使权力。因此，要扩大有序参与、推进信息公开、加强议事协商、强化权力监督，进一步完善基层民主制度，保障人民享有更多更切实的民主权利。① 三是完善民族区域自治制度。民族区域自治制度是根据中国的历史发展、文化演进、民族关系以及民族区域分布等具体情况所做出的制度安排。它既尊重历史，又合乎国情，顺乎民心，符合全国各族人民的根本利益，是实现人民当家做主的有效形式，也是中国特色社会主义民主政治的重要体现。

总之，坚持党的领导、人民当家做主和依法治国的有机统一，全面深入推进协商民主，不断丰富和健全民主制度，是实现社会主义民主价值观的现实路径。当然，由于中国处于并将长期处于社会主义初级阶段，社会主义民主政治的体制、机制、程序、规范以及具体运行

---

① 习近平总书记强调："要完善基层组织联系群众制度，加强议事协商，做好上情下达、下情上传工作，保证人民依法管理好自己的事务。要推进权力运行公开化、规范化，完善党务公开、政务公开、司法公开和各领域办事公开制度，让人民监督权力，让权力在阳光下运行。"（《习近平谈治国理政》第 2 卷，外文出版社 2017 年版，第 297—298 页。）

还存在不少问题，存在许多需要反思、改革、完善的地方，这注定了社会主义民主之路不会太平坦，民主政治建设需要一个比较漫长的过程。不过，由于社会主义民主制度的优越性，如社会主义民主制度使得"民主的国体"与"民主的政体"达到了高度统一；让国家的最大多数人成为民主的主体，极大地调动了广大人民的积极性、主动性和创造性，使社会有机体充满着生机和活力；等等，当代中国已经走上了民主的康庄大道。中国奔向民主的历史大趋势必将无可阻挡！

第十一章
公正：社会主义社会的本质要求

"公正"自古以来就是人类追求的基本价值。罗尔斯甚至说："正义是社会制度的首要价值，正像真理是思想体系的首要价值一样。"① "公正"是任何一个社会健康运行的道德基础，反映了人类的共同生活形式所固有的矛盾和特征。一方面，个人存在是社会存在和发展的基本前提；另一方面，作为一种"社会性动物"，任何个人都处于一定社会关系之中。只有在社会中，个人的价值才能实现，个人自由、全面发展的需要才能得到满足。走进新时代，面对有限的社会资源和人类近乎无限的占有欲望，如何公正地平衡、协调人们的利益、需求，有效地化解人与人之间、人与社会之间的矛盾和冲突，始终是一个难解的社会课题。

一 准确把握"公正"的丰富内涵

社会主义自诞生之日起就与公正紧密相连，一直把公正作为核心价值目标。然而，在日常生活和学术研究中，什么是"公正"，却众说纷纭，从来就没有一个权威的解释。此外，"公正"的含义有广义、

---

① ［美］约翰·罗尔斯：《正义论》，何怀宏等译，中国社会科学出版社1988年版，第1页。

狭义之分，"公正"与"平等"之间的区别有时也不甚明确。因此，科学地界定"公正"一词，弄清其丰富内涵，是培育和践行社会主义公正价值观的前提。

公正是公平、正义的简称，是社会的基本价值取向，它在很多情况下等同于公平或者正义。也许正是因为"公正"与"平等"之间的区别不甚明确，人们常常容易混淆二者。为了厘清"公正"与"平等"之间的区别，我们不妨援引罗尔斯《基本自由及其优先性》中的一段话："每一个人对平等的基本权利和基本自由之完全充分的图式都有一种平等的要求。该图式与所有人同样的图式相容；在这一图式中，平等的政治自由能——且只有这些自由才能——使其公平价值得到保证。"① 在这段话中，罗尔斯至少表达了三层含义：①"对平等的基本权利和基本自由"（普遍的正义）要求平等；②只有在平等的基础上，才能有自由；③只有"平等的政治自由"的实现，才能体现社会的"公平（公平正义）价值"。一般而论，自由侧重于社会整体性条件下的个体性维度，公正（公平正义）侧重于社会整体性维度，平等则侧重于社会整体性和个体性的前提性维度。以平等为基础实现人的基本权利和自由的社会，是公平正义的社会。

从狭义方面来讲，公正作为一个价值范畴，首先是指个体按同一原则或标准对待处于相同情况的人与事，其立场、态度、方式方法和效果等是客观的、公道的、正派的。中国传统文化着重强调的公正就是作为客观处理事务的原则出现的，例如，要求公职人员做人办事要心底无私，处理问题要"一碗水端平"，不偏不倚。在中国古代思想家看来，"公正"就是公平正直，且侧重点往往倾向于"正直"。《荀子·修身》谈到公正时说："是谓是，非谓非，曰直"，即客观地、实事求是地评判是非曲直，是为公正。宋代杨时则认为，好恶出于"公"便是"直"，即以"公"为"直"，立公废私。

其次，狭义的"公正"还意味着个体在拥有独立人格、平等尊

---

① ［美］约翰·罗尔斯：《政治自由主义》，万俊人译，译林出版社 2000 年版，第 5 页。

严、自由时间等前提下,同等地行使社会所分配的权利、履行相应的义务。即是说,"各个阶层的社会成员之间,全体公民之间,对人的权利、自由和平等的理性恪守"①,包括"人格平等""性别平等""种族平等""代际平等""信仰和宗教平等",以及阶级阶层之间的平等,等等。这正如余成跃所说:"公正观念的本质是对一定的人际关系、权利和义务关系的反映,反过来它又作为评判标准和价值尺度影响和决定着人们的评价活动和价值活动。"②

从广义方面讲,公正作为价值范畴,指的是社会公正,是为了让个体所得到的与所付出的相称或相适应,依据公平、合理的尺度处理利益分配(如权利和义务、自由和机会、收入和财富等社会资源分配)的原则。例如,贡献与报酬、功过与奖惩之间,相适应的就是公正,不相适应的就是不公正。公正覆盖经济、政治、法律、道德、文化、教育、日常生活的各个领域,包括"机会公正"③"规则公正"④"效率公正""分配公正"等,旨在通过政治、经济、法治,特别是通过社会政策来进行社会整合与调节,减缩存在于社会或社会成员之间的利益分配差距,从而使所有的社会成员都享受到社会发展与进步的成果。

正如恩格斯在《反杜林论》中所表明的,公平公正是对现实分配关系的一种评价,是一种价值判断。例如,李德顺指出:"它不仅仅是指个人的一种立场、态度和作风,而是指整个国家社会的一套制度

---

① 李德顺:《谈社会主义核心价值"公正"》,《中国特色社会主义研究》2015 年第 2 期。
② 余成跃:《转型期中国社会公正问题研究》,复旦大学出版社 2013 年版,第 27 页。
③ 在社会的经济、政治、文化等活动当中,每个人都享有同等的机会,不因出身卑微而人为地减少机会,也不因出身高贵而人为地增加机会。这正如罗尔斯所说:"在社会的所有部分,对每个具有相似动机和禀赋的人来说,都应当有大致平等的教育和成就前景。那些具有同样能力和志向的人的期望,不应当受到他们的社会出身的影响。"([美]约翰·罗尔斯:《正义论》,何怀宏等译,中国社会科学出版社 1988 年版,第 73 页。)
④ 规则面前人人平等,一视同仁。"在纯粹程序正义中,不存在对正当结果的独立标准,而是存在一种正确的或公平的程序,这种程序若被人们恰当地遵守,其结果也会是正确的或公平的,无论它们可能会是一些什么样的结果。"([美]约翰·罗尔斯:《正义论》,何怀宏等译,中国社会科学出版社 1988 年版,第 86 页。)

观念、价值观念体系，是一套由价值取向、思想方法、制度体系和实践目标构成的系统。它要求体现在社会运行的各个环节上，如生产、流通、消费、分配，立法、行政、司法等。"①郭建宁认为："公正的核心是分配公正。依据政治哲学传统，公正的内涵在于'给予其所得'。"②万俊人认为："社会公正是对社会权利和社会义务的公平分配以及与此相适应的道德品质。社会公正最一般地说就是平等地分配社会的'基本善'（罗尔斯语，'the primary goods'），包括各种基本的社会权利和社会义务的对等分配和承诺，以及其他社会公共产品的公平分配。"③

虽然从字面上说，"公正"不等同于"社会公正"，但是，公正主要是从社会的角度而论的。所谓"公"，是指公共的、共同的、公开的、国家整体的、社会整体的、人民整体的事，而不是指纯粹的个人的私事。所谓"平"，讲的是公共领域的平等，而不是对私人生活领域的要求。"社会公正"要求在一定的社会共同体之中，或者在一定的社会共同体之间，建立一种"公共平等"，即建立一整套的思想文化体系、社会制度体系、社会生活体系、司法保障体系等，维护社会的"公平""正义"。

总之，"公正"的含义虽有广义和狭义之分，但本章着重强调的是广义的公正——社会公正，即为了让个体所得到的与所付出的相称或相适应，依据公平、合理的尺度处理利益分配（如权利和义务、自由和机会、收入和财富等社会资源分配）的原则，包括"机会公正""规则公正""效率公正""分配公正"等。狭义的公正主要是指个体按同一原则或标准对待处于相同情况的人与事，其立场、态度、方式、方法和效果等是客观的、公道的、正派的；同等地行使社会所分配的权利、履行相应的义务，包括"人格平等""性别平等""种族平等""代际平等""信仰和宗教平等"，以及阶级、阶层之间的平等。本章

---

① 李德顺：《谈社会主义核心价值"公正"》，《中国特色社会主义研究》2015年第2期。
② 郭建宁：《社会主义核心价值观基本内容释义》，人民出版社2014年版，第95页。
③ 万俊人：《社会公正为何如此重要》，《天津社会科学》2009年第5期，第4页。

对于"公正"的用法采取的是两者兼顾，但以其广义为主。①

二 公正与社会主义的本质

建设一个公平正义的社会，历来为中华民族所向往，为世界上许多民族所追求。"老有所终，壮有所用，幼有所长，矜寡孤独废疾者，皆有所养"，是《礼记·礼运》对大同世界的描绘；"去人之私产""无国之争""人皆有乐而无忧"，是康有为在《大同书》中的构想；"天下为公""平均地权""节制资本""人人平等"是孙中山先生的著名愿景……建立人人平等、个个自由的公正新社会，则是以圣西门、傅立叶和欧文为代表的空想社会主义者的期盼。在全体人民当家做主的社会主义新中国，实现社会公正的意义更加重大，也更具紧迫性。

（一）"公正"彰显社会主义的本质

在社会主义核心价值观诸范畴中，"公正"最为直接、最为有力地彰显了社会主义的本质。社会主义是全体人民当家做主的社会制度，它的"发展为了人民、发展依靠人民、发展成果由人民共享"。在社会主义发展历程中，防止两极分化，实现共同富裕，维护社会的公平正义，是社会主义的本质要求，否则，就偏离了社会主义的航向。②当今中国正处于社会主义初级阶段，至于如何在这样一个阶段防止两极分化，实现共同富裕，邓小平总设计师有一个颇具匠心的"设计"：通过"先富"带"后富"，逐步实现共同富裕是总策略，对"先富"采取必要的调控措施，对"后富"给予必要的扶持，是防止两极分化

---

① 笔者赞同李德顺的建议："我们可以在广义上把公正展开为公平正义的体系。当然，狭义的公正也要讲，但更多是在具体部门、具体领域、具体层面上讲的。从整体上讲，特别是与社会主义相联系时，应该把它看做是广义的公正。"（李德顺：《谈社会主义核心价值"公正"》，《中国特色社会主义研究》2015年第2期。）

② 邓小平曾经明确指出："社会主义的目的就是要全国人民共同富裕，不是两极分化。如果我们的政策导致两极分化，我们就失败了；如果产生了什么新的资产阶级，那我们就真是走了邪路了。"（《邓小平文选》第3卷，人民出版社1993年版，第110—111页。）

的必要手段。① 最后，邓小平总结性地说："一个公有制占主体，一个共同富裕，这是我们所必须坚持的社会主义的根本原则。"② 其中，"公有制占主体"是掌握实现社会公平正义的"总阀门"，而"共同富裕"则是社会公平正义的愿景和目标。

在邓小平看来，社会主义同资本主义的本质区别，除了要比资本主义更快地发展社会生产力之外，还要消灭剥削，消灭压迫，消除社会不平等和不公正，实现共同富裕，使广大人民在政治、经济、社会、文化等方面享有平等的权利，逐步实现人与社会的自由全面发展。这正如李德顺指出的："从理论上看，社会主义最核心的价值，就是在尊重和保护自由的基础上进一步实现以平等为特征的公平正义，这是社会主义后于资本主义、高于资本主义的价值追求。"③ 如果说，资本主义实行的是"损不足以奉有余"，那么，社会主义则完全相反，它倾向于"损有余以补不足"。如果说，资本主义更关注自由竞争和效率，那么，社会主义则更强调公正和平等。社会主义承诺，必须创造切实的经济和政治条件，将社会建设得更加公正、合理，让全体人民享有更加平等的政治、经济和文化权利。这正如习近平总书记所强调的："我们推进改革的根本目的，是要让国家变得更加富强、让社会变得更加公平正义、让人民生活得更加美好。"④

当前，中国的改革和发展已经进入了"深水区"、关键期。随着

---

① "我们提倡一部分地区先富裕起来，是为了激励和带动其他地区也富裕起来，并且使先富裕起来的地区帮助落后的地区更好地发展。提倡人民中有一部分人先富裕起来，也是同样的道理。对一部分先富裕起来的个人，也要有一些限制，例如，征收所得税。还有，提倡有的人富裕起来以后，自愿拿出钱来办教育、修路。当然，决不能搞摊派，现在也不宜过多宣传这样的例子，但是应该鼓励。"（《邓小平文选》第3卷，人民出版社1993年版，第111页。）

② 《邓小平文选》第3卷，人民出版社1993年版，第111页。

③ 李德顺：《谈社会主义核心价值"公正"》，《中国特色社会主义研究》2015年第2期。

④ 习近平：《国家主席习近平发表二〇一四年新年贺词》，《人民日报》2014年1月1日第1版。习近平还说："全面深化改革必须着眼创造更加公平正义的社会环境，不断克服各种有违公平正义的现象，使改革发展成果更多更公平惠及全体人民。如果不能给老百姓带来实实在在的利益，如果不能创造更加公平的社会环境，甚至导致更多不公平，改革就失去意义，也不可能持续。"（习近平：《切实把思想统一到党的十八届三中全会精神上来》，《求是》2014年第1期。）

改革和社会主义市场经济建设的深入，随着社会结构的变迁和人们的利益关系的多元化，社会公正问题已经变得越来越突出了。例如，社会发展条件千差万别，经济发展极不平衡，地区差距、城乡差距过大，贫富差距、贫富分化日益严重，在机会公正、规则公正、权利公正、效率公正、分配公正等方面存在的问题也很多。公正问题是社会大众极为敏感、也极为关心的问题，上述不公正现象已经成为影响民众心态、影响改革、发展和稳定的首要问题。实际上，这也是关系广大民众利益和福祉的焦点问题。也正因为如此，党的十九大报告指出，我国社会主要矛盾已经转化为"人民日益增长的美好生活需要和不平衡不充分的发展之间的矛盾"。解决这一主要矛盾，有效整合各种社会资源，调节不同方面利益的冲突，促进全社会的团结协作，必须遵循社会公正原则，建设富强、民主、文明、和谐的美好社会，使全体人民切实"共建、共有、共享"，增强获得感和幸福感。

（二）"公正"促进经济、政治、法治、社会的发展

公正不仅彰显着社会主义的本质，而且是社会主义建设的内在要求，是广大人民的核心诉求。

公正是建立、完善社会主义市场经济体制的现实需要。当前，在中国的市场经济建设中，存在的不公正现象比比皆是，包括市场主体的地位不平等、机会不平等、规则不平等，以及信用缺失等。在非常复杂的情况下，只有深化经济体制改革，切实公正地对待所有市场主体，同时，对广大市场主体进行公正观教育，用公正作为调节人们的经济行为的价值和道德规范，才能形成平等竞争、公平交易、等价交换、合理谋利等发展观念，形成维护公共利益、大众权益的经济秩序和社会秩序，推动社会主义市场经济健康、平稳发展。

公正是推进社会主义政治文明建设进程的动力之源。社会主义的"政治文明"只能站在最广大人民的立场上，维护最广大人民的合法权益，让广大民众切实地"共建、共有、共享"。而实现这一目标离不开公正理念的支撑，需要广大人民特别是党员领导干部牢固树立公正、民主、廉洁、高效等价值理念。"在政治生活领域大力倡导公正

观念,用公正作为调整社会成员政治伦理关系的最基本的规范,无疑会为民主政治提供强有力的思想道德支持,提高广大公民参政议政的政治素质,从而加快我国的政治文明建设。"①

公正是法治建设的生命线,促进社会公平正义是依法治国的核心价值追求。法律面前人人平等,令全体人民感受到公平正义,是法治国家建设的基本准则。党的十八届四中全会着眼于依法治国与公平正义的有机统一,从立法公正、执法公正、司法公正、全民守法等方面,对以法治促进社会公平正义做出了全面部署。当然,正如我们下一节将要论述的,落实这一部署并不容易,以法治守护公平正义的核心价值,还有相当长的路要走。

公正是社会和谐稳定的根基,是构建和谐社会的价值准则。改革开放以来,随着经济的快速发展,一部分人先富起来了,贫富差距却越拉越大;一些地区先发展起来了,地区差距却越拉越大;城镇化率不断提升,城乡差距却越拉越大……在社会运行过程中,人与人之间的机会不公正、规则不公正,许多人在教育、就业、医疗、养老等民生问题上存在困难,加上一些权力部门、一些管理和执法者在行政、执法过程中的偏私、不公正行为,导致一些人心理失衡,人际关系日趋紧张,社会矛盾日益激化,社会冲突也频频见诸媒体。在严峻的形势下,用公正价值观引领制度改革,平衡各方利益诉求,规范权力部门和官员的行为,营造公道、正派的社会风气,已经是和谐社会建设的必由之路。

三 公正的实现是一个历史过程

公平公正是中国共产党为人民服务的基本要求,也是中国共产党治国理政的一贯主张。改革开放 40 多年来,中国在物质文明建设方面

---

① 王春风:《公正的社会价值》,《光明日报》2014 年 11 月 5 日第 13 版。

成就斐然，但"'蛋糕'不断做大了，同时还要把'蛋糕'分好"①。毕竟，"贫穷不是社会主义"，社会主义更不属于某些个人或者某些利益集团，而应该由全体人民共建、共有、共享，必须将"做大蛋糕"与"分好蛋糕"统一起来。即是说，要在经济发展的基础上，着力维护全体人民的基本权利和自由，维护社会公平正义，最终实现共同富裕，普遍地增进全体人民的获得感和幸福感。

第一，通过生产力的发展，为促进社会公平公正奠定坚实的物质基础。经济发展水平决定着社会物质财富的总量，从根本上制约着社会的公平公正。习近平指出："实现社会公平公正是由多种因素决定的，最主要的还是经济社会发展水平。"② 今天的中国仍然是一个发展中国家，还有绝对数比较大的贫困人口，绝大多数人的生活水平并不高，没有解决的基本民生问题很多，因此，构建公平公正的社会，必须牢牢抓住经济建设这个中心，进一步把"蛋糕"做大，奠定更加坚实的物质基础。顺便要指出的是，在信息化、智能化时代发展经济，必须坚持"科技立国"战略，实施创新驱动，依靠科技进步推动经济的快速发展。

第二，促进社会公平公正，关键是做到分配公正。实现分配公正，需要政府发挥宏观调控职能，对社会财富进行二次分配和多次分配。例如，取消农业税，提高个人所得税起征点，向中西部地区加大转移支付力度，国家对城乡的养老保险、医疗保险注入资金，下岗职工基本生活保障，失业救济，城镇居民最低生活保障，等等，都是基于平等自由和平等权力所进行的平等收入和平等财富的分配。实现分配公正，特别是要妥善处理分配公正和效率的关系。追求公正与效率的统一，是社会主义的内在要求。效率是实现公正、推动公正发展的基本条件，效率的水平决定着分配公正的可能性程度。没有一定的效率，经济发展过慢，充其量只能实现低水平的有限的分配公正。同时，效

---

① 习近平：《切实把思想统一到党的十八届三中全会精神上来》，《求是》2014年第1期。
② 同上。

率又依赖于分配公正。如果缺乏基本的分配公正，那么就难以调动人们的积极性，难以解决不断涌现的社会矛盾和社会冲突，难以"消灭剥削，消除两极分化，最终达到共同富裕"，最终也难以有效地提高效率。而正确处理分配公正与效率的关系，既要避免社会差距过于悬殊，又要防止平均主义倾向。

第三，建立健全社会保障制度，为社会公平公正的实现提供保证。[1] 建立健全社会保障制度，需要通过深化体制改革，建立健全反腐倡廉制度体系，规范权力的运作、监督、制衡，防止权力的滥用侵犯社会成员的权利；建立合理的利益分配制度，缩小贫富差距，避免因收入差距的过分扩大而导致两极分化；保障公民参与政治生活和监督的权利、从事经济和文化活动的权利；完善基本经济制度，促进市场的机会公平、规则公平；完善以宪法为核心的中国特色社会主义法律体系，保障司法公正、执法公正；完善社会保障制度，保障全体社会成员能够共享教育、医疗、就业、福利等社会发展的成果；坚持统筹兼顾，推动城乡一体化发展，逐步缩小城乡差距，促进城乡共同繁荣。特别是，制度改革的成果要狠抓落实，强化责任追究，增强制度执行力。习近平总书记强调："制度很重要，更重要的是抓落实"[2]，"不能让制度成为纸老虎、稻草人"[3]，要"提高反腐败法律制度执行力，让法律制度刚性运行"[4]。

第四，全面推进依法治国，通过法治维护公平正义，为促进社会公平公正提供法律保障。"国无法则人无矩，法不公则国不稳。"一是科学立法，把公正、公平、公开原则贯穿于立法的全过程。二是严格

---

[1] 习近平总书记指出："不论处在什么发展水平上，制度都是社会公平公正的重要保证"；"要把促进社会公平公正、增进人民福祉作为一面镜子，审视我们各方面体制机制和政策规定"。（习近平：《切实把思想统一到党的十八届三中全会精神上来》，《求是》2014年第1期。）

[2] 《习近平关于党风廉政建设和反腐败斗争论述摘编》，中央文献出版社2015年版，第129页。

[3] 习近平：《在十八届中央纪委三次全会上的讲话》，《人民日报》2014年1月15日。

[4] 习近平：《在第十八届中央政治局第五次集体学习时的讲话》，《人民日报》2013年4月21日。

执法，重点解决执法不规范、不严格、不透明、不文明等问题，惩治各种执法腐败现象，"形成人们不愿违法、不能违法、不敢违法的法治环境，做到有法必依、执法必严、违法必究"①。三是公正司法。只有深化司法体制改革，完善司法管理体制和积极构建系统完备、科学规范、运行有效的执法制度体系，坚持用制度管权、按制度办事、靠制度管人，才能确保执法工作始终在法治轨道和制度框架内运行，从而守住最后这道维护社会公平正义的防线。四是全民守法。在法律面前人人平等，使全体人民都成为社会主义法治的忠实崇尚者、自觉遵守者和坚定捍卫者。

第五，践行社会主义公正价值观，需要坚决反对、有效防止特权主义。公平正义是社会的分配原则，和生产资料公有制一样，是驾驭和驯服资本、市场的"利器"。它与特权思维水火不容。特权主义与特权思维具体表现为以下两种类型。一是"官本位"。中国经历了2000多年的封建宗法等级社会，在传统文化中深深烙下了"官本位"思想。它除了表现为体制内的官僚思想、等级秩序、官僚作风等之外，还表现为普通民众的竭力追逐权力、向权力献媚、奴性心理等。有些人看不见那些勤勤恳恳、一心为公的好榜样，甚至羡慕那些贪污腐败、以权谋私的坏典型。必须承认，当前的制度建设尚不完善，存在不少漏洞，然而，也有不少人满口仁义道德，却专门盯着漏洞拼命"往里钻"，一方面道貌岸然地批评潜规则，另一方面又希望自己有潜规则的权利。这似乎成了中国人的一种劣根性。因此，公务人员特别是领导干部必须坚守为人民服务的宗旨，坚决摒弃特权思想，带头学习和遵守法律，用实际行动争做表率，以产生良好的示范效应。二是"钱本位"。金钱是"钱本位"的"神"，有钱就是成功，没有钱就是失败；钱可以交换一切，一切都可以用钱来解决……在这种腐朽思想的引导下，在一场财富和资本的大追逐中，很多人放弃了思想和灵魂的底线，彻底沦为"金钱的奴隶"，不择手段，巧取豪夺，恩将仇报，

---

① 人民日报社评论部编：《"四个全面"学习读本》，人民出版社2015年版，第211页。

把公平正义忘得一干二净。迈入新时代，如果不彻底清除"官本位""钱本位"之类特权思想，特别是掌握权力和资本的人不彻底清除特权思想，就难以真正建成公平正义的社会主义社会，体现社会主义制度应有的先进性和优越性。

最后，我们还应该看到，无论是对于公正的认识，还是公正价值观的实践，都非常复杂，不可能一蹴而就。在社会主义制度环境中，公正的实现虽然不存在什么根本性的阻碍，却仍然存在不少理论和实践方面的难题，因而必将是一个循序渐进的历史过程。

第十二章
为人民服务：共产党人唯一的宗旨

"为人民服务"虽然简单明了，通俗易懂，却具有丰富的历史内涵，具有深厚的理论意蕴，具有强烈的感召力。它是中国共产党及其领导的军队、政府乃至整个革命队伍的价值观，是社会主义核心价值体系和社会主义核心价值观的"核心"，它具体、鲜活、生动地体现着社会主义社会的本质特征和实践要求。——当然，应该引起我们注意的是，为人民服务的价值观不是僵死、固定的，而是需要与时俱进地加以理解和贯彻；它也从来没有过时，一直闪耀着时代的光辉，今天仍然具有现实的基础和重要的理论和实际意义。

一 "为人民服务"价值观的历史发展

为人民服务作为中国共产党人一脉相承、一以贯之的价值观，是马克思主义价值思想在中国的具体化呈现。坚持以全心全意为人民服务为唯一宗旨，这是中国共产党区别于其他任何政党的一个显著标志，也是中国共产党受到人民群众拥护、领导人民夺取革命和建设事业胜利的奥秘所在。高扬全心全意为人民服务的旗帜，是坚持中国共产党的宗旨，推进中国特色社会主义建设事业的必由之路。

（一）毛泽东"为人民服务"价值观

马克思主义经典作家认为，人民群众是历史的创造者，"无产阶级政党的义不容辞的责任就是和群众在一起"①。马克思恩格斯在《共产党宣言》中指出："过去的一切运动都是少数人的，或者为少数人谋利益的运动。无产阶级的运动是绝大多数人的，为绝大多数人谋利益的独立的运动"；共产党不是同工人阶级相对立的特殊政党，"他们没有任何同整个无产阶级的利益不同的利益"②。根据马克思主义的基本原理，结合中国革命和建设实践，毛泽东创造性地提出了为人民服务价值观，并使之成为中国共产党的根本宗旨、每个共产党人的最高行动准则。这里我们不妨依时间顺序，大致梳理一下毛泽东关于为人民服务价值观的主要论述。

1939年2月20日，毛泽东在致张闻天的一封信中谈及儒家旧道德之"勇"时，曾经深刻地指出，旧道德之"勇"只是"勇于压迫人民，勇于守卫封建制度，而不勇于为人民服务的"③。这是毛泽东最早涉及"为人民服务"这一命题。

1939年12月21日，毛泽东在《纪念白求恩》一文中写道："白求恩同志毫不利己专门利人的精神，表现在他对工作的极端的负责任，对同志对人民的极端的热忱。每个共产党员都要学习他。不少的人对工作不负责任，拈轻怕重，把重担子推给人家，自己挑轻的。一事当前，先替自己打算，然后再替别人打算。出了一点力就觉得了不起，喜欢自吹，生怕人家不知道。对同志对人民不是满腔热忱，而是冷冷清清，漠不关心，麻木不仁。这种人其实不是共产党员，至少不能算一个纯粹的共产党员。"④"我们大家要学习他毫无自私自利之心的精神。从这点出发，就可以变为大有利于人民的人。一个人能力有大小，但只要有这点精神，就是一个高尚的人，一个纯粹的人，一个有道德的人，一个脱离了低级趣味的人，一个有益于人民的人。"⑤ 在毛泽东

---

① 《列宁全集》第32卷，人民出版社1985年版，第28页。
② 《马克思恩格斯选集》第1卷，人民出版社2012年版，第411、413页。
③ 《毛泽东文集》第2卷，人民出版社1993年版，第163页。
④ 《毛泽东选集》第2卷，人民出版社1991年版，第659—660页。
⑤ 同上书，第660页。

的心目中，白求恩同志是为人民服务的楷模。

1942年，毛泽东发表了著名的《在延安文艺座谈会上的讲话》，明确提出了一个"为什么人"的问题。他指出："我们的文艺应当'为千千万万劳动人民服务'"，"一切共产党员，一切革命家，一切革命的文艺工作者，都应该学鲁迅的榜样，做无产阶级和人民大众的'牛'，鞠躬尽瘁，死而后已"。他一再强调指出，"为什么人"的问题，是一个根本性的问题，是一个原则性的问题。如果这个根本问题、原则问题得不到解决，那么，其他的问题就都不易解决了。在广大人民当家做主的社会主义社会，真正解决"为什么人的问题"，是做好各项工作的根本。

1944年9月8日，在悼念大生产运动中、因烧炭时炭窑垮塌而牺牲的张思德同志的追悼会上，毛泽东发表了著名的演讲——《为人民服务》，第一次用通俗易懂、明白晓畅的中国化语言阐明了中国共产党的根本宗旨，阐释了中国共产党人的价值观，阐释了共产党领导的军队、政府乃至整个革命队伍的价值观。毛泽东深情地指出："我们的共产党和共产党所领导的八路军、新四军，是革命的队伍。我们这个队伍完全是为着解放人民的，是彻底地为人民的利益工作的。……我们想到人民的利益，想到大多数人的痛苦，我们为人民而死，就是死得其所。"[①] 他同时指出："因为我们是为人民服务的，所以，我们如果有缺点，就不怕别人批评指出。不管是什么人，谁向我们指出都行。只要你说得对，我们就改正。你说的办法对人民有好处，我们就照你的办。……只要我们为人民的利益坚持好的，为人民的利益改正错的，我们这个队伍就一定会兴旺起来。"[②] 他提出，为人民服务，要"谦虚谨慎""戒骄戒躁""全心全意"。1944年12月15日，在《一九四五年的任务》中，毛泽东还说："我们一切工作干部，不论职位高低，都是人民的勤务员，我们所做的一切，都是为人民服务，我们

---

① 《毛泽东选集》第3卷，人民出版社1991年版，第1004—1005页。
② 同上。

有些什么不好的东西舍不得丢掉呢?"①

1945年4月24日,在《论联合政府》等著作中,毛泽东又反复、深入阐释了"为人民服务"的价值观。他指出:"全心全意地为人民服务,一刻也不脱离群众;一切从人民的利益出发,而不是从个人或小集团的利益出发;向人民负责和向党的领导机关负责的一致性;这些就是我们的出发点。"②他要求每一位共产党员明白,共产党人的一切言论和行动都必须以合乎最广大人民群众的最大利益、为最广大的人民群众拥护为最高标准,为此不怕受苦受累受委屈,不惜奉献、牺牲自己的一切。毛泽东指出:"共产党人必须随时准备坚持真理,因为任何真理都是符合于人民利益的;共产党人必须随时准备修正错误,因为任何错误都是不符合于人民利益的。"③他还说:"以中国最广大人民的最大利益为出发点的中国共产党人,相信自己的事业是完全合乎正义的,不惜牺牲自己个人的一切,随时准备拿出自己的生命去殉我们的事业,难道还有什么不适合人民需要的思想、观点、意见、办法,舍不得丢掉的吗?难道我们还欢迎任何政治的灰尘、政治的微生物来玷污我们的清洁的面貌和侵蚀我们的健全的肌体吗?无数革命先烈为了人民的利益牺牲了他们的生命,使我们每个活着的人想起他们就心里难过,难道我们还有什么个人利益不能牺牲,还有什么错误不能抛弃吗?"④

1945年,在党的七大政治报告中,毛泽东对为人民服务做了系统、完整的阐述。他把全心全意为人民服务提到党的唯一宗旨的高度,提出要"紧紧地和中国人民站在一起,全心全意地为中国人民服务"⑤;肯定全心全意为人民服务是中国共产党的优良作风的核心内容之一,是"我们共产党人区别于其他任何政党的又一个显著的标

---

① 《毛泽东文集》第3卷,人民出版社1996年版,第243页。
② 《毛泽东选集》第3卷,人民出版社1991年版,第1094—1095页。
③ 同上书,第1095页。
④ 同上书,第1096—1097页。
⑤ 同上书,第1039页。

志"①；阐明党的出发点是"全心全意地为人民服务，一刻也不脱离群众；一切从人民的利益出发，而不是从个人或小集团的利益出发；向人民负责和向党的领导机关负责的一致性"②。他重申，共产党人的言论行动的最高标准，就是"合乎最广大人民群众的最大利益，为最广大人民群众所拥护"。他指出，坚定地相信人民群众，依靠人民群众，人民群众的创造力就是无穷无尽的；因此，信任人民群众，和人民群众"打成一片"，是克服任何困难、战胜任何敌人的根本保证。他要求每一个工作环节上的每一个同志都不要脱离人民群众，要细心地倾听人民群众的呼声，要启发和提高人民群众的觉悟，要团结和带领人民群众一道前进。③ 中国共产党七大通过了毛泽东的政治报告，并正式把"全心全意为人民服务"写进了党章。从此以后，中国共产党历次代表大会都把全心全意为人民服务的要求写入党章，使之成为党一直坚持的唯一宗旨，成为党始终高扬的一面旗帜。

1945年8月13日，在《抗日战争胜利后的时局和我们的方针》中，毛泽东强调："我们的责任，是向人民负责。每句话，每个行动，每项政策，都要适合人民的利益，如果有了错误，定要改正，这就叫向人民负责。"④

1957年2月27日，在《关于正确处理人民内部矛盾的问题》一文中，毛泽东指出："国家机关实行民主集中制，国家机关必须依靠人民群众，国家机关工作人员必须为人民服务。"⑤ 1957年3月，在《坚持艰苦奋斗，密切联系群众》一文中，毛泽东充满激情地说："共产党就是要奋斗，就是要全心全意为人民服务，不要半心半意或者三分之二的心三分之二的意为人民服务。"⑥

1964年7月，毛泽东在一篇重要文章中批示："必须坚持干部参

---

① 《毛泽东选集》第3卷，人民出版社1991年版，第1094页。
② 同上书，第1094—1095页。
③ 同上书，第1095—1096页。
④ 《毛泽东选集》第4卷，人民出版社1991年版，第1128页。
⑤ 《毛泽东文集》第7卷，人民出版社1999年版，第207页。
⑥ 同上书，第285页。

加集体生产劳动的制度。我们党和国家的干部是普通劳动者,而不是骑在人民头上的老爷。干部通过参加集体生产劳动,同劳动人民保持最广泛的、经常的、密切的联系。这是社会主义制度下一件带根本性的大事,它有助于克服官僚主义,防止修正主义和教条主义。"① 同时,在选择革命事业接班人的五项条件中,毛泽东特别强调:"他们必须是全心全意为中国和世界的绝大多数人服务的革命者,而不是像赫鲁晓夫那样,在国内为一小撮资产阶级特权阶层的利益服务,在国际为帝国主义和反动派的利益服务。"②

1967年,毛泽东在《人民日报》发表了《保持劳动者本色,密切上下级关系》一文。他在文中强调:"共产党员绝不可脱离群众,绝不可高踞群众之上,做官当老爷,而应当以普通劳动者的姿态,出现在群众面前,深入于群众之中,同群众打成一片。"③

1968年,毛泽东在《共产党基本的一条就是直接依靠广大人民群众》一文中指出:"我们的权力是谁给的?是工人阶级给的,是贫下中农给的,是占人口百分之九十以上的广大劳动群众给的。我们代表了无产阶级,代表了人民群众,打倒了人民的敌人,人民就拥护我们。共产党基本的一条,就是直接依靠广大革命人民群众。"④

1975年10月至1976年1月,在生命的最后时刻,毛泽东在谈话中依然声称:"群众是真正的英雄,而我们却是幼稚可笑的,包括我。往往是下级水平高于上级,群众高于领导,领导不及普通劳动者,因为他们脱离群众,没有实践经验。……谁都要改造,包括我。"⑤ "人们的工作有所不同,职务有所不同,但是任何人不论官有多大,在人民中间都要以一个普通劳动者的姿态出现。决不许可摆架子。一定要打掉官风。"⑥

---

① 《建国以来重要文献选编》第19册,中央文献出版社1998年版,第68页。
② 同上书,第71页。
③ 毛泽东:《保持劳动者本色,密切上下级关系》,《人民日报》1967年11月19日。
④ 《建国以来毛泽东文稿》第12册,中央文献出版社1998年版,第581页。
⑤ 《建国以来毛泽东文稿》第13册,中央文献出版社1998年版,第489页。
⑥ 《毛泽东文集》第7卷,人民出版社1999年版,第355页。

综观毛泽东波澜壮阔的一生，关于为人民服务的相关论述还有很多，限于篇幅，这里我们就不再逐一列举了。还应该注意的是，毛泽东在新民主主义革命时期，在社会主义建设时期，都曾大力提倡、系统推行过以为人民服务为宗旨的价值实践，留下了许多为人民群众所津津乐道的经验和值得总结的教训。从相关理论和实践综合地看，毛泽东确实提出了一个以广大人民为价值主体、以人民利益为价值标准、以服务人民为价值取向、以人民群众的实践为检验标准的价值体系。这是我们建设社会主义核心价值体系、核心价值观的坚实基础。

（二）邓小平"领导就是服务"价值观

继毛泽东之后，中国共产党历届领导人都把全心全意为人民服务作为党的根本宗旨和共产党员的最高行为准则。邓小平作为一位坚定而务实的共产主义者，通过对马克思主义基本精神的全面而精当的理解，对当代中国基本国情的具体而深刻的把握，在恢复党的"实事求是"思想路线、开创中国特色社会主义建设事业的同时，创造性地丰富和发展了"为人民服务"价值观的时代内涵。

邓小平与毛泽东一样，坚持唯物史观关于人民群众是历史的创造者的观点，把全心全意为人民服务视为中国共产党的全部任务和宗旨，强调要一切以人民群众的利益为重，将全心全意为人民服务作为每一个党员的最高准绳。1956年9月，邓小平在《关于修改党的章程的报告》中指出："同资产阶级的政党相反，工人阶级的政党不是把人民群众当作自己的工具，而是自觉地认定自己是人民群众在特定的历史时期为完成特定的历史任务的一种工具。"① 1956年11月17日，邓小平在会见国际青年代表团时说："中国共产党员的含意或任务，如果用概括的语言来说，只有两句话：全心全意为人民服务，一切以人民利益作为每一个党员的最高准绳。"② 实际上，这两句话是完全一致的，都可以在人民群众的利益基础上统一起来。毕竟，除了人民群众

---

① 《邓小平文选》第1卷，人民出版社1994年版，第217—218页。
② 同上书，第257页。

的利益之外,共产党人没有自己的特殊的利益。改革开放之后,邓小平更是提纲挈领,将这一最高准绳概括为人民"拥护不拥护""赞成不赞成""高兴不高兴""答应不答应",以之作为制定各项路线方针政策的出发点和归宿,作为中国共产党与其他一切阶级的政党区别开来的显著特征。

在社会主义革命和建设进程中,为了实现党和人民的根本利益,邓小平始终坚持和贯彻毛泽东提出的群众观点和群众路线,即一切相信群众,一切依靠群众,从群众中来,到群众中去。他指出:"在一方面,它认为人民群众必须自己解放自己;党的全部任务就是全心全意地为人民群众服务;党对于人民群众的领导作用,就是正确地给人民群众指出斗争的方向,帮助人民群众自己动手,争取和创造自己的幸福生活。因此,党必须密切联系群众和依靠群众,而不能脱离群众,不能站在群众之上;每一个党员必须养成为人民服务、向群众负责、遇事同群众商量和同群众共甘苦的工作作风。在另一方面,它认为党的领导工作能否保持正确,决定于它能否采取'从群众中来,到群众中去'的方法。"[①]"党的正确的路线、政策是从群众中来的,是反映群众的要求的,是合乎群众的实际的,是实事求是的,是能够为群众所接受、能够动员起群众的,同时又是反过来领导群众的,这就叫群众路线。"[②]邓小平告诫全党,要发扬民主,倾听人民群众的呼声,保障人民群众的权利,调动最广泛的人民群众的积极性;一个革命的政党,就怕听不到人民的声音,最可怕的是鸦雀无声。只要坚定地与广大人民群众站在一起,与人民群众同呼吸、共命运,与人民群众一起艰苦奋斗,就没有战胜不了的困难,就没有实现不了的梦想。

虽然在社会主义条件下,执政党、领导干部与人民群众的根本利益是一致的,是为了人民的利益和为人民服务的,但是,上级和下级、干部和群众之间的关系问题也不容回避。特别是在封建社会的历史特

---

① 《邓小平文选》第1卷,人民出版社1994年版,第217页。
② 同上书,第288页。

别漫长、等级制度和"官本位"根深蒂固的中国，官僚主义、形式主义、等级观念、特权思想、干群矛盾、腐败堕落之类的问题更是复杂多样，有时甚至会表现得比较尖锐。面对这种情形，邓小平不但不回避问题，而且对此进行了非常深入的思考。他立足时代和实际，把执政党的领导作用和全心全意为人民服务紧密相联，创造性地提出了"领导就是服务"这一划时代的著名论断。

1962年2月，邓小平在《在扩大的中央工作会议上的讲话》中有针对性地指出："我们进了城，执了政，是做官呢，还是当人民的勤务员呢？……可以有两种态度：一种是做官，一种是当人民的勤务员。如果不是做官，而是当人民的勤务员，那就要以普通劳动者的面貌出现，要平等待人，要全心全意地为人民服务。"① 即是说，各级领导干部必须清醒地认识权力的"人民性"，认识自己与人民群众的关系，坚决摒弃高高在上的"官老爷"意识，不摆官架子，不打官腔，不搞特殊化，而要以一名"普通劳动者"的姿态，"平等待人"，老老实实地"当人民的勤务员"，为广大人民群众兢兢业业地做好各项"服务"工作。②

1985年5月，邓小平在全国教育工作会议上更是明确指出："什么叫领导？领导就是服务。……领导者必须多干实事。那种只靠发指示、说空话过日子的坏作风，一定要转变过来。各个部门和地方，特别是主要负责同志，都要注意这个问题。"③ 这番话着实意味深长，不仅指出领导的职责就是"服务"，必须以"多干实事"的作风提供具体而高效的服务，而且切中时弊，旨在对千百年来形成的、现实中仍然根深蒂固的官僚习气、形式主义开战！

在社会主义初级阶段，要求领导以"多干实事"的方式全心全意

---

① 《邓小平文选》第1卷，人民出版社1994年版，第304页。

② 当然，对此，邓小平与毛泽东等共产党人是高度一致的。1944年12月15日，在《一九四五年的任务》中，毛泽东也说过类似的话："我们一切工作干部，不论职位高低，都是人民的勤务员，我们所做的一切，都是为人民服务，我们有些什么不好的东西舍不得丢掉呢？"(《毛泽东文集》第3卷，人民出版社1996年版，第243页。)

③ 《邓小平文选》第3卷，人民出版社1993年版，第121页。

提供服务，明显存在不少观念上、体制上乃至思维和行为习惯方面的障碍。在极其复杂的形势面前，在面临的各种阻力面前，邓小平的头脑格外清醒。他认为，坚持"领导就是服务"，一定要旗帜鲜明地反对"官僚主义现象，权力过分集中的现象，家长制现象，干部领导职务终身制现象和形形色色的特权现象"。他对这一切都有深刻的反思。例如，他曾经不厌其烦地列举了官僚主义现象的主要表现和危害："高高在上，滥用权力，脱离实际，脱离群众，好摆门面，好说空话，思想僵化，墨守成规，机构臃肿，人浮于事，办事拖拉，不讲效率，不负责任，不守信用，公文旅行，互相推诿，以至官气十足，动辄训人，打击报复，压制民主，欺上瞒下，专横跋扈，徇私行贿，贪赃枉法，等等。"[①] 不真正消除以上形形色色的官僚主义，就根本不可能将"服务"落到实处，产生实效。

"领导就是服务"这一论断，简明扼要却又形象深刻地阐明了社会主义条件下的一种新型的"干群关系"，是对中国共产党为人民服务价值观的进一步发展。人类自进入阶级社会以来，领导干部往往都是少数统治者利益的代表，干群关系一直是一种压迫与被压迫、剥削与被剥削、统治与被统治的关系。而在社会主义条件下，全体人民当家做主成为国家的主人，干群关系因而发生了根本性改变：一方面，毫无疑问，领导干部仍然掌握着广大人民群众托付的权力，是组织、管理社会发展和社会生活的负责人，处于非常重要、非常关键的位置，肩上的担子很重；另一方面，领导干部代表着绝大多数人的利益，要坚持为大多数人谋利益，为社会公众服务，当好人民群众的"公仆"和勤务员。因此，在工作立场和态度上，必须与过去那种高高在上的"统治""管理"思想彻底决裂，防止和克服旧的社会制度下那种脱离人民群众、凌驾于群众之上做官"当老爷"的恶习，制定和执行路线、方针、政策，都要以合乎最广大人民群众的利益为出发点和归宿；在工作作风上，则要旗帜鲜明地反对各种官僚主义、形式主义，改变

[①] 《邓小平文选》第2卷，人民出版社1994年版，第327页。

过去那种"只靠发指示、说空话过日子"的坏作风，包括"门难进、脸难看、事难办"的"衙门作风"①，多干实事，多做好事，实实在在地为人民群众着想，切实为人民群众排忧解难，解决各种困扰人民群众的实际问题，切实提高广大人民群众的满意度。

在改革开放新的历史时期，中国共产党人面临着新的形势和新的发展任务。邓小平作为改革开放的总设计师，他的使命感分外强烈，思想分外解放，关于如何真正为人民服务的思路也分外清晰。他更加注意把执政党的领导作用和全心全意为人民服务紧密地联系在一起，具体而有针对性地提出了党在新时期的历史任务，提出了对于领导干部的新的要求。他从积贫积弱的旧中国和"以阶级斗争为纲"的"左"倾年代走来，反复强调一个浅显而基本的道理：贫穷不是社会主义，发展太慢也不是社会主义，社会主义应该能够比资本主义更快地发展社会生产力，从而体现出社会主义相对于资本主义的优越性。中国共产党和广大领导干部要解放思想，坚持"发展是硬道理"，坚持以经济建设为中心，带领和组织广大人民群众大力发展社会生产力，以满足人民群众日益增长的物质文化生活的需要，提高人民群众的物质和文化生活水平，使人民群众得到更多的看得见的实惠。在这种时代背景下，邓小平把为人民服务作为党制定各项路线方针政策的出发点和归宿；把为人民服务与鼓励人们"勤劳致富""多劳多得"等社会主义初级阶段的经济政策结合起来；把坚持国家、集体和个人利益三者的和谐统一作为为人民服务思想的基本点和立足点；把引导人们"先富"带"后富"、"先发展"带"后发展"、走"共同富裕"道路作为实现为人民服务的现实途径；把倡导人们为自觉维护国家和集体利益，个人利益做出一定牺牲作为为人民服务的一个鲜明特点……他还创造性地、振聋发聩地提出，衡量我们工作得失成败的标准最主要的就是"三个有利于"，即"判断的标准，应该主要看是否有利于发展社会主义社会的生产力，是否有利于增强社会主义国家的综合国力，

---

① 《邓小平文选》第 2 卷，人民出版社 1994 年版，第 230 页。

是否有利于提高人民的生活水平"①。这一标准实际上也是检验中国共产党和广大领导干部为人民服务的态度和成效的标准。

当然，邓小平是讲求实事求是的历史唯物主义者，是反对照搬教条的真正的马克思主义者。他一向反对简单地唱高调，喊口号，走过场，搞形式主义，而是坚持实事求是，求真务实，鼓励人们解放思想，"不搞争论"，埋头苦干。他充满务实精神地指出，在社会主义初级阶段，既要讲集体主义，讲共同理想，讲奉献牺牲，也要尊重、保护个人权利，满足和发展个人利益。在普遍存在社会分工的背景下，为人民服务主要是根据职业和职位要求，恪守职业道德，做好自己的本职工作，在提供服务的同时，也享受他人提供的各种服务，并获得一定的劳动报酬，实现个人的社会价值和自我价值。那种将为人民服务和争取个人利益简单对立起来的观点是别有用心的，也是违背实事求是原则、绝对不可持续的。邓小平语重心长地告诫人们："不讲多劳多得，不重视物质利益，对少数先进分子可以，对广大群众不行，一段时间可以，长期不行。革命精神是非常宝贵的，没有革命精神就没有革命行动。但是，革命是在物质利益的基础上产生的，如果只讲牺牲精神，不讲物质利益，那就是唯心论。"② 因此，在践行为人民服务价值观的过程中，必须按照统筹兼顾的原则，把崇高理想和现实追求结合起来，正确处理个人利益与集体利益、国家利益之间的关系。党和政府的为人民服务，最关键的是通过体制改革和政策调整，通过集体和国家的持续发展，最大限度地保障人民群众的利益，满足人民群众的需要。例如，邓小平立足中国的具体国情，特别关注人民利益和人民疾苦，以人民的实际生活水平为指标，制定了"三步走"的战略部署，使人民的实际生活水平由"温饱"到"小康"、再到"比较富裕"，最终目标是实现"共同富裕"；并且，他将这一科学构想付诸中国特色社会主义实践，提升了社会主义中国的综合国力，促进了人民

---

① 《邓小平文选》第3卷，人民出版社1993年版，第372页。
② 《邓小平文选》第2卷，人民出版社1994年版，第146页。

生活水平的实质改善，得到广大人民群众的热烈欢迎和衷心拥戴。这也为中华民族在世界上的和平崛起、"中国梦"的顺利实现奠定了坚实的基础。

从邓小平关于人民群众历史地位、群众路线、为人民服务价值观的精辟论述中，我们不难发现其高屋建瓴、一以贯之的思想。扼要地说，邓小平立足中国社会的巨大变迁，实现了从领导人民"翻身得解放"、"站起来"到为人民谋福利、"共同富裕"的重大转变，实现了从侧重于思想观念方面启蒙和争取人民到从物质文化方面全面满足人民需要的重大转变。这无疑是一场真正的"革命"，其中蕴含着一种深刻的思想和观念变迁，即在人民获得解放、当家做主之后，必须摒弃简单的与资本主义"对着干"的"斗争思维"，摒弃依靠穷人闹革命从而"以穷为荣"安于贫穷的价值观，转变为立足广大人民群众的利益，依靠广大人民群众，通过改革和发展的方式，实实在在为人民群众谋福利，让人民群众过上幸福生活。实际上，这在相当程度上实现了从"否定性"（"破坏性"）的"革命哲学"向"发展性"（"建设性"）的"建设哲学"的转变。毕竟，旨在推翻旧世界的革命年代的为人民服务，与中国共产党执掌政权后、建设年代的为人民服务，语境不同，条件不同，使命不同，目标不同，因而具体的要求与做法也不相同，必须解放思想，实事求是，与时俱进，务求实效。在当今新的世界格局中，在改革开放新的历史时期，一切的一切，重点中的重点，是必须围绕中国特色社会主义建设和实现"中国梦"，只争朝夕地促进中国的发展和繁荣、切实增进人民的幸福，让中国人民不仅在世界上骄傲地"站起来"，而且尽快摆脱贫穷"富起来"，过上丰衣足食且有尊严的幸福生活。

（三）江泽民"代表中国最广大人民群众的根本利益"价值观

随着苏东剧变，特别是中国改革开放和社会主义市场经济建设的深入，世情、国情、党情发生了深刻而广泛的变化，出现了许多新情况、新问题。特别是在中国特色社会主义实践中，中国社会的经济成分、组织形式、就业方式、利益关系和分配方式日益多样化，新的利益群体和社会阶层不断涌现,"人民"的内涵和"服务"的内容随之不断发生变化。置身于这一新的时代背景,围绕"建设一个什么样的党,怎样建设党"的时代主题,江泽民提出了"三个代表"重要思想,丰富和发展了为人民服务价值观。

江泽民《在庆祝建党八十周年大会上的讲话》中指出:"总结八十年的奋斗历程和基本经验,展望新世纪的艰巨任务和光明前途,我们党要继续站在时代前列,带领人民胜利前进,归结起来,就是必须始终代表中国先进生产力的发展要求,代表中国先进文化的前进方向,代表中国最广大人民的根本利益。"① 按照"三个代表"重要思想,必须把全心全意为人民服务作为中国共产党和全体党员的价值观。

——首肯人民群众的主体地位。江泽民坚持人民群众是历史的创造者这一唯物史观的基本观点:"我国是社会主义国家,人民是国家的主人,中国共产党的执政地位、社会主义国家的一切权力都是来自于人民的,领导干部手中的权力说到底都是人民赋予的。"② 他相信,人民群众是先进生产力和先进文化的代表,是推动社会历史前进的决定性力量:"人民群众是先进生产力和先进文化的创造主体,也是实现自身利益的根本力量。不断发展先进生产力和先进文化,归根到底都是为了满足人民群众日益增长的物质文化生活需要,不断实现最广大人民群众的根本利益。"③

——代表最广大人民群众的根本利益。江泽民指出:"我们党来自人民,植根于人民,服务于人民。建设有中国特色社会主义全部工作的出发点和落脚点,就是全心全意为人民谋利益。共产党员要倾听群众呼声,关心群众疾苦,为群众办实事、办好事。"④ "我们党的最大政治优势是密切联系群众,党执政后的最大危险是脱离群众。在任何时候任何情况下,都必须坚持党的群众路线,坚持全心全意为人民

---

① 《江泽民文选》第3卷,人民出版社2006年版,第272页。
② 同上书,第420页。
③ 同上书,第281页。
④ 《江泽民文选》第2卷,人民出版社2006年版,第45页。

服务的宗旨,把实现人民群众的利益作为一切工作的出发点和归宿。"① "我们党始终坚持人民的利益高于一切。党除了最广大人民的利益,没有自己特殊的利益。党的一切工作,必须以最广大人民的根本利益为最高标准。"② 中国共产党数十年革命和建设的历史昭示:只有坚持不懈地为人民谋利益,坚定不移地去实现人民的根本利益,共产党的群众基础才能够稳固,也才会有未来。而要实现最广大人民的根本利益,就要求我们"制定和贯彻党的方针政策,基本着眼点是要代表最广大人民的根本利益,正确反映和兼顾不同方面群众的利益,使全体人民朝着共同富裕的方向稳步前进"③。

——坚持立党为公,执政为民。江泽民指出:"全心全意为人民服务,立党为公,执政为民,是我们党同一切剥削阶级政党的根本区别。任何时候我们都必须坚持尊重社会发展规律与尊重人民历史主体地位的一致性,坚持为崇高理想奋斗与为最广大人民谋利益的一致性,坚持完成党的各项工作与实现人民利益的一致性。"④ 真正做到立党为公,执政为民,清正廉洁,诚心诚意地为人民群众谋利益,这是中国共产党受到广大人民群众拥护、领导人民群众夺取社会主义革命和建设事业胜利的奥秘之所在。"只有把关心群众、服务群众的工作切实做好了,我们才能始终保持同人民群众的血肉联系,才能无往而不胜。"⑤ 当然,对于广大人民群众的"利益",我们不能简单地加以理解,而应该实事求是,既注重整体,又注重具体。因为,广大人民群众的"利益"是由各个方面的具体利益构成的一个复杂系统。党和国家的一切路线、方针、政策和措施,都必须正确地反映不同阶层、不同方面群众的利益,统筹兼顾,让最广大的人民群众切实得到实惠。

——坚持群众观点和群众路线。江泽民指出:"八十年的实践启

---

① 《江泽民文选》第3卷,人民出版社2006年版,第572页。
② 同上书,第280页。
③ 同上书,第540页。
④ 同上书,第279页。
⑤ 同上书,第280页。

示我们,必须始终紧紧依靠人民群众,诚心诚意为人民谋利益,从人民群众中汲取前进的不竭力量。始终保持同人民群众的血肉联系,是我们党战胜各种困难和风险、不断取得事业成功的根本保证。在任何时候任何情况下,与人民群众同呼吸、共命运的立场不能变,全心全意为人民服务的宗旨不能忘,坚信群众是真正英雄的历史唯物主义观点不能丢。必须始终把体现人民群众的意志和利益作为我们一切工作的出发点和归宿,始终把依靠人民群众的智慧和力量作为我们推进事业的根本工作路线。"①

——不断提高中国共产党的领导水平和执政水平。在新的历史时期,面对执政为民的条件和环境的深刻变化,要完成好"执政为民"的历史任务,要实现好广大人民的根本利益,必须不断提高领导水平和执政水平。江泽民强调:"要完善深入了解民情、充分反映民意、广泛集中民智、切实珍惜民力的决策机制,推进决策科学化民主化。"②"提高党的执政水平和领导水平,一个重大问题是不断巩固和加强党同人民群众的血肉联系,有了这种联系,我们的改革和建设就有了胜利之本,就有了吸取智慧和力量的最深厚源泉,就有了正确决策、减少和防止失误的可靠保证。"③

——树立正确的权力观,提高拒腐防变和抵御风险能力。要使党的路线方针政策全面反映人民的根本利益的时代发展的要求,必须树立正确的权力观,提高领导水平和执政水平,提高拒腐防变和抵御风险的能力。江泽民指出:"我们的干部必须时刻记住,自己手中掌握的权力是人民赋予的,只能用来为人民谋利益,决不能用来为个人或小团体捞好处,不能损害人民的利益。"④ 要端正党风和政风,坚决反对官僚主义、形式主义、奢侈腐化等歪风邪气。"艰苦奋斗,事业必成;贪图享受,自毁前程。要发扬党的优良传统,使勤俭建国、勤俭

---

① 《江泽民文选》第3卷,人民出版社2006年版,第271页。
② 同上书,第556页。
③ 《江泽民文选》第1卷,人民出版社2006年版,第359页。
④ 《十四大以来重要文献选编》(中),人民出版社1997年版,第1194页。

办一切事业在全党全社会蔚然成风。实干兴邦，空谈误国。要大力倡导说实话、办实事、求实效，尽心尽责，坚决反对和抨击做官当老爷、搞形式主义、搞花架子的坏作风。"①

——满足人民日益增长的物质文化需要，实现人民的自由全面发展。在建设中国特色社会主义的历程中，我们所做的一切工作，既要着眼于人民群众现实的物质文化生活需要，又要着眼于促进人民群众素质和能力的提高，促进人民群众的自由全面发展。即要在发展社会主义物质文明和精神文明的基础上，不断地推进人自身的自由全面发展。江泽民指出："推进人的全面发展，同推进经济、文化的发展和改善人民物质文化生活，是互为前提的。人越全面发展，社会的物质文化财富就会创造得越多，人民的生活就越能改善，而物质文化条件越充分，又越能推进人的全面发展。"中国共产党执政为民的各项事业，一切工作都要以实现人民的全面发展为价值目标，为实现人民的自由全面发展创造条件。

（四）胡锦涛的"以人为本"价值观

胡锦涛秉持中国共产党全心全意为人民服务的宗旨，把"以人为本"作为科学发展观的核心，坚持立党为公、执政为民的执政理念，着力解决人民最关心、最直接、最现实的利益问题，不断实现好、维护好、发展好最广大人民根本利益。这些论述进一步深化了为人民服务的思想。

——发展为了人民，发展依靠人民，发展成果人民共享。胡锦涛在中国共产党十七大报告中指出："必须坚持以人为本。全心全意为人民服务是党的根本宗旨，党的一切奋斗和工作都是为了造福人民。要始终把实现好、维护好、发展好最广大人民的根本利益作为党和国家一切工作的出发点和落脚点，尊重人民主体地位，发挥人民首创精神，保障人民各项权益，走共同富裕道路，促进人的全面发展，做到

---

① 《江泽民文选》第3卷，人民出版社2006年版，第197—198页。

发展为了人民、发展依靠人民、发展成果由人民共享。"① 坚持以人为本，就要坚持人民群众在建设中国特色社会主义事业中的主体地位，就要不断实现好、维护好、发展好最广大人民的根本利益；就要正确反映和兼顾不同地区、不同部门、不同方面人民群众的利益，妥善协调、处理各种具体利益和内部矛盾；就要在全国人民根本利益一致的基础上，关心每一个人的利益要求，体现社会主义的人道主义和人文关怀，满足人们的发展愿望和多样性的需求，切实尊重和保障人权；就要关注人的价值、权益和自由，关注人的生活质量、发展潜能和幸福指数，最终实现人的全面发展。

——党的根基在人民、血脉在人民、力量在人民。相信谁、为了谁、依靠谁，是否站在最广大人民的立场上，是区分唯物史观和唯心史观的分水岭，也是判断是否为马克思主义政党的试金石。胡锦涛在《在"三个代表"重要思想理论研讨会上的重要讲话》中指出："对于马克思主义执政党来说，坚持立党为公、执政为民，实现好、维护好、发展好最广大人民的根本利益，充分发挥全体人民的积极性来发展先进生产力和先进文化，始终是最紧要的。全国各族人民是建设中国特色社会主义事业的主体，人民群众积极性创造性的充分发挥是我们事业成功的保证，不断实现最广大人民的根本利益是我们党全部奋斗的最高目的。"② 如果一个政党不能保持同广大人民群众的血肉联系，不能得到广大人民群众的衷心支持和拥护，就会失去群众基础和生命力，至于先进性就更谈不上了。中国共产党的根基在人民、血脉在人民、力量在人民。历史证明，中国共产党注意保持同人民群众的血肉联系，是中国共产党无往而不胜的法宝，也是中国共产党始终保持先进性的法宝。

——尊重人民的主体地位，发挥人民的首创精神。胡锦涛在《在全党深入学习实践科学发展观活动总结大会上的讲话》中指出，"实

---

① 《十七大以来重要文献选编》（上），中央文献出版社2009年版，第12页。
② 《十六大以来重要文献选编》（上），中央文献出版社2005年版，第369页。

践证明,推动科学发展,一定要尊重人民主体地位,紧紧依靠人民群众"①,从人民群众中汲取智慧和力量。"深入贯彻落实科学发展观,必须把实现好、维护好、发展好最广大人民根本利益作为一切工作的出发点和落脚点"②,诚心诚意为人民谋利益,"使贯彻落实科学发展观的过程成为不断为民造福的过程,最大限度地把人民群众的智慧和力量凝聚到推动科学发展上来"③。要密切联系群众,始终相信群众,紧紧依靠群众,最充分地调动广大人民群众的积极性、主动性和创造性,最大限度地集中全社会、全民族的智慧和力量,最广泛地动员和组织亿万人民群众投身中国特色社会主义伟大事业。要团结一切为祖国富强贡献力量的社会各阶层人们,鼓励其创业精神,维护其合法权益,表彰其中的优秀分子,从而把全社会、全民族的意志、智慧和力量都凝聚到中国特色社会主义伟大事业中来。

——权为民所用、情为民所系、利为民所谋。胡锦涛在西柏坡考察学习时感触颇深。他郑重提出,全党同志要牢记"两个务必",坚持深入基层、深入群众,倾听群众呼声,关心群众疾苦,坚持做到"权为民所用、情为民所系、利为民所谋",带领人民群众创造自己的幸福生活。坚持权为民所用,就是要牢固树立正确的权力观,正确行使人民赋予的权力,绝不搞权力滥用和权力寻租;坚持情为民所系,就是要切实解决对人民群众的认识、态度和感情等问题,做到亲民、恤民、爱民,和人民群众心心相印、鱼水情深;坚持利为民所谋,就是要实现人民的愿望、满足人民的需要、维护人民的利益,真心实意为人民办实事、办好事。

——实现好、维护好、发展好最广大人民群众的根本利益。党的各级领导干部要把为人民服务作为最高追求,在任何时候、任何情况下,都要把最广大人民群众的根本利益放在首位,实现好、维护好、

---

① 胡锦涛:《在全党深入学习实践科学发展观活动总结大会上的讲话》,人民出版社2010年版,第13页。
② 同上书,第12页。
③ 同上书,第13页。

发展好最广大人民群众的根本利益。"坚持用人民拥护不拥护、赞成不赞成、高兴不高兴、答应不答应来衡量我们的一切决策"①，把发展的目的真正落实到满足人民需要、实现人民利益、提高人民生活水平上。"努力使科学发展取得的各方面成果，体现在不断提高人民的思想道德素质和科学文化素质上，体现在不断提高人民群众的生活质量和健康水平上，体现在充分保障人民群众享有的经济、政治、文化、社会等各方面权益上，让经济社会发展的成果惠及全体人民。"② 群众利益无小事。要做到心里装着群众，凡事想着群众，工作依靠群众，一切为了群众，时刻把人民群众的安危冷暖放在心上，深怀爱民之心，恪守为民之责，善谋富民之策。要从群众最关心、最迫切需要解决的实际问题入手，急群众之所急，想群众之所想，办群众之所需，倾听群众呼声，体察群众情绪，反映群众诉求，关心群众疾苦，为群众诚心诚意办实事，尽心竭力解难事，坚持不懈做好事。

（五）习近平的人民至上价值思想

以习近平同志为核心的新一届领导集体，继续高扬毛泽东、邓小平等倡导的为人民服务价值观，并在新的时代背景下，以实现中华民族伟大复兴的"中国梦"为目标，以深入开展党的群众路线教育为抓手，深化了对它的认识和理解，对共产党人特别是党员干部提出了人民至上、一切以人民为中心、全心全意为人民谋福利的要求。

——坚持人民是历史创造者的根本观点，尊重人民主体地位，发挥人民首创精神。习近平指出："人民既是历史的创造者、也是历史的见证者，既是历史的'剧中人'、也是历史的'剧作者'。"③ 人民群众既是社会物质财富的创造者，也是社会精神财富的创造者。无论是在革命的年代还是在改革的年代，人民群众都是决定性的推动社会

---

① 胡锦涛：《在"三个代表"重要思想理论研讨会上的讲话》，人民出版社2003年版，第19页。

② 《十七大以来重要文献选编》（上），中央文献出版社2009年版，第600页。

③ 《习近平总书记重要讲话文章选编》，党建读物出版社、中央文献出版社2016年版，第191页。

变革的力量。党的十八届五中全会首次提出"以人民为中心"的发展思想，反映了坚持人民主体地位的内在要求，彰显了人民至上的价值取向。习近平强调："人民是历史的创造者，是真正的英雄。"① 人民群众是历史的真正创造者，要相信人民群众，要尊重和发挥人民群众的首创精神。"群众的实践是最丰富最生动的实践，群众中蕴藏着巨大的智慧和力量"，"要解决矛盾和问题，就要深入基层、深入群众，拜群众为师"②。

——做人民群众的全心全意的服务者。习近平明确重申："为人民服务是我们党的根本宗旨，也是各级政府的根本宗旨。不论政府职能怎么转，为人民服务的宗旨都不能变。要坚持以人为本、执政为民，接地气、通下情，想群众之所想，急群众之所急，解群众之所忧，在服务中实施管理，在管理中实现服务。要加强公务员队伍建设和政风建设，改进工作方式，转变工作作风，改变门难进、脸难看、事难办现象，纠正老爷作风、衙门习气，杜绝吃拿卡要那一套，提高工作效率和服务水平，提高政府公信力和执行力。"③ 在革命战争年代，我们党能够赢得人民群众的衷心拥护，取得新民主主义革命的胜利，根本原因在于党以自己的实际行动证明自己是为人民的利益奋斗的。我们党在全国执政70多年来，尽管经历过这样那样的曲折，但全心全意为人民服务的宗旨始终没有变。这使我们党既赢得了人民群众的衷心拥护，获得了为人民利益不懈奋斗的强大动力，又使我们党从人民群众中汲取了夺取胜利的无穷智慧。

——实现为人民服务的宗旨要干在实处、走在前列。"空谈误国，实干兴邦。"实现好人民的利益不是抽象的，而是具体的。为民办实事不能停留在口号和一般要求上，必须具体地落实到关心群众生产生

---

① 习近平：《在庆祝中国共产党成立95周年大会上的讲话》，《人民日报》2016年7月2日第2版。
② 习近平：《之江新语》，浙江人民出版社2007年版，第61页。
③ 习近平：《在党的十八届二中全会第二次全体会议上的讲话》，载中共中央文献研究室编《论群众路线——重要论述摘编》，中央文献出版社、党建读物出版社2013年版，第137页。

活的实际工作中去，带着深厚的感情帮助群众解决具体问题和实际困难，使广大群众真正成为现代文明成果的创造者和享有者。习近平指出，在改革开放新时期，衡量一名共产党员、领导干部是否具有共产主义远大理想，是否合格，那是有客观标准的，即要看他能否坚持全心全意为人民服务的根本宗旨，能否做到吃苦在前、享受在后，能否做到勤奋工作、廉洁奉公，能否为了理想而奋不顾身地去拼搏、去奋斗、献出自己的全部精力乃至生命。在为人民服务的问题上，一切迷惘迟疑的观点，一切及时行乐的思想，一切贪图私利的行为，一切无所作为的作风，都是要不得的。

——把人民满意作为工作的根本标准。人民群众既是历史的创造者，又是历史的评判者。把人民满意作为党的工作的根本标准，是落实人民主体地位、实现人民当家做主的重要条件。同样地，以人民满意作为判断标准，内在地包含着党的一切工作都要体现人民意愿，都要以人民利益为重、以人民期盼为念。习近平指出："全党同志要把人民放在心中最高位置，坚持全心全意为人民服务的根本宗旨，实现好、维护好、发展好最广大人民根本利益，把人民拥护不拥护、赞成不赞成、高兴不高兴、答应不答应作为衡量一切工作得失的根本标准，使我们党始终拥有不竭的力量源泉。"① 是否一切为了人民、是否一切从人民利益出发成为检验党的工作的根本标准，"人民拥护不拥护、赞成不赞成、高兴不高兴、答应不答应"是衡量改革和一切事业得失成败的根本标准。"检验我们一切工作的成效，最终都要看人民是否真正得到了实惠，人民生活是否真正得到了改善，这是坚持立党为公、执政为民的本质要求，是党和人民事业不断发展的重要保证。"②

总之，共产党人要始终把人民立场作为根本立场，把为人民谋幸福作为根本使命，坚持全心全意为人民服务的根本宗旨，尊重人民的

---

① 习近平：《在庆祝中国共产党成立 95 周年大会上的讲话》，《人民日报》2016 年 7 月 2 日第 2 版。

② 习近平：《全面贯彻落实党的十八大精神要突出抓好六个方面工作》，《求是》2013 年第 1 期。

主体地位和首创精神，团结、带领人民开启建设社会主义现代化国家新征程，实现国家富强、民族振兴、人民幸福的"中国梦"。

二 "为人民服务"价值观的基本内涵

为人民服务是一种以广大人民为最高价值主体和评价主体，以广大人民的利益和需要为最高价值标准、以广大人民的实践为最高评价标准的价值观。根据价值观的内在结构，结合社会主义核心价值体系的内容，特别是结合毛泽东、邓小平的相关论述，我们可以从如下方面对之进行专业化解读。

（一）以人民为价值主体

在一个价值观念体系中，价值主体居于基础性、决定性的地位。以谁为价值主体，包括以谁为价值主体和评价主体、以谁的利益和需要作为价值标准，决定了价值观体系的性质和其他方面。以谁为价值主体，就以符合他们的根本利益为客观的价值标准；以谁为评价主体，就以符合他们的需要和意愿为主观评价的依据。古往今来，世界上各种价值观念体系之间的根本区别，归根结底都集中地体现在这一点上。

在中国长期的封建等级制之中，以"君王"为代表的地主阶级占据着统治地位，广大人民不过是如草芥般地被统治着，封建等级秩序神圣不可侵犯。作为这种秩序之反映的意识形态，无论是理论观念，还是世俗心理，都弥漫和融贯着一种尊崇圣贤、敬畏权力、贬低人民、漠视人民需求的倾向。辛亥革命虽然推翻了封建君主专制，但广大人民依然处于被"三座大山"压迫的凄凉境地。以毛泽东为代表的共产党人，经过艰苦卓绝的奋斗，付出了巨大的牺牲，不仅领导中国人民推翻了"三座大山"，颠覆了几千年的传统秩序，让"中国人民站起来"了，而且通过认定"人民是历史的创造者"，"人民，只有人民，才是创造世界历史的动力"[①] 等，在理论上第一次将人民视为国家的

[①] 《毛泽东选集》第3卷，人民出版社1991年版，第1031页。

主人和唯一的价值创造主体，在实践中力图实现人民群众当家做主，从而将"颠倒了的历史"重新颠倒了过来。

"人民是历史的创造者"，这是马克思主义的一个基本原理，也是社会主义核心价值体系的基本内容。毛泽东曾经动情地强调："群众是真正的英雄，而我们自己则往往是幼稚可笑的，不了解这一点，就不能得到起码的知识。"① 人民群众中蕴含着无穷无尽的智慧和力量，只要依靠人民，相信人民，和人民群众打成一片，任何困难都能克服，任何敌人最终都压不倒我们，而只能被我们所压倒。至于领导中国革命和建设的中国共产党和人民的关系，毛泽东曾用"鱼水"之类关系比喻，反复强调党在根本上来自人民群众，生存于人民群众之中，一刻也不能脱离人民群众，因而必须相信人民群众，依靠人民群众，调动人民群众的积极性，并接受人民群众的监督和判决。毛泽东甚至在晚年犯了错误的时候，依然具有浓厚的"人民情结"，始终相信人民群众是和他站在一起的。② 毛泽东的这一人民主体思想，后来一直为中国共产党的各代领导集体所遵循，并努力在中国特色社会主义实践中加以落实。

（二）以人民利益为价值目标

作为共产党人，自然有自身的理想和目标。马克思主义反映和代表的是无产阶级的根本利益和需要，其使命和目标就是要推翻私有制，消灭剥削，消灭压迫，实现全人类的彻底解放。

具体到社会主义革命和建设时期的中国，价值理想和目标就聚焦到了中国人民的解放、中国人民的利益和幸福之上。毛泽东主张，一切从人民的利益出发，全心全意地为人民谋福利，把人民利益作为最根本的目标。毛泽东多次指出，为人民服务，是共产党和共产党领导的军队、政权的唯一的最高宗旨。"我们这个队伍完全是为着解放人

---

① 《毛泽东选集》第3卷，人民出版社1991年版，第790页。
② 李德顺教授将毛泽东的价值观直接解读为"人民主体论"。参见李德顺《毛泽东的价值观——人民主体论初探》，《哲学研究》1993年第6期。

民的,是彻底地为人民的利益工作的。"① "全心全意地为人民服务,一刻也不脱离群众;一切从人民的利益出发,而不是从个人或小集团的利益出发;向人民负责和向党的领导机关负责的一致性;这些就是我们的出发点。"② 中国共产党的事业本质上是、也只能是为人民的利益而奋斗的事业,如果偏离了人民和人民的利益,党的性质就会改变,党的合法性和领导地位就会丧失。除了人民的利益之外,共产党人没有任何私利可图,也没有任何东西不可舍弃。"以中国最广大人民的最大利益为出发点的中国共产党人,相信自己的事业是完全合乎正义的,不惜牺牲自己个人的一切,随时准备拿出自己的生命去殉我们的事业,难道还有什么不适合人民需要的思想、观点、意见、办法,舍不得丢掉的吗?"③ 无数革命先烈为了人民的利益,为了民族的解放,为了建设一个崭新的中国,牺牲了他们的生命,他们是为人民利益而死的,死得其所,比泰山还重;而那些替法西斯卖力,替剥削人民和压迫人民的人去死的人,就比鸿毛还轻。

在长期的社会主义革命和建设实践中,保证胜利和成功的根基,是坚定地维护广大人民的利益,得到广大人民的支持和参与。基于不同历史阶段的形势和任务,毛泽东为党制定了不同的大政方针和策略,努力推动现实社会的改造和利益关系的调整,维护广大人民群众的根本利益。也正是因为如此,他经常告诫全党加强党性修养和锻炼,警惕被资产阶级的"糖衣炮弹"打倒,防止在和平年代蜕化变质;他一贯坚决反对任何旨在谋取个人或小集团利益的行为,反对高高在上、脱离群众的官僚主义作风,严厉打击贪污腐败等各种损害人民群众利益的犯罪行径。对不正之风、特权和腐败的痛恨、防治和惩处,依然是今天广大人民群众最为怀念毛泽东的方面。这确实意味深长,也彰显了今天群众路线教育实践活动的意义。

---

① 《毛泽东选集》第3卷,人民出版社1991年版,第1004页。
② 《毛泽东选集》第3卷,人民出版社1991年版,第1094—1095页。
③ 同上书,第1096—1097页。

（三）革命功利主义的价值取向

不同的价值取向实际上代表着不同阶级的价值目标。在长期的私有制社会中，一切剥削阶级都把个人的、小集团的或本阶级的私利作为根本的价值取向，因此，历来就有所谓"天下熙熙，皆为利来；天下攘攘，皆为利往"之说。那么，广大人民群众和共产党人是否也讲利益呢？毛泽东明确指出，人民群众也有自己的利益，"马克思列宁主义的基本原则，就是要使群众认识自己的利益，并且团结起来，为自己的利益而奋斗"①。例如，在土地革命时期，毛泽东深知农民的利益聚焦于土地之上，因而坚定地"打土豪，分田地"，实现"耕者有其田"，从而赢得了广大农民的衷心拥护和全力支持。

更进一步，共产党人不仅讲利益，而且还是功利主义者，只不过追求的不是一己之私利或小集团的利益，而是广大人民群众的利益。共产党人以人民群众的利益为出发点，将争取人民群众最大的利益作为根本的价值取向，是"无产阶级的革命的功利主义者"："唯物主义者并不一般地反对功利主义，但是反对封建阶级的、资产阶级的、小资产阶级的功利主义，反对那种口头上反对功利主义、实际上抱着最自私最短视的功利主义的伪善者。世界上没有什么超功利主义，在阶级社会里，不是这一阶级的功利主义，就是那一阶级的功利主义。我们是无产阶级的革命的功利主义者，我们是以占全人口百分之九十以上的最广大群众的目前利益和将来利益的统一为出发点的，所以我们是以最广和最远为目标的革命的功利主义者，而不是只看到局部和目前的狭隘的功利主义者。"②

（四）以人民群众的利益和好恶态度为标准

在资本主义社会里，核心价值是依照资本的逻辑、以金钱和财富的多寡来衡量的。一般而言，一个人占有的金钱和财富越多，他在这个社会上的地位就越高，价值也就越大；反之，他在社会上的地位就

---

① 《毛泽东选集》第4卷，人民出版社1991年版，第1318页。
② 《毛泽东选集》第3卷，人民出版社1991年版，第864页。

越低，价值也就越小。这正如恩格斯所指出的，在资本主义社会里，"金钱确定人的价值，这个人值一万英镑，就是说，他拥有这样一笔钱。谁有钱，谁就'值得尊敬'，就属于'上等人'，就'有势力'，而他所做的，在他那个圈子里就是举足轻重的"[①]。这种评价标准，是以个人主义、利己主义思想为核心的，是由资本主义的商品交换关系决定的，实际上就是资产阶级专门追逐个人利益的阶级意识的表现。与资产阶级相反，无产阶级价值观强调的是自己肩负的历史使命，看重的是个人对社会的历史进步的责任和贡献。马克思指出："过去的一切运动都是少数人的，或者为少数人谋利益的运动。无产阶级的运动是绝大多数人的，为绝大多数人谋利益的独立的运动。"[②] 为绝大多数人谋利益，还是为个人或少数人谋私利，是无产阶级与剥削阶级的本质区别。

中国共产党作为无产阶级政党，始终把人民的利益作为最高的价值标准，把是否全心全意为人民服务、是否为广大人民谋利益作为最高的评价标准，作为衡量一切工作是否正确的唯一尺度。毛泽东说："为群众服务，这就是处处要想到群众，为群众打算，把群众的利益放在第一位。"[③] 他还曾说过一句后来广为传诵的名言："共产党人的一切言论行动，必须以合乎最广大人民群众的最大利益，为最广大人民群众所拥护为最高标准。"[④] 毛泽东反复地强调，人民群众的利益、需要是客观的价值标准，而人民群众的反应、态度和要求则是主观评价的标准。只有既符合人民群众的利益和需要，又得到人民群众的赞成和拥护，既达到客观的价值标准和主观的评价标准的有机统一，才是中国共产党及其领导的全部事业的宗旨，才是衡量、评判路线方针政策和一切工作的"规矩"、指南。[⑤] 改革开放以来，邓小平更是将之

[①] 《马克思恩格斯文集》第1卷，人民出版社2009年版，第477页。
[②] 《马克思恩格斯选集》第1卷，人民出版社2012年版，第411页。
[③] 毛泽东：《论合作社》，载《毛泽东著作专题摘编》（下），中央文献出版社2003年版，第1883页。
[④] 《毛泽东选集》第3卷，人民出版社1991年版，第1096页。
[⑤] 参见李德顺《毛泽东的价值观——人民主体论初探》，《哲学研究》1993年第6期。

具体化为"人民拥护不拥护""人民赞成不赞成""人民高兴不高兴""人民答应不答应",作为观察现实、思考问题、决策管理、具体实施的根本出发点和标准。在新时期,中国共产党又将之发展为"以人为本"的价值理念,并将之作为科学发展观的灵魂,深刻地影响了共产党领导的人民政府的执政和施政过程。

立足广大人民群众的立场,从广大人民群众的利益出发,那么今天中国社会主义建设实践中,必须要制定相应的社会公德、职业道德、以及婚姻家庭道德等相应的规范。这具体地表现为与广大人民群众生活密切相关、以"八荣八耻"为内容的道德规范。当然,这些规范是否合理、是否需要调整,那就必须以人民群众的利益为标准加以衡量,与时俱进地加以考虑,通过改革和创新加以更新。

(五)以人民群众的社会实践作为检验形式

为人民服务不仅是一种理论观念,更是一种实践形式。为人民服务的价值观不仅规定了它的价值主体和价值标准的内容,而且包含了价值标准的社会检验形式,这就是人民群众的社会实践。

毛泽东以其特有的群众观点和群众路线,将人民群众的社会实践视为检验认识之真理性的标准。他指出:"在我党的一切实际工作中,凡属正确的领导,必须是从群众中来,到群众中去。这就是说,将群众的意见(分散的无系统的意见)集中起来(经过研究,化为集中的系统的意见),又到群众中去作宣传解释,化为群众的意见,使群众坚持下去,见之于行动,并在群众行动中考验这些意见是否正确。然后再从群众中集中起来,再到群众中坚持下去。如此无限循环,一次比一次更正确、更生动、更丰富。"[①] "只有千百万人民的革命实践,才是检验真理的尺度。"[②]

毛泽东不仅将人民群众的实践视为检验认识真理性的标准,而且将之视为检验一切工作之价值的标准:"中国一切政党的政策及其实

---

① 《毛泽东选集》第3卷,人民出版社1991年版,第899页。
② 《毛泽东选集》第2卷,人民出版社1991年版,第663页。

践在中国人民中所表现的作用的好坏、大小，归根到底，看它对于中国人民的生产力的发展是否有帮助及其帮助之大小，看它是束缚生产力的，还是解放生产力的。"① 1992年，邓小平在南方谈话中更是将之创造性地发展，具体化为判断一切是非成败的"三个有利于"价值标准。这为改革开放、中国特色社会主义建设事业取得成功提供了持续而有力的保证。

特别是，在毛泽东看来，作为检验认识真理性的标准的社会实践，和作为检验一切工作之价值的标准的社会实践，是人民群众的同一个社会实践过程，两个标准之间具有内在的一致性或统一性。在人民群众的社会实践活动中，通过共产党人基于人民立场、人民利益的调节，真理标准和价值标准是可以而且应该统一起来的。这正如毛泽东指出的："共产党人必须随时准备坚持真理，因为任何真理都是符合于人民利益的；共产党人必须随时准备修正错误，因为任何错误都是不符合于人民利益的。"② 如果割裂人民利益和真理之间的辩证统一关系，那么，就可能会犯侵犯人民利益或唯意志论之类错误，给人民的事业带来无法弥补的损失。

三 "为人民服务"价值观与社会主义的本质特征

实际上，为人民服务不仅是共产党人的价值观，也是体现社会主义（包括中国特色社会主义）精髓的本质特征，是社会主义意识形态和价值观的核心。

根据马克思主义的基本原理，人民群众是历史的创造者，是历史发展的动力；是一切价值的创造主体，也是一切价值的享用主体。社会主义与封建主义、资本主义制度截然不同，它是广大人民当家做主的政治制度，它使广大人民真正成为社会的主人和价值的主体，成为

---

① 《毛泽东选集》第3卷，人民出版社1991年版，第1079页。
② 《毛泽东选集》第3卷，人民出版社1991年版，第1095页。

社会主义各项事业的根本宗旨和依归。因此，作为全体人民的共同价值观，作为国家社会的主导价值观，社会主义价值观的核心内容和最高原则只能是以人民为主体，全心全意为人民服务，而决不应该有丝毫偏离，更不允许发生背离。否则，就将危及社会主义（共产主义）的本质，背弃中国特色社会主义共同理想。

当然，为人民服务是具体的历史的。在社会主义革命和建设的不同阶段，为人民服务的具体内容和形式不会一成不变，而应该随着历史发展而不断发展。如果说在争取政权的革命战争年代，"为人民服务"主要是一小部分最先进、最有远见、富有献身精神人士的自觉价值观，也因此属于个人崇高的品德表现的话，那么，在中国共产党取得政权、中国人民站起来了、建立了人民当家做主的社会主义制度后，"为人民服务"则具有了全新的性质和形式，它必须成为整个国家的一切制度设计、政策制定和政府运作的根本原则，成为党和政府的全部事业和人们的行为的宗旨。也就是说，比起推翻旧制度来，在社会主义建设过程中，为人民服务不能仅仅只是停留在思想观念层面，而必须普遍地贯彻于经济、政治、文化和社会的方方面面，落实到社会各个领域的基本制度、体制、管理的程序和规范中去，成为各项事业的动力源泉、有效机制和客观效果，成为各项事业的共同性质和目标，成为衡量一切工作得失成败的标准，成为社会实践的普遍特征。要言之，为人民服务价值观必须成为社会主义社会的"本质特征"。

令人遗憾的是，虽然社会主义制度在中国的建立已逾70年，但不少人至今还不善于或者是不懂得要从整体和全局的高度，深刻把握为人民服务价值观与社会主义的本质、与社会主义根本原则之间的内在联系，而是对它产生了种种表面化、简单化甚至庸俗化的误解。其主要表现是：仍然把"为人民服务"完全当作一个个体化、道德化的概念和现象，如把"为人民服务"只当成是纯粹个人的高尚道德行为，与所谓古代的"仁爱之心"联系在一起，说成是似乎某种无缘无故的施舍或牺牲；或者以为它只是意味着要求人们（特别是党的干部）去多做一些额外的"好事"；甚至以为它就是要人们都去付出无偿的劳动,等等;并且以为它是可以不区分对象、不界定范围、不加区别地向一切人发出一个一般性号召。此外,还有人把它仅仅看作是对领导干部工作作风的要求,仅仅视为"联系群众"的一个必要理由和手段,等等。概而言之,他们完全从个人的思想境界、行为表现、以及政治化、道德化评价的角度理解和解释为人民服务,从而模糊、淡化甚至无视它与社会主义本质之间的内在联系。这种倾向不仅在理论上混淆了许多重大是非的界限,在实践上更将导致对社会主义建设极为不利的局面。①

当然,我们并不是说,不应该向广大人民群众宣传、要求"为人民服务",而是说,这仅仅只是问题的表面,绝不应该停留于此,遗漏、遮蔽了更为根本性的方面。直面人们思想上对为人民服务的误解,现实中对之的反讽,笔者认为有必要正本清源,理性地深入地反思和讨论如下几点:

(1) 谁是人民?人民不是一个抽象、空洞的字眼,而是一个动态的历史的范畴,是现实的、具体的、历史的人们的一定集合体,是历史地承担着社会发展历史任务的所有人的集合体。毛泽东特别重视分清敌友,明确"谁是人民"。他指出:"应该首先弄清楚什么是人民,什么是敌人。人民这个概念在不同的国家和各个国家的不同的历史时期,有着不同的内容。拿我国的情况来说,在抗日战争时期,一切抗日的阶级、阶层和社会集团都属于人民的范围,日本帝国主义、汉奸、亲日派都是人民的敌人。在解放战争时期,美帝国主义和它的走狗即官僚资产阶级、地主阶级以及代表这些阶级的国民党反动派,都是人民的敌人;一切反对这些敌人的阶级、阶层和社会集团,都属于人民的范围。在现阶段,在建设社会主义的时期,一切赞成、拥护和参加社会主义建设事业的阶级、阶层和社会集团,都属于人民的范围;一切反抗社会主义革命和敌视、破坏社会主义建设的社会势力和社会集

---

① 参见李德顺、孙伟平《为人民服务:有中国特色社会主义价值观的核心》,《学习·研究·参考》2001年第9期。

团，都是人民的敌人。"① 他还说："人民是什么？在中国，在现阶段，是工人阶级，农民阶级，城市小资产阶级和民族资产阶级。这些阶级在工人阶级和共产党的领导之下，团结起来，组成自己的国家，选举自己的政府。"② 也就是说，凡是站在历史前进方向一边，矢志推动历史发展，占人口90%以上的人们，就是人民；而站在对立面，成为革命对象和历史进步障碍的人们，则是人民的敌人。③

（2）为人民服务是为谁服务？社会主义的标志是人民当家做主、成为国家的主人翁。这意味着国家社会的事业也是人民自己的事业，人民群众的个人利益、集体利益与全体人民的共同利益以及国家利益之间，是根本一致、相互依存和相互联系着的，不应再具有分裂甚至对立的性质。人民的事业依靠人民自己来实现，全体人民参加劳动，劳动成为社会中光荣而普通的职责；社会分工也不应再有高低贵贱的差别，不再是类似封建主义、资本主义制度中人的异化的形式。在这一前提下，全体人民既是自食其力的劳动者、服务者，又是一切社会服务的对象即享有者，两种身份走向高度的统一：人人既是服务者，又是服务对象，"为人民服务"从根本上具有了人民群众"自我服务"的性质，即全体人民通过社会分工和相互服务而实现共同的利益，满足共同的需要。人民在总体上占有和享用社会劳动的成果，与人民通过自己的劳动服务来提供这些成果，两者之间是互为前提、相互统一的。如果没有这种统一，就没有人民当家做主、人民作为价值创造者和享用者相统一的社会主义。在这种意义上，一般地号召普通群众为人民服务，虽然没有什么不妥，但应该说并不是问题的实质和关键。因为在本质上，人民群众从来都是自我服务者，为人民服务并不是单向地为"他人"服务。广大人民群众充分认识到自己的根本利益，就一定会对"为人民服务"产生强烈的自觉要求和愿望，这是"当家做主人"的应有意识和基本职责。

---

① 《毛泽东文集》第7卷，人民出版社1999年版，第205页。
② 《毛泽东选集》第4卷，人民出版社1991年版，第1475页。
③ 参见李德顺《毛泽东的价值观——人民主体论初探》，《哲学研究》1993年第6期。

（3）谁应该为人民服务？因为"为人民服务"是人民群众"自我服务"，那么，这里的服务主体当然是全体人民，即各行各业的所有职业岗位及岗位上的"服务人员"。但是，话虽如此，这里却不可以"眉毛胡子一把抓"，不作任何重点与非重点的区分。实际上，"为人民服务"是有重心的，重心指向的是国家的公职部门和公职人员，即广大的"公仆"们。因为，为人民服务是"公仆"们的职业和特殊职责：他们手中握有属于全体人民的宝贵资源，握有全体人民托付的神圣权力，并享受着人民给予的相应待遇，他们的职责就是"全心全意为人民服务"。公仆们完成了本职工作，完成了相应岗位所要求的为人民服务的职责，但并不表示他们因此就更加高尚，更加了不起，更加卓尔不群。因为，没有任何公仆可以"自给自足"、不享受他人提供的任何服务；公仆们的服务只是社会分工中他们理应承担的一部分，仍然属于人民自我服务的范畴，并不是纯粹为群众、为"他人"、为社会奉献无偿劳动，做出额外的牺牲。也正因为此，他们也无权要求某种特权和超额的回报，更无权以"我也是人民中的一员"为理由，把手中的公共资源据为私有，以权谋私。否则，从逻辑的角度看，这是一种典型的诡辩；从政策、法律的角度看，则是不称职，是工作作风有问题，甚至是可耻的犯罪。

（4）怎样落实为人民服务？实现广大人民当家做主，广大人民"主人意识"与"服务意识"的切实统一，是牢固树立为人民服务价值观的集中体现。在现实中，这种统一并不仅仅是一种精神觉悟和道德要求，它需要落实为体现社会主义责、权、利相统一的制度设计、管理体制和规范，要求有充分的法制、政策和措施作为其基础保证。[①]典型的，如果一些政府部门及"公仆"拒绝站在广大人民群众的立场上，提供各种信息和服务，只是一味地想着"领导"和"管理"人民；如果服务业窗口单位和从业人员认为提供服务低人一等，态度消

[①] 参见李德顺、孙伟平《为人民服务：有中国特色社会主义价值观的核心》，《学习·研究·参考》2001年第9期。

极蛮横，经常偷工减料，以次充好；如果公检法部门不能依法办事，为普通百姓主持公道，只是威严有加地吓唬百姓，甚至警匪一家，为害一方……那么，"为人民服务"不仅将成为一纸空文，成为人们茶余饭后的笑谈，而且可能变成广大人民群众避之唯恐不及的利刃。所以毛泽东强调："人们的工作有所不同，职务有所不同，但是任何人不论官有多大，在人民中间都要以一个普通劳动者的姿态出现。决不许可摆架子。一定要打掉官风。"①

总之，我们必须从广大人民群众出发，在社会主义本质的层面上，联系共产党的宗旨和目标，完整、准确、全面、深刻地理解和诠释为人民服务。如果能够"拨乱反正"，正本清源，正确地理解为人民服务，那么我们会发现，为人民服务是平实的、普通的，它既不那么高不可攀，难以践行，也并非那么方便随意，易于做到。——如果仔细分辨，那么，"为人民服务"实际上有不同的层次、不同的境界。如果只是坚守自己的岗位，做好自己的本职工作，这是一个基本的层次，做到这一点并不困难，就是有困难，也必须自己想办法加以克服；但如果要做到"全心全意"地"为人民服务"，自觉地严格地要求自己，多做奉献，不怕牺牲，那么就属于一个高的层次，就不会那么容易了。在这里，需要社会的先进分子，特别是具有高尚共产主义精神的共产党员、领导干部，经常地反躬自省，自我锻炼，在中国特色社会主义实践中不断提高，为实现"国家富强、民族振兴、人民幸福"的"中国梦"做出应有的贡献。

四 与时俱进的"为人民服务"价值要求

如何真正做到为人民服务？这是一个需要人们用心思考、智慧实施的时代课题，在不同的时代、不同的条件和环境下，往往会有不尽相同的标准和要求。但是，如下几方面是一般所要求的。

---

① 《毛泽东文集》第7卷，人民出版社1999年版，第355页。

第一，必须始终站在广大人民群众的立场上，对人民群众始终怀有真挚、深厚的感情。毛泽东早在党的七大时就明确提出，共产党人要"紧紧地和中国人民站在一起，全心全意地为中国人民服务"①。1981年2月14日，邓小平在为英国培格曼出版公司出版的英文版《邓小平文集》序言中满怀深情地写道："我是中国人民的儿子，我深情地爱着我的祖国和人民。"正是与祖国和人民站在一起，正是这份血浓于水的深情，支撑着邓小平在临近生命的终点，依然在为人民的事业奔走呼号，把自己的一生都奉献给了人民，受到全国各族人民的真心爱戴。邓小平要求，"党的组织、党员，都要永远站在人民一边，同人民在一起，了解他们的要求，倾听他们的呼声，采取各种办法保护和争取他们的利益"②。一个不与人民群众站在"同一条战壕"里，对祖国、对人民没有真挚感情的人，是不可能真正做到为人民服务的，有时甚至会自觉或不自觉地脱离人民群众，甚至在工作中出现分歧、冲突时，把人民群众当作自己的对立面，从而无耻地沦为人民群众的敌人。

第二，必须坚持人民群众是历史的创造者的观点，落实人民群众的价值主体地位。人民群众是历史的创造者是唯物史观的基本观点，人民当家作主是社会主义民主政治的本质特征。一切权力属于人民，这是社会主义中国的国家制度的核心内容和根本准则。国家机关及其工作人员与人民群众的关系是"从属关系"，他们只是"人民的公仆"或"人民的勤务员"。国家机关固然受人民的授权，掌握并行使一定的权力，但是，这只是具体权力的授权，而绝不是治理国家主体资格的授权。政府的权力如此，执政党的权力亦然。任何党员、干部对此都应该有清醒的认识。

第三，必须坚持以人为本和人民利益高于一切，以合乎最广大人民群众的最大利益作为最高价值标准。人民的利益、愿望、要求与历

---

① 《毛泽东选集》第3卷，人民出版社1991年版，第1039页。
② 《邓小平1980年10月25日与中央负责同志的谈话》，载《邓小平年谱（1975—1997）》（上），中央文献出版社2004年版，第685页。

史发展的必然性是相一致的，能否代表人民的根本利益，得到人民的拥护，是国家兴衰成败的关键。毛泽东指出："应该使每个同志明了，共产党人的一切言论行动，必须以合乎最广大人民群众的最大利益，为最广大人民群众所拥护为最高标准。"① 因此，要把人民的利益、意志、愿望、要求，作为党和国家制定路线、方针、政策的出发点和归宿，在任何时候、任何条件下，都必须一切从人民利益出发，全心全意地为人民服务。"我们共产党人区别于其他任何政党的又一个显著的标志，就是和最广大的人民群众取得最密切的联系。全心全意地为人民服务，一刻也不脱离群众；一切从人民的利益出发，而不是从个人或小集团的利益出发；向人民负责和向党的领导机关负责的一致性；这些就是我们的出发点。"② 邓小平一再强调，党在不同历史时期所面临的环境、所承担的具体的任务会发生变化，但坚持全心全意为人民服务的宗旨永远不会变。全心全意为人民服务，最重要的就是要把"人民拥不拥护""人民赞不赞成""人民高不高兴""人民答不答应"作为各项方针、政策的出发点和归宿。

第四，以人民群众的利益为重，切实维护人民群众的根本利益。邓小平指出："按照历史唯物主义的观点来讲，正确的政治领导的成果，归根结底要表现在社会生产力的发展上，人民物质文化生活的改善上。如果在一个很长的历史时期内，社会主义国家生产力发展的速度比资本主义国家慢，还谈什么优越性？我们要想一想，我们给人民究竟做了多少事情呢？我们一定要根据现在的有利条件加速发展生产力，使人民的物质生活好一些，使人民的文化生活、精神面貌好一些。"③ 正如胡锦涛指出的：要不断深化对中国特色社会主义的规律性认识，更加注重以人为本，坚持从最广大人民根本利益出发谋发展、促发展，做到发展为了人民，发展依靠人民，发展成果人民共享。群众利益无小事。在当前社会主义市场经济条件下，共产党员、领导干

---

① 《毛泽东选集》第 3 卷，人民出版社 1991 年版，第 1096 页。
② 同上书，第 1094—1095 页。
③ 《邓小平文选》第 2 卷，人民出版社 1994 年版，第 128 页。

部特别要正确处理国家、集体、个人三者之间利益关系。当个人价值与集体价值、个人利益与集体利益发生冲突的时候，必须坚持集体主义原则，以人民群众的整体利益为重，必要的时候，为了人民群众的利益应该牺牲个人利益。毛泽东指出："一个共产党员，应该是襟怀坦白，忠实，积极，以革命利益为第一生命，以个人利益服从革命利益；无论何时何地，坚持正确的原则，同一切不正确的思想和行为作不疲倦的斗争，用以巩固党的集体生活，巩固党和群众的联系；关心党和群众比关心个人为重，关心他人比关心自己为重。这样才算得一个共产党员。"① 毛泽东历来提倡个人利益服从人民群众的整体利益，眼前利益服从人民群众的长远利益，坚决反对那种自私自利的个人主义。江泽民也强调："共产党人的高尚情操，是由党的宗旨所决定的。作为一名共产党员理应有更高的思想境界，在个人利益与国家、人民利益发生矛盾时，应该自觉地牺牲自己的利益，他的工作出发点不是为了金钱，而是为人民服务。"②

第五，不断深化对中国特色社会主义的规律性认识，提高为人民服务的本领。为人民服务仅仅有良好的愿望、高尚的情操是不够的，还必须与时俱进，自觉提高自身的素质和能力，培养过硬的本领。当前，有些干部也有为人民服务的愿望，但由于本领欠缺，不能很好地为人民服务，甚至事与愿违好心办坏事。如一些领导干部对科学发展观理解不透，为发展而发展，结果要么破坏了生态环境，要么激化了社会矛盾；一些地方的领导干部有发展开放型经济的良好愿望，一心想招商引资，但由于缺乏相应的知识和能力，结果效果平平，甚至上当吃亏，交了许多不该交的学费；等等。因此，领导干部尤其要有"本领恐慌"的危机感，在学习型党组织和学习型社会建设中，认真通过学习经典、深入思考、实践锻炼，积累经验，增长才干，更好地履行自己的职责、为人民群众服务。

---

① 《毛泽东选集》第2卷，人民出版社1991年版，第361页。
② 江泽民：《切实加强党的建设，增强党的凝聚力吸引力战斗力》，《党建》1989年第7—8期合刊。

第六，要坚持一切从实际出发，要有求真务实、务求实效的态度。毛泽东在《为人民服务》中说："因为我们是为人民服务的，所以，我们如果有缺点，就不怕别人批评指出。不管是什么人，谁向我们指出都行。只要你说得对，我们就改正。你说的办法对人民有好处，我们就照你的办。"① 这要求我们，要敢于说真话道实情，坚持一切从实际出发，不唯书、不唯上，只唯实。坚持求真务实，是马克思主义科学世界观和方法论的本质要求。"求真"，就是认识事物的本质属性，把握事物发展变化的规律；"务实"，则是要在这种规律性认识的指导下，去实践、去真抓实干。要做到"求真"，就要求领导干部经常深入基层深入群众，了解人民群众的所思、所想、所需、所盼，解剖麻雀，把决策和工作建立在客观实际之上；就要求领导干部要广泛吸纳民智民意，虚心接受各方面的意见，为人民的利益坚持好的，为人民的利益改正错的。要做到"务实"，就要求我们设身处地地为人民着想，为人民办实事，在各自的工作岗位上尽职尽责，高质量高效率地工作，以人民满意、高兴为目的。

最后还应该强调，共产党人、领导干部作为社会的先进分子，为人民服务不能停留在普通群众的认识水平和行动方式上，而是要"全心全意"，心无旁骛，要努力做到大公无私，毫不利己，专门利人。毛泽东指出："共产党就是要奋斗，就是要全心全意为人民服务，不要半心半意或者三分之二的心三分之二的意为人民服务。"② 毛泽东在《在延安文艺座谈会上的讲话》中谈到鲁迅的时候，要求一切共产党员、一切革命家学鲁迅的榜样，做无产阶级和人民大众的"牛"，鞠躬尽瘁，死而后已。虽然一个人的能力有大小，但只要具有大公无私、毫不利己、专门利人、全心全意为人民服务的精神，在自己的岗位上对社会、对人民做出了贡献，就是有价值的，就值得人们尊重。咀嚼历史，"毫不利己，专门利人"的国际共产主义战士白求恩；为人民

---

① 《毛泽东选集》第3卷，人民出版社1991年版，第1004页。
② 《毛泽东文集》第7卷，人民出版社1999年版，第285页。

的利益而死、人生价值重于泰山的张思德；舍己为人，大公无私，勤勤恳恳，"把有限的生命投入到无限的为人民服务之中去"的雷锋；等等，已经交出了一份令人民感动、让人民满意的答卷！这些英雄和楷模也给广大共产党员、领导干部乃至广大人民群众指明了努力的方向。

五 "为人民服务"价值观的理论与现实意义

在社会主义市场经济背景下，在改革（特别是政治体制改革）和中国特色社会主义建设（特别是民主政治建设）过程中，"为人民服务"价值观绝对没有过时。结合现时代中国的具体情况来看，在中国特色社会主义核心价值观建设中，充分落实人民的主体地位，践行"为人民服务"，特别是增强服务观念，改进服务质量，提升服务效率，还存在许许多多问题，需要理论上进行反思、实践中不断改进。这也凸显了落实人民的主体地位、践行"为人民服务"的重要的理论与现实意义。

第一，落实人民的主体地位、践行"为人民服务"价值观，有利于我们增进对社会主义本质的理解。

社会主义是广大人民群众当家做主的政治制度。那么，应该怎么理解和落实广大人民"当家做主"？这就必须从制度上、思想上落实人民群众的主体地位，防止将人民群众"弱化""边缘化"，防止人民群众"被代表""被决定"。毛泽东对此认识深刻，见解独到。他谆谆告诫党员干部："如果把自己看作群众的主人，看作高踞于'下等人'头上的贵族，那末，不管他们有多大的才能，也是群众所不需要的，他们的工作是没有前途的。"[①]

进一步地，必须将"为人民服务"落实到经济、政治、文化和社会的方方面面，作为衡量一切工作得失成败的标准。为人民服务在社

---

① 《毛泽东选集》第3卷，人民出版社1991年版，第864页。

会中实践的方式如何，效果怎样，是直接确证和检验社会主义的尺度，它关系到社会主义事业的兴衰成败，关系到社会主义制度的生死存亡。苏东剧变、共产主义运动遭受的挫折和中国改革开放以来成功的经验，就从不同角度深刻地诠注了这一点。

第二，在社会主义初级阶段，在中国特色社会主义建设过程中，能否真正落实人民的主体地位，践行"为人民服务"价值观，对于保持共产党的合法性、先进性，具有基础性、决定性意义。

按照马克思主义理论，共产党来自人民群众，是由其中的先进分子组成的，是代表广大人民群众及其利益的。在夺取政权、建立社会主义国家后，其执政地位和权力不是天赋的，也不能"自封"，仍然只能由广大人民群众"赋权"，即代表人民群众掌握和行使权力。这就要求共产党真正把握和代表人民群众的利益。列宁指出："在人民群众中，我们毕竟是沧海一粟，只有我们正确地表达人民的想法，我们才能管理。否则共产党就不能率领无产阶级，而无产阶级就不能率领群众，整个机器就要散架。"①

人民群众才是"真正的英雄"，才是决定历史发展的真正力量，民心、民意才能论证共产党的合法性、先进性。如果中国共产党在执政过程中，不能切实落实人民的主体地位，充分实现人民当家做主，充分体现人民的利益和意志，坚持"全心全意为人民服务"的宗旨，特别是，如果凌驾于广大人民群众之上，只是为特定的小集团或特殊群体服务，那么，遑论共产党的先进性了，就是其合法性也将受到强烈的质疑和冲击。如果这样做，那么后果将是不堪设想的，黄炎培所谓的"历史周期率"必将无情地上演。广大人民群众一定会觉悟起来，令背离人民群众的统治者付出代价，甚至毫不留情地摧毁其统治。

第三，落实人民的主体地位，切实践行"为人民服务"，对于落实主人意识与服务意识的统一，普遍地提高人们的思想觉悟和职业道德水平，端正行业风气，具有重要意义。

---

① 《列宁选集》第4卷，人民出版社2012年版，第695页。

因为，在社会主义制度下，广大人民群众成为国家的主人和建设者，人们的社会分工虽然有所不同，所从事的劳动在形式上千差万别，但是，包括党的领袖、各级干部在内，无论具体从事什么职业，都是社会的需要、组织的需要，在人格上没有高低贵贱之分，都是"人民的勤务员"，即"人人既是服务者，又是服务对象"。"为人民服务"从根本上说，就是广大人民群众"自己为自己服务"或者"自我服务"，即实现了"服务者与服务对象一体化"。

而"服务者与服务对象一体化"意味着，"为人民服务"的价值观具有最广泛的群众基础。这也是使中国共产党的先进意识变为人民群众普遍意识的客观根据，是广泛性和先进性相统一的现实基础。因为既然是"自己为自己服务"，那么每一个人都应该对"为人民服务"具有自觉的愿望和强烈的要求。深刻地认识到这一点，对于人们普遍地提高思想觉悟，提高"爱岗敬业"的职业道德水平，端正和改进行业风气，无疑是基础性并极具启迪意义的。

第四，明确"人民"一词的含义，落实主人意识与服务意识的统一，对于将"以人为本""为人民服务"落到实处，具有重要意义。

在践行"全心全意为人民服务"的过程中，我们经常会看到这样一种现象：许多人嘴里喊得震天响，但是言行脱节，没有采取任何实际行动。即使是领导干部，即使是窗口行业的服务人员，情况也不容乐观。我们过去经常看到、听到这样的情形：在"为人民服务"牌匾高悬的机关、医院、学校、商场等，当有人向他们寻求服务时，哪怕完全是他们职责范围内的事，不少人也会情绪消极，态度生硬，甚至振振有词地"训斥"服务对象："为人民服务，又不是为你服务！"这种将"人民"抽象化、与具体的历史的个人相割裂的思维方式，彻底地将"为人民服务"空洞化、虚幻化了！从逻辑上说，他们玩弄了混淆概念和偷换概念的游戏；从现实方面考量，暴露出他们只愿做"主人"，只想尽可能索取，根本不想提供任何服务的内心意图。这些人甚至觉得，"服务"是低人一等、"没有面子"的事情，因而能拖就拖，能赖就赖，实在不得已时，也是极不情愿，甚至怨气冲天，感觉做了一点服务工作就说"亏了""赔了"。

正因为如此，真正需要服务的广大人民群众，特别是底层群众、弱势群体，根本享受不到应有的服务，有时即使遭遇了不公正待遇，受了委屈，受了迫害，也投诉无门，只能祈望老天开眼，"青天降临"。有人无奈地、诙谐地调侃说，"人民"就像"上帝"一样，在现实生活中，"越想越伟大，越找越没有"。如果不改变这种思维方式和行为方式，如果不改变这种言行不一、言行脱节的现象，切实将主人意识与服务意识相统一，将劳动者和人民群众的责权利相统一，那么，"以人为本""为人民服务"必将沦为没有任何约束力的空谈。

第五，落实人民的主体地位，践行"为人民服务"，对于加强社会主义制度建设，改进领导方式和干部作风，具有重要意义。

在任何体制、机制中，都存在着领导干部和普通群众的分工。领导干部手中虽然握有广大群众托付给他们的权力，但是，领导干部并不是凌驾于普通群众之上的特殊群体，而是责权利相统一的普通一员。毛泽东指出："我们一切工作干部，不论职位高低，都是人民的勤务员，我们所做的一切，都是为人民服务。"[①] "人们的工作有所不同，职务有所不同，但是任何人不论官有多大，在人民中间都要以一个普通劳动者的姿态出现。决不许可摆架子。一定要打掉官风。"[②] 邓小平更是简明扼要地指出："什么叫领导？领导就是服务。"[③] 这实际上还不是要求领导干部的觉悟都普遍高尚，只知"无私奉献"，完全没有索取，完全不享受他人提供的服务。由于领导干部也是人，也是广大人民群众中的一员，因而这实际上往往是做不到的。"领导就是服务"只是说，领导岗位作为社会分工中的一个有机组成部分，其工作职责就在于以包括决策、管理在内的各种方式，"负责任"地为广大人民群众提供各种服务。领导干部服务的内容虽然与普通群众的工作有所不同，但也只是全部制度安排中的一部分，任何领导都绝对没有资格

---

① 《毛泽东文集》第3卷，人民出版社1996年版，第243页。
② 《毛泽东文集》第7卷，人民出版社1999年版，第355页。
③ 《邓小平文选》第3卷，人民出版社1993年版，第121页。

高高在上，态度粗暴，没有资格"门难进、脸难看、事难办"，没有资格拈轻怕重，推三阻四，没有资格"不作为"，拒绝"服务"，没有理由看不起人民，"卡人民脖子"，特别是没有理由以权谋私，腐化堕落。

第六，落实人民的主体地位，践行"为人民服务"价值观，对于中国政治民主建设，特别是对于改进作风，反腐倡廉，具有重要意义。

坚持人民群众的主体地位和"为人民服务"，那么，无论是制度设计，还是具体的社会治理理念，无论是政府机构，还是广大干部队伍，都必须从人民群众出发，以人民群众的利益为重，做到"立党为公，执政为民"，"情为民所系，利为民所谋，权为民所用"。当然，做到这一切并不容易。虽然"领导就是服务"，领导干部应该"全心全意为人民服务"，但毋庸置疑的是，目前一些领导干部的思想观念、治理能力和工作作风却存在着明显的差距。官僚主义、形式主义、享乐主义、党八股、不作为、奢靡之风，等等，既十分严重，又特别顽固。甚至在领导干部队伍中，一些为权力所异化的腐化堕落者将自己视为了手中权力的特殊"主人"，全然忘记了自己所承担的"服务"职责和义务，或者把自己和小团体的利益置于人民群众的利益之上，只是用权力为自己和小圈子服务，甚至只是"为人民币服务"，把共产主义信念的追求，变成了对金钱、货币的追求，最终庸俗化为"一切向钱看"："理想理想，有利才想；前途前途，有钱就图。"一些党员、干部价值观念中对理想、精神、荣誉、道德等不能带来物质利益的东西不感兴趣了，甚至喊出"荣誉多少钱一斤""良心多少钱一斤"之类的口号，对崇高、良善、正义的东西公开进行讽刺和解构。这割裂和颠倒了"公仆"与主人的关系，完全违背了"全心全意为人民服务"的宗旨，甚至自觉地站到了广大人民的对立面。如果听任官僚主义、形式主义特别是特权腐败现象发展下去，党就会失去群众、失去民心，走向自我毁灭。针对这种状况，邓小平、江泽民、胡锦涛、习近平等一再强调，反腐败斗争是关系党心民心、关系党和国家前途命运的严重政治斗争；党风廉政建设和反腐败工作，是党和国家的重要工作，也是党的建设工程的重要组成部分。

全心全意为人民服务是检验廉政建设的重要尺度。树立全心全意为人民服务的思想并落实到行动上，不仅是实现廉政的关键和前提，而且还是衡量实现廉政、勤政的根本尺度。检验是不是实现廉政，最重要的就是看工作人员特别是领导干部是否坚持人民当家作主、是否真正地"全心全意为人民服务"，最基本的，要看是否坚持一切从人民的利益出发，以人民的利益为重，做好了自己的本职工作，特别是，决不"卡人民的脖子"，不为自己份内的服务索取额外的"报酬"。如果连这样基本的要求都做不到，还要斤斤计较、讨价还价，甚至用权力寻租，那么就可能已经走向了人民的对立面，成了千夫所指的特权和腐败分子，甚至成了人民群众的敌人。

总之，切实落实人民的主体地位，自觉践行"为人民服务"价值观，事关中国共产党的先进性和执政的合法性，事关社会主义的本质和中国特色社会主义的共同理想，也关系到马克思主义中国化和中国特色社会主义的建设进程。全心全意为人民服务是中国共产党及其领导的人民政权区别于一切剥削阶级政党及其政权的显著标志之一。当前中国特色社会主义核心价值观建设的关键，是结合新时代的历史条件，结合社会各个行业的特点，从理论和实践上更加深入全面地贯彻、体现人民当家做主、"全心全意为人民服务"的宗旨，真正使为人民服务化为人们的自觉意识和习惯性行动。

附　录
生态文明：以人为本的可持续发展观

"我们只有一个地球！"可是，在狭隘的文明观和偏执的发展模式的导引下，我们赖以生存、生活的这个蓝色星球已经并且仍然遭受着人类傲慢无礼的劫掠和破坏。环境污染、生态失衡、能源危机不仅严重影响到经济、社会的可持续发展，威胁到许多国家和地区的生态安全，更是给身临其境的大众带来难以言说的痛苦。在人口不断膨胀、资源环境承载力面临重压的情况下，人类面临无家可归、发展难以为继的窘境。面对空前严峻的资源环境形势，中国共产党领导中国人民审时度势，创造性地提出了建设新型的"生态文明"的伟大战略举措，旨在通过新时代中国特色社会主义的新型工业化、信息化、智能化和生态化建设，为马克思主义中国化和人类文明发展探索一条全新的道路。

一　扬弃偏执的发展观和发展模式

生态兴则文明兴，生态衰则文明衰。所谓"生态文明"，是人们在认识和改造客观世界的同时，协调和优化人与自然的关系，建设有序的生态运行机制和良好的生态环境所取得的物质、精神、制度成果的总和。它以尊重和维护生态环境为主旨，以可持续发展为着眼点，强调人的自觉与自律，体现了人们尊重自然、利用自然、保护自然、与自然和谐相处的思想。2013年5月24日,习近平在十八届中央政治局第六次集体学习时的讲话中精辟地指出:生态文明是人类社会进步的重大成果。人类经历了原始文明、农业文明、工业文明,生态文明是工业文明发展到一定阶段的产物,是实现人与自然和谐发展的新要求。

建设生态文明,首要的目标指向是恢复生态平衡。生态平衡是指生态系统内两个方面的稳定:一方面是生物种类(生物、植物、微生物)的组成和数量比例相对稳定;另一方面是非生物环境(包括空气、阳光、水、土壤等)保持相对稳定。生态系统的平衡是大自然经过漫长岁月才建立起来的动态平衡,一旦受到人为的破坏,会发生非常严重甚至无法弥补的连锁性后果。

概而言之,人类对生态平衡的破坏性影响主要体现在三个方面:一是大规模地把自然生态系统转变为人工生态系统,严重干扰和损害生物圈的正常运转,过度的农业开发和城市化是这种影响的典型代表;二是大量索取生物圈中有限的各种生物的或非生物的资源,典型例子是滥伐森林、过度利用水资源、捕猎濒危动物;三是向生物圈中超量输入人类活动所产生的产品和废物,严重污染和毒害生物圈的物理环境和生物构成(包括人类自己),化肥、杀虫剂、除草剂、工业"三废"和城市"三废"是其代表。值得注意的是,人类自身的"力量"越强大,这种破坏性力度往往越强盛,今日生态环境恶化持续加剧就是明证。

人类野蛮破坏生态平衡、造成生态环境持续恶化的根源是多方面的、复杂的。对之进行彻底的清理、反思和批判,是生态文明建设的前提。

(1)发展观或发展理念方面的误区。在人与自然的关系问题上,自然目的论认为,人"天生"就是其他存在物的目的,大自然是为了人的利益而创造出来的,其他动植物的存在无非是为了给人提供食物和服务;神学目的论认为,人是大自然的主人,明显高于其他生命形式,所有创造物都是上帝创造出来为人类服务的,是为人类的利益而存在的；狭隘的人类中心主义则将人的私利、贪欲以及狂妄自大强加于自然，认为人应当通过征服自然，让自然交出自己的贡品……在上述傲慢自大的观念指导下，如果说，限于人类自身的能力，工业革命以前人与自然还基本上能够和谐共处的话，那么近代以来，由于理性认识的不断深化，科学技术的高歌猛进，工业革命的飞速发展，大自然的大规律劫难就真正开始了。

其实，人本身是自然界长期发展的产物，是在自然环境中、并与这一环境一起发展起来的。自然界提供着人生产、生活的资源与场所。人与自然的关系，不应简单理解为征服与被征服、改造与被改造、利用与被利用的关系，而是相互依赖、共存共生的关系。"生态文明"的提出，就旨在把"善与恶"这类过去只用来说明人与人关系的伦理道德范畴，推广应用到人与自然的关系上去。因为人如何对待自然的问题，实质上映射的是人如何对待自己的问题，即人类生存发展中的部分与整体、片面与全面、眼前与长远、现在与未来的关系问题。因此，为了人类全面的幸福与未来发展，我们应该树立起科学的生态意识，建立人与自然共生共存的合作关系，以人道主义的态度与慈悲情怀对待大自然。

（2）被异化的深层次的价值动机。人的任何生活、活动、创造都需要消费资源，需要以一个稳定的生态环境为依托。在近代以来商品经济的刺激下，人们把满足自己的欲望视为生活的意义之所在；只关心如何最大限度地满足自己的利欲和贪欲，却很少追问这些欲望是否合理；甚至把生活的意义压缩、异化为单向度无止境的外在物质欲求；奢侈性消费、纵情享乐、无止境地占有……被认为是时髦、成功。以获取最高利润为原则的各类企业，更是疯狂地向外拓展，无休止地占有、消耗资源，对资源环境采取掠夺式、粗放型开发利用方式，如为了得到矿产不惜破坏植被，为了减少成本放任大肆排污，导致大多数资源面临枯竭危机，生态环境的承载能力严重超载。一些利欲熏心、贪得无厌的小人，更是可能为了一根象牙不惜杀死一头大象；为了一个熊胆不惜牺牲一头黑熊；为了一张虎皮而残忍地屠戮一头老虎；……由于近现代人日益膨胀的利欲、贪欲、急功近利，把地球视为无限制的能源基地、物资仓库、垃圾场，才造成环境满目疮痍，生态持续恶化。

其实，现代人应该理智地反思和追问，是否有必要以污染环境、破坏家园、牺牲健康等为代价，拼命满足各种被刺激起来的欲求，苦苦追求那样多的物质财富，追求那种崇尚高消费的工业化文明，从而永远地告别"雨打梨花深闭门"的宁静，告别"采菊东篱下，悠然见南山"的闲适，告别蓝天白云青山绿水新鲜空气？一个人维持生存、生活之所需十分有限，占有一座金山、拥有天文数字的财富，除了满足虚荣、自大心理外，又有什么真正的价值和意义？远离自然，远离心灵，在无止境的索求之中消耗生命，在五光十色的"器物世界"中逶迤穿行，这样的人生果真是我们应该追求、托付的吗？在其中真能体会到发自内心的幸福与安宁吗？

（3）偏执的发展模式或唯意志论的政策取向。咀嚼历史我们发现，生态环境破坏的程度往往与工业化进程相一致。世界各国各地区在选择和具体实施工业化的过程中，在市场这只看不见的手的策动下，环境保护意识不强，重开发轻保护，重建设轻维护，一味追求效率、效益、有效性，以高度组织化、分工专业化、单调周期性重复的方式，通过利用空气、海洋、森林、矿产、土地等资源加工出前所未有的源源不断的财富。一些国家和地区甚至奉行"先制造，后销毁""先污染，后治理""先破坏，后保护"之类政策导向，单纯追求 GDP 的畸形发展，采取以高污染、高排放、高消耗为代价的粗放增长方式。其结果，是"经济增长的资源环境代价过大"，环境污染、生态失衡现象十分严重。至于战争、恐怖活动、地震、火山爆发、台风、水旱灾害等天灾人祸，更是常常直接造成很难恢复的生态灾难。

事实上，单纯的 GDP 增长指标或经济的粗放增长方式是片面的，它没有体现经济增长过程中的环境损失和资源消耗成本，而且以污染环境和过度消耗自然资源为代价的增长没有前途，GDP 的增长难以为继。加强生态文明建设，把经济发展与环境、资源保护以及人的全面发展结合起来，实现人与自然和谐相处的可持续发展，才是人与社会发展的必由之路。

此外，还必须强调指出的是，在造成环境污染、生态失衡的问题上，率先实现工业化的发达国家、庞大的跨国企业等"功不可没"。毕竟，环境破坏的程度是与人类征服、扩张、索取、掠夺的"力量"与时间成正比的。但目前的现实是，发展中国家和地区、穷人们却同样地甚至更多地承受着环境破坏、生态失衡的苦果，而许多发达国家、跨国企业等却拒绝承担更多的责任和义务，"为富不仁"、损害环境正义的现象依然如故。是地球上的每一个组织、每一个居民反省自身，意识到自己的责任和义务，切实发挥其主观能动性和主体作用，建设新型的"生态文明"的时候了。

二 以人为本是生态文明建设的核心

环境生态危机是人造成的，也是人自身的危机。以人为本，通过拯救自然而拯救我们自己，是我们治理环境污染、维护生态平衡、建设生态文明的出发点和核心。

生态文明不是非人的或与人无关的文明，它明确地指向人的生存和活动环境，指向人的生活质量和幸福指数，指向人的自由、全面、可持续发展。几个世纪以来，工业资本主义所泛滥的个人本位、放任竞争和无限度聚敛财富，以及与之伴生的拜金主义、消费主义、享乐主义，本质上是鼓励无序扩张、纵欲奢靡，多年积累的结果，不但严重破坏了自然生态平衡，也破坏了社会生态平衡，最终异化了人本旨归。只有加强生态文明建设，把经济发展与环境、资源保护以及人的全面发展结合起来，实现人与自然和谐相处的可持续发展，才是人与社会发展的必由之路。同时，也只有从人出发，"只有实现了人的全面发展，人类才能克服生态危机，人与自然才能达到和谐统一"[①]。

[①] 王丛霞：《生态文化内蕴的价值取向探析》，《湖南科技大学学报》（社会科学版）2006年第5期。

在反省环境生态问题、建设生态文明的过程中，坚持以人为本或以人为中心，是一项基础性的原则，涉及许多领域和许多方面。其中无法回避的，是理论上的"人类中心主义"与"反人类中心主义"之争。

一些环保人士，特别是后现代主义者认为，目前全球性的环境和生态危机既是人类中心主义的产物，同时又构成人类中心主义的困境。他们认为，人是大自然中并不特别的一分子，人的中心地位或主体地位应该消解，应该彻底否定"人类中心主义"和"人的主体性原则"；应该把人和自然界置于同等地位，将自然界、动物或生物视为与人平等的主体，承认其内在价值，尊重其"固有权利"，即坚持"动物中心主义"或"生物中心主义"，等等。还有人更进一步，认为应该以"天道论"取代"人道论"，因为先有天道（自然界的规律），后有人道（人类的价值原则），因此人道要服从天道。这类"反人类中心主义"观点被视为拯救人类的新价值观、伦理观的核心。①

在空前严峻的生态危机面前，在对环境污染的亲身体验中，上述观点很有"市场"和影响力。确实，在一定意义上，这对于纠正人类的傲慢自大、自以为是，抑制人类的自私自利、不计后果，建设人与自然和谐的生态文明，具有积极意义。然而，这种观点也有值得商榷之处。

首先，上述观点混淆了"以人为中心"与"人类中心主义"概念。实际上，"以人为中心"只是指人是人类一切活动、思考和情感的"中心"；人的尺度（人的本性、目的、需要和能力等）是人判断一切价值的标准的"中心"；人的自我实现和全面发展是人类一切价值理想、追求、选择、创造的目标"中心"……即"人是人的世界的中心，人是人自己的中心"。这是人类特有的、也不可能没有的一种"自我中心"现象。当然，如果把"以人为中心"理念扩张为"主义"，如将某些地区、集团混同于"人类"的"地区中心主义""集

---

① 参见李德顺《从人类中心到"环境价值"》，《哲学研究》1998 年第 2 期。

团中心主义";忽略子孙后代利益、将当代人混同于"人类"的代际利己主义;"我消费,所以我存在"等将人性、人的需要压缩为单纯物欲的粗鄙的消费主义;将人与自然对立起来,认为应该臣服自然、令自然向人类无限进贡的狂妄自大观念……就极端化、片面化了。"人类中心主义"确实是造成环境污染、生态失衡的理论根源之一,但由于它与"以人为中心"并不等同,不容混淆,因而"人类中心主义"之谬不能直接强加于"以人为中心"之上。

其次,在人的生活世界里,一切都以人为中心,一切都是"人化"对象。所谓资源、环境、生态问题,都是从人的视角提出的问题,都是人的活动造成的危机,即对人的生存、生活和发展构成困境和挑战的问题。R. 格仑德曼在《马克思主义和生态学》中指出:"生态中心论假装完全从自然的立场来界定生态难题……但是,对自然和生态平衡的界定明显是一种人类的行动,一种与人的需要、愉悦和愿望相关的人类的界定。"① 生态环境问题的解决不能依靠"救世主",而只能以人的方式、依照人的需要、借助人的能力、通过人的活动加以解决。自然界、自然环境无所谓毁灭不毁灭,毁灭的只能是人类的生存环境甚至人类自己。离开了"人"这一前提,不以人为本,坚持人的主体地位,规定人对于自然界的权利和义务有什么必要?若要维护自然界本来的平衡,那么或许"灭绝人口的91%"将是"一件好事"②,因为这样自然界更可能自在地演化,重塑新的平衡。可见,保护环境、维护生态平衡没有否定"以人为本"或"以人为中心",只是强调人的活动应该坚持人与自然和谐的新维度。③

再次,"以人为本"或"以人为中心"主要意味着人在自然界面前的自我权利和责任意识,意味着人的行为的出发点和选择的界限之所在。海华德指出:"人的属性仍然是衡量的基准:只要评价者是人,

---

① 杨通进、高予远编:《现代文明的生态转向》,重庆出版社2007年版,第404—405页。
② Williams Aiken, "Ethical Issues in Agriculture", in Tom Regan ed., *Earthbound: New Introduction Essays in Moral Philosophy*, NY: Random House, 1986, pp. 247–248.
③ 参见李德顺《从人类中心到"环境价值"》,《哲学研究》1998年第2期。

对价值标准的选择本身就要受到这一事实的限制。正是这一事实排除了某种激进的非人类中心主义价值谋划的可能性,如果这种价值谋划指的是,接受一套与现存的人类价值观完全没有任何联系的价值体系。"① 即使要走出以往狭隘的人类中心主义的误区,也仍须以人为中心,从人出发,以人类的整体和长远利益为评价和选择的依据。换言之,只有以更加健全、理性的人为中心,只有以人的主体意识为基础,才可能清算狭隘的"人类中心主义",走向人与自然和谐之境。在这里,既没有必要、也没有可能摆脱"以人为中心",更不意味着走向以自然界或其他什么为中心。

可见,如果不是故意视而不见,那么不难发现:当今流行的"人类中心主义"与"反人类中心主义"实际上拥有一个共同的前提,那就是"人",即一切都是从人出发,都是为了人的,只不过在以人为本的前提下,如何保证人类的生存繁衍、促进人类发展的手段上有所差异而已。例如,"反人类中心主义"绝不是要反对人,反对人类,而是反对某些人无止境的贪欲和利欲熏心,对以人类为中心的种种盲目、近视、狂妄、自大、狭隘的做法深感忧虑,认为这类观念和做法已经严重损害了人与自然之间的和谐关系,已经对人与人类造成了巨大危害,而且正在危及人类自身的可持续发展,甚至可能对人类的未来产生毁灭性后果。"反人类中心主义"的这种深层忧虑不仅不反人类,而是立足人自身、从人出发对人类的观念和行为进行的深刻反省,其目的仍然是为了人的,甚至是在更深层意义上为了人的。就此而言,"人类中心主义"与"反人类中心主义"虽然表面上互相对立,争辩起来水火不容,但实质上却两极相通,只是在看待和解决问题的视角、手段和方法上有所区别。将理论视野稍加拓展、提升,原本争论不休的问题也就明朗了:需要争论的并不是什么主义,思想上的要害主要在于反对片面和极端,行动上的关键只限于方式与方法、手段与技术

---

① Tim Hayward, *Political Theory and Ecological Values*, Cambridge, UK: Polity Press, 1998, p. 51.

的选择而已。

三 可持续发展是生态文明建设的要义

新的以人为中心的或以人为本的生态文明观的要义，可以体现在一种深刻理解的"可持续发展"理论之中。当然，这不是强求任何民族国家采取千篇一律的发展道路和规范模式，实际上，实事求是、因地制宜的价值选择和灵活发展战略是应该欢迎的。可持续发展准则只在一个意义上是排斥性的：反对不可持续的发展。除此之外，它包容任何丰富多彩的、富于创造性的想法和做法。

（1）可持续发展强调整体或系统价值，是一种人与其他生命和谐共存的文明观。

任何物种的生存都是以相应的小环境为依托的，但又与其他物种及其所处的环境共存于一个息息相关的大系统中。超越所有个体或部分价值之和的系统价值，具有优先性和重要性。如果作为某一物种栖息地的环境被破坏了，或某一动物的栖息地的食物资源枯竭了，那么，这一物种就可能由于不再适应环境，从而导致种群数量日渐减少，以至于无可挽回地走向灭绝。某一物种的消失，可能带来许多无法预料后果的灾难。因为物种灭绝后不可再生，我们将失去生物多样性、美、基因资源、自然奇观、进化历史的纪念物，等等。霍尔姆斯·罗尔斯顿指出，对物种的灭绝"是一种超级杀戮，因为它不仅灭绝了生物个体，还灭绝了生物的种类；不仅毁灭了生命的标志，还毁灭了生命的类型；不仅摧毁了生命的'存在'，还摧毁了生命的'本质'"[①]。特别是，对物种的人为灭绝，如工业化过程中热带雨林的消失、大规模污染等导致的物种灭绝，与那种贯穿于进化史中的、伴随新物种生成而产生的自然灭绝截然不同，因为它不仅使生物资源遭受损失，而且

---

① ［美］霍尔姆斯·罗尔斯顿：《环境伦理学》，杨通进译，中国社会科学出版社2000年版，第423页。

阻断了大自然创造生命的源泉,更重要的是,还可能破坏整个生态系统的完整和平衡。

人作为自然衍化出来的一种最高级的生命形态,与其他生命共处于一种相互依存的生物链之中。在这一生物链之中,无数物种相互依赖、互为生存的前提。某些物种的灭绝,必然导致其他物种的泛滥或灭绝灾难;而大量物种的存在,是其他物种特别是人类的生存和福利,以及获得发展的前提条件。况且,在一个共同的进化过程中,人类的出现不过是一个较晚的事件,要了解、展望人类自身的历史,也需要追溯地球上的物种早已存在的相互依存的关系。因此,虽然人处于生物链和生命金字塔的顶端,是唯一有意识和能力反思、控制、制约其他存在物、植被以及每一块地表的"贵族",但是,任何人都没有不负责任、剥夺其他物种生存、繁衍的特权。如果对其他生命、其他物种赶尽杀绝,破坏了大自然这个相互依赖的系统,那么无异于直接毁损自己的家园,无异于自掘坟墓。正因为如此,利奥波德在其《沙乡的沉思》中极力呼唤一种"大地伦理":"一件事情,如果它有助于保护生命共同体的完整、稳定和美丽,它就是正确的;反之,它就是错误的。"[①]

(2) 可持续发展坚持代际公平与正义,主张子孙后代拥有与我们一样的生存、发展权利。

任何人的生命、包括未来的人的生命都是有价值的,种的繁衍、类的价值创造(物质的、思想的、艺术的成就的积累)也是有价值的。就如同我们不赞成人总是要死的,便可随时或提前结束生命一样,我们同样反对如下观点:地球迟早要毁灭(如果这是可能的),人这一物种迟早要灭绝,因而可以用耗尽资源、破坏环境的方式,放纵自己,及时行乐,自取灭亡。在利己主义、消费主义的导引下,我们通过工业化运动,已经将地球家园透支得千疮百孔了,许多人生存生活

[①] 转引自[美]霍尔姆斯·罗尔斯顿《环境伦理学》,杨通进译,中国社会科学出版社2000年版,第482页。

的环境不再那么丰富多彩，不再那么富有生产力。过去，甚至现在，那些疯狂追逐利润的企业家还可能"打一枪换一个地方"，在掠夺、污染一番后，又转移到另一个地方去掠夺、污染。但随着地球越来越拥挤，越来越难以找到放纵人类掠夺、索取的地方了。事实上，许多国家和地区已经面临严峻的环境资源瓶颈。

人类的出现不过是大自然进化过程中的一个"突发事件"，是大自然进化过程的一部分。大自然的先在性，说明一切自然资源、一切适宜于生存的环境，并不仅仅只是属于我们的私产。从代际伦理的角度看，任何社会或世代的发展不应该限制其他社会或世代的发展，每一代人都应该为下一代人留下一个至少与他们继续下来的一样丰富多彩和富有生产力的世界。作为人类生命延续链条中的一环，作为唯一具有理智能力的高级生命体，任何人都没有权力竭泽而渔，没有权力透支子孙生存、繁衍、发展的资本。一切焚林而猎、杀鸡取卵的透支行为，一切不计后果的破坏行为（如随意扩散或倾倒有毒、有辐射废弃物），都是对子孙后代不负责任，甚至是对子孙后代的犯罪。为子孙后代保持一种生存、发展可能性的自我约束，是对于当代人最低的道义要求，也是社会公平和正义的基本体现。因此，保护环境，维护生态平衡，倡导绿色生产和生活方式，也就是在维持人类种的繁衍、类的价值创造，维护社会公平与代际正义，是一件功在当代、惠及子孙的神圣事业。

（3）可持续发展排斥片面、偏执的发展观，倡导新型的理智的全面、动态、平衡发展观。

人的生存发展离不开一个稳定和谐的生态环境，否则就将失去根基和家园，沦为无根的甚至无处可逃的流浪者。但人的生存、发展与维护生态平衡之间往往存在许多矛盾，最突出的是局部的经济效益与环境代价之间的矛盾，暂时的欲望满足与长远的发展可能性之间的矛盾。过去在短视的利益和欲望支配下，曾经采行"先污染，后治理"、"边污染，边治理"甚至"只污染，不治理"等发展方略，为业已取得的发展付出了沉重的生态代价，导致大众承受了许多不该承受的苦难。诚然，"发展是硬道理"，发展仍是当今世界的主题。没有理由要求人们停下发展的脚步。但发展是有前提、有规律的，必须建立一种新型的理智的全面、动态、平衡发展观，而不能将发展建立在对自然、生态、环境的单纯索取、掠夺之上，不能建立在牺牲人类或者某些人的生活质量的基础之上，更不能建立在透支子孙后代发展可能性的基础之上。面对已经造成的资源短缺，面对既有的生态环境困局，既有的发展观应该进行深刻而彻底的反省：发展应该是以人为本和增进人类福祉的，应该是合乎人际公正和代际公正的，应该是全面、协调、可持续的，应该是不断进行反省和批判的。

反省与批判令我们永远坚持人自身的立场，保持健全理智的科学态度。批判性思维提醒我们，任何意义上的可持续发展都不是保持可持续掠夺的可能性。可持续发展的生态文明观不仅要求在生存（生活）与发展、目前与长远之间保持一种必要的张力，保持一种动态的平衡，而且要求人类以史为鉴，彻底反省自己的行为，面对自然保持一种谦逊和敬畏，为今后的生存、发展永远保留一种现实的可能性。尽管在生活实践中，这样做需要极高的智慧，需要理智的科学的分析和决策，需要自我反思和自我批判的精神，但是，完整的科学确定性等的缺乏，绝不是挥霍纵欲的理由，不是麻木、无所作为的借口。人类不能原谅自己一再犯同样的错误。

值得特别指出的是，"可持续发展"不仅是为了人的、以人为中心的发展，而且，也只有依靠人（包括各种人的共同体）、依靠人的现实努力才能实现。这也是人的权力、责任和义务之所在。实际上，越来越多的人已经或正在积极地行动起来。各种政府的和民间的环保组织、动物保护协会、学术机构大量涌现，各种环保纲领、政策、法规纷纷出台，特别是许多环保人士正调整策略，建立环保企业，生产绿色食品，倡导绿色生活方式。在人口、发展、能源、环境多重压力之下的中国，生态环境保护工作也已经起步，正在采取一系列保护和改善生态环境的重大举措，加大生态环境建设的力度。党和国家提出的建设"生态文明"，走绿色发展之路，更是在客观分析了中国所面临的严峻的资源环境形势后,在现代化发展模式和发展道路方面的新探索。"建设生态文明,关系人民福祉,关乎民族未来"①,而且也关系世界和谐,关乎人类前景。

---

① 《习近平谈治国理政》,外文出版社2014年版,第208页。

主要参考文献

一 著作

《马克思恩格斯选集》第1—4卷，人民出版社2012年版。
《马克思恩格斯全集》第1卷，人民出版社1995年版。
《马克思恩格斯全集》第3卷，人民出版社2002年版。
《马克思恩格斯文集》第1—10卷，人民出版社2009年版。
《列宁选集》第1、2、3、4卷，人民出版社2012年版。
《列宁专题文集·论马克思主义》，人民出版社2009年版。
《毛泽东选集》第1、2、3、4卷，人民出版社1991年版。
《毛泽东文集》第2卷，人民出版社1995年版。
《毛泽东文集》第8卷，人民出版社1999年版。
《邓小平文选》第2卷，人民出版社1994年版。
《邓小平文选》第3卷，人民出版社1993年版。
《习近平谈治国理政》，外文出版社2014年版。
《习近平谈治国理政》第2卷，外文出版社2017年版。
《习近平总书记系列重要讲话读本》，人民出版社2016年版。
中国社会科学院历史研究所《简明中国历史读本》编写组编写：《简明中国历史读本》，中国社会科学出版社2012年版。
梁漱溟：《中国文化要义》，上海人民出版社2003年版。
袁贵仁：《价值学引论》，北京师范大学出版社1991年版。
李德顺：《价值论——一种主体性的研究》（第3版），中国人民大学出版社 2013 年。

李德顺、孙伟平、孙美堂：《家园——文化建设论纲》，黑龙江教育出版社 2000 年版。

李景源：《李景源自选集》，学习出版社 2013 年版。

李景源、孙伟平主编：《艾思奇与马克思主义哲学中国化》，中共中央党校出版社 2008 年版。

韩震：《社会主义核心价值观五讲》，人民出版社 2012 年版。

郭建宁主编：《社会主义核心价值观基本内容释义》，人民出版社 2014 年版。

俞可平主编：《全球化时代的"马克思主义"》，中央编译出版社 1998 年版。

余成跃：《转型期中国社会公正问题研究》，复旦大学出版社 2013 年版。

邹东涛主编：《中国道路与中国模式 1949—2009》，社会科学文献出版社 2009 年版。

何萍、李维武：《马克思主义中国化探论》，人民出版社 2002 年版。

武寅主编：《简明世界历史读本》，中国社会科学出版社 2014 年版。

包刚升：《民主崩溃的政治学》，商务印书馆 2014 年版。

孙伟平等：《创建"中国价值"——社会主义核心价值体系研究》，社会科学文献出版社 2015 年版。

孙伟平：《大变革时代的哲学》，广西人民出版社 2017 年版。

孙伟平等：《马克思主义哲学的当代中国学术形态》，中国社会科学出版社 2018 年版。

孙伟平等：《最大公约数——社会主义核心价值观研究》，广西人民出版社 2021 年版。

［古希腊］柏拉图：《理想国》，郭斌和、张竹明译，商务印书馆 1986 年版。

［古希腊］亚里士多德：《政治学》，吴寿彭译，商务印书馆 1983 年版。

［英］洛克：《政府论》下篇，叶启芳、瞿菊农译，商务印书馆 1964 年版。

［法］卢梭：《论人类不平等的起源》，高修娟译，上海三联书店 2014 年版。

［法］卢梭：《社会契约论》，何兆武译，商务印书馆 1979 年版。

［法］孟德斯鸠：《论法的精神》，许明龙译，商务印书馆 2012 年版。

［德］康德：《历史理性批判文集》，何兆武译，商务印书馆 1996 年版。

［德］黑格尔：《历史哲学》，王造时译，上海世纪出版集团 2006 年版。

［德］黑格尔：《法哲学原理》，范扬、张企泰译，商务印书馆 1982 年版。

［法］托克维尔：《论美国的民主》，董果良译，商务印书馆 1988 年版。

［法］托克维尔：《旧制度与大革命》，高望译，中华书局 2014 年版。

［美］萨义德：《东方学》，王宇根译，生活·读书·新知三联书店 2007 年第 2 版。

［法］雅克·德里达：《马克思的幽灵》，何一译，中国人民大学出版社 1999 年版。

［匈］卢卡奇：《历史与阶级意识》，杜章智等译，商务印书馆 1992 年版。

［德］哈贝马斯：《现代性的哲学话语》，曹卫东译，译林出版社 2004 年版。

［美］约翰·罗尔斯：《正义论》，何怀宏等译，中国社会科学出版社 1988 年版。

［美］诺奇克：《无政府、国家和乌托邦》，姚大志译，中国社会科学出版社 2008 年版。

［英］托马斯·莫尔：《乌托邦》，戴镏龄译，商务印书馆 2012 年版。

［法］皮埃尔·勒鲁：《论平等》，王允道译，商务印书馆 2007 年版。

［美］罗伯特·达尔：《论民主》，李柏光等译，商务印书馆 1999 年版。

［美］塞缪尔·亨廷顿：《文明的冲突和世界秩序的重建》（修订版），周琪等译，新华出版社 2010 年版。

［美］塞缪尔·亨廷顿、劳伦斯·哈里斯主编：《文化的重要作用——价值观如何影响人类进步》，程克雄译，新华出版社 2002 年版。

［德］迪特·森格哈斯：《文明内部的冲突与世界秩序》，张文武译，新华出版社 2004 年版。

［德］维尔纳·桑巴特：《为什么美国没有社会主义》，赖海榕译，社会科学文献出版社 2014 年版。

［英］戴维·麦克莱伦：《马克思传》，王珍译，中国人民大学出版社 2006 年版。

［美］阿米蒂奇：《独立宣言：一种全球史》，孙岳译，商务印书馆 2014 年版。

［法］弗朗索瓦·佩鲁：《新发展观》，张宁、丰子义译，华夏出版社 1987 年版。

［美］列文森：《儒教中国及其现代命运》，郑大华、任菁译，中国社会科学出版社 2001 年版。

［美］西里尔·E. 布莱克编：《比较现代化》，杨豫、陈祖洲译，上海译文出版社 1996 年版。

［美］霍尔姆斯·罗尔斯顿：《环境伦理学》，杨通进译，中国社会科学出版社 2000 年版。

Kaletsky, Anatole, *Capitalism* 4.0: *The Birth of a New Economy*,

New York: Bloomsbury Publishing PLC, 2010.

A. Giddens, *The Consequences of Modernity*, Stanford, Ca: Stanford University Press, 1990.

Tim Hayward, *Political Theory and Ecological Values*, Cambridge, UK: Polity Press, 1998.

Emmanul G. Mesthene, *Technological Change: Its Impact on Man and Society*, New York: New American Library, 1970.

Bremmer, Ian, *The End of the Free Market: Who Wins the War Between States and Corporations?*, New York: Penguin Group, 2010.

Raths L., Harmin M., Simon S., *Valuesand Teaching*, New York: John Wiley Press, 1978.

Tim Hayward, *Political Theory and Ecological Values*, Cambridge, UK: Polity Press, 1998.

二 论文

张岱年:《中国文化的历史传统及其更新》,载《文化与哲学》,教育科学出版社1988年版。

杨耕:《论马克思主义哲学的中国化》,《北京大学学报》1998年第3期。

陶德麟:《马克思主义哲学中国化研究的方法论问题》,《学术月刊》2003年第11期。

李景源:《论建构中国特色社会主义哲学原理》,《光明日报》2004年9月16日。

李景源:《核心价值体系与中国发展道路》,《马克思主义研究》2010年第5期。

贾红莲:《哲学创新:可通约的与不可通约的》,《东岳论丛》2004年第6期。

雍涛:《关于马克思主义哲学中国化的几个问题》,《重庆邮电学院学报》(社会科学版)2004年第3期。

邹诗鹏：《马克思主义中国化与中国现代性的建构》，《中国社会科学》2005 年第 3 期。

何萍：《马克思主义哲学中国化研究的问题与视野》，《安徽大学学报》2005 年第 1 期。

皮家胜：《马克思主义哲学中国化何以可能》，《武汉大学学报》2005 年第 3 期。

姚润皋、高烈：《毛泽东"结合"思想研究》，《湖南科技大学学报》2005 年第 5 期。

王锐生：《马克思主义中国化的两个哲学追问》，《新视野》2005 年第 5 期。

王锐生：《在"结合"视野下的马克思主义中国化》，《哲学研究》2006 年第 2 期。

陈晏清、杨谦：《马克思主义哲学中国化的实践版本和理论版本》，《哲学研究》2006 年第 2 期。

孙正聿：《"说中国话"的马克思主义哲学》，《学习与探索》2012 年第 8 期。

李德顺：《从人类中心到"环境价值"》，《哲学研究》1998 年第 2 期。

李德顺：《谈社会主义核心价值"公正"》，《中国特色社会主义研究》2015 年第 2 期。

韩震：《民主、公平、和谐——论社会主义核心价值理念》，《中国特色社会主义研究》2011 年第 2 期。

韩震：《人民民主：社会主义的生命》，《人民日报》2014 年 1 月 15 日。

侯才：《"中国梦"与"中国现代性"的塑造》，《理论视野》2013 年第 6 期。

马俊峰：《富裕、民主、公正、和谐：中国特色社会主义的核心价值理念》，《湖北大学学报》2011 年第 3 期。

江畅：《论中国特色社会主义核心价值理念》，《社会科学战线》

2012 年第 10 期。

陈新汉：《论社会主义核心价值体系的人民主体性》，《哲学研究》2011 年第 1 期。

吴向东：《略论社会主义社会的公平正义》，《政治学研究》2008 年第 4 期。

万俊人：《社会公正为何如此重要》，《天津社会科学》2009 年第 5 期。

王春凤：《公正的社会价值》，《光明日报》2014 年 11 月 5 日。

周丹：《反思启蒙与面向中国现实》，《中共中央党校学报》2017 年第 3 期。

孙伟平：《马克思主义：与时俱进的价值观》，《哲学研究》2002 年第 5 期。

孙伟平、张羽佳：《马克思主义哲学中国化：问题与进路》，《哲学研究》2006 年第 6 期。

孙伟平：《马克思主义哲学中国化的路径选择》，《哲学动态》2007 年第 4 期。

孙伟平：《努力构建马克思主义哲学新形态》，《人民日报》2010 年 7 月 9 日。

孙伟平：《文化自觉与中国特色社会主义文化建设》，《光明日报》2010 年 10 月 19 日。

孙伟平：《论普遍价值面临的理论和实践困境》，《学术研究》2011 年第 7 期。

孙伟平：《用新的思维方式重新认识社会主义》，《马克思主义与现实》2012 年第 4 期。

孙伟平：《论文化软实力》，《哲学研究》2013 年第 4 期。

孙伟平：《价值观的力量——论习近平新时代中国特色社会主义思想的价值表达》，《哲学研究》2018 年第 3 期。

孙伟平：《彰显价值维度：马克思主义哲学创新的方向》，《哲学研究》2019 年第 12 期。

后 记

本书是我主持的国家社会科学基金重大招标项目"人工智能前沿问题的马克思主义哲学研究"（19ZDA018）的基础性成果，旨在为该研究提供观念和思想准备。该书的研究和写作纳入了我作为总负责人的上海市教委"马克思主义理论高峰学科"（上海大学）的建设之中。

这本小书是我多年来学习和研究马克思主义中国化的一些心得。随着年岁的增长、阅历的丰富，我越来越由衷地觉得，马克思主义中国化真是一件了不起的事情。毛泽东当年在重重压力之下关于中国革命道路的无畏探索，邓小平改革开放以来关于社会主义建设的大胆突破，令人感觉到观念和思想解放的巨大威力，也令人对于真正的理论批判、创新充满了敬意。

本书的研究和写作得到了许多师友的关心、支持和帮助：李德顺（第二章）、张羽佳（第一章）、尹江燕（第十章、第十一章）作为相关专题研究的合作者，分别贡献了不少思想智慧；在李景源研究员的倡导下，"青年哲学论坛"曾经就《马克思主义哲学中国化：问题与进路》（《哲学研究》2006年第6期）一文的内容进行过专题讨论，大家发表了不少令人颇受启迪的观点；湖南社会科学院刘建武院长、湘潭大学李佑新教授、湖南科技大学李建华教授等多次邀请我回家乡参加毛泽东思想研讨，给我曾经偏重西化的思想观念以极大的冲击；李文阁、王善超、鉴传今、贾红莲、孔伟、张明仓、周广友、周丹、胡文臻、宗爱东、李绍楠、吴小龙、邱仁富等好友，也给予了各种各样的支持。此外，我的学生伏志强、张响娜、尹帮文、颜仁青等帮助核对了引文，校对了书稿。

最后，还应该提及的是，我的全部书稿中，有近1/3是由中国社会科学社出版的，这次又交由该社付梓、传播，并得到了赵剑英社长、魏长宝总编辑、责任编辑喻苗等一以贯之的支持，在此一并由衷地表示感谢！

孙伟平

2021年1月6日